서울대 한국어

Student's Book 6B

서울대학교 언어교육원

서울대 한국어 6B Student's Book

지은이 서울대학교 언어교육원
편집인 박형만, 양승주, 김지연
펴낸곳 (주)투판즈
서울특별시 서초구 논현로 87, 5층
Tel (02)2140-2500
Fax (02)2140-2599
등록 1980년 10월 7일 제2004-000086호
디자인 새담디앤피
초판 1쇄 2015년 7월 1일
6쇄 2021년 9월 1일

정가 ₩22,000 포함)
ISBN 978-89-539-3439-9

이 도서의 국립중앙도서관 출판시도서목록(CIP)은 서지정보유통지원시스템(http://seoji.nl.go.kr)과 국가자료공동목록시스템(http://www.nl.go.kr/kolisnet)에서 이용하실 수 있습니다.(CIP제어번호: CIP2015017153)

Written by Language Education Institute, Seoul National University
Published by TWOPONDS Co., Ltd.
Designed by SAEDAM D&P

머리말

〈서울대 한국어 6B Student's Book〉은 한국어 성인 학습자를 위한 정규 과정용(약 200시간) 한국어 교재 시리즈 중 여섯 번째 책이다. 이 책은 1,000시간의 한국어 교육을 받았거나 그에 준하는 한국어 능력을 가진 성인 학습자들이 정치, 경제, 사회, 문화 등 사회적 영역과 관련된 심화된 주제로 의사소통을 하고 전문 분야에서의 연구나 업무 수행에 필요한 언어 기능을 익힐 수 있도록 하는 데 목적이 있다. 이를 위해 본 책은 다음과 같은 특징을 가지고 있다.

첫째, 고급 학습자에게 적합한 주제를 선정하고 이를 기반으로 의사소통 활동이 이루어지도록 주제 중심적 교수요목으로 구성하였다. 주제는 정치, 경제, 사회, 문화, 과학, 문학 등 광범위한 분야에 걸쳐 선정함으로써 의사소통 능력을 함양함과 동시에 고급 학습자에게 필요한 지식을 습득할 수 있도록 하였다. 또한 대주제의 하위에 2개의 소주제를 설정하여 단원 구성을 함으로써 해당 주제에 대한 심화 학습을 꾀하였다.

둘째, 대단원 내에서 듣기와 말하기, 읽기와 쓰기가 연계되도록 과를 구성함으로써 구어와 문어의 집중 학습이 가능하도록 하였다. 듣기와 읽기는 주제를 중심으로 선정된 다양한 텍스트를 이해하도록 하고 후 활동으로 말하기와 쓰기를 각각 통합하였다. 특히 듣기와 읽기의 이해 활동을 중심 내용 파악하기, 세부 내용 파악하기, 추론하기, 태도 파악하기 등으로 구분하여 제시함으로써 목표 중심적인 활동이 이루어지도록 하였다.

셋째, 듣기와 연계된 말하기 과제, 읽기와 연계된 쓰기 과제를 각각 구성하였다. 말하기 과제는 요약하기, 발표하기, 토의하기, 토론하기 등의 기능을 수행하도록 하되 발표하기와 토론하기는 여러 과에 걸쳐 단계적으로 제시함으로써 고급 학습자에게 필수적인 기능을 집중적으로 학습할 수 있도록 하였다. 쓰기 과제는 문장 단위의 쓰기와 텍스트 단위의 쓰기로 구분하여 문장 단위의 쓰기는 조사, 시제, 어미, 호응 관계, 어휘 사용 오류 등 언어 지식적인 측면의 학습이 가능하도록 하였다. 텍스트 단위의 쓰기는 장르 중심 쓰기를 중심으로 하여 논설문, 설명문, 평전, 묘사문, 서사문 등의 쓰기가 과정 중심적으로 이루어지도록 하였다.

넷째, 고급 수준의 어휘 및 문법 학습이 체계적으로 이루어지도록 구성하였다. 어휘는 주제 어휘와 유형별 어휘를 구분하여 제시하였다. 주제 어휘는 각 과의 주제와 유기적으로 연계될 수 있도록 의미장으로 제시하여 체계적인 어휘력을 기를 수 있도록 하였다. 또한 매 단원별로 의성어, 의태어, 관용어, 속담, 한자성어 등 유형별 어휘를 제시하여 어휘 확장을 꾀하고 언어와 문화의 통합 학습이 가능하도록 하였다. 또한 고급 수준의 학습자에게 필요한 문법 항목을 제시하여 학습자가 상위 수준의 의사소통 맥락에서 적합한 구조를 사용할 수 있도록 하였다.

다섯째, 사진과 삽화 등 다양한 시각 자료를 풍부하게 제공하여 실제적이고 흥미 있는 학습이 가능하도록 하였다. 단원의 각 항목을 이해하는 데 도움이 되는 시각 자료를 통해 의미와 상황을 정확하게 전달하고 학습자의 흥미를 유발함으로써 학습 효과를 높이고자 하였다.

이 책이 완성되기까지 많은 분들의 노력과 수고가 있었다. 오랜 기간에 걸쳐 집필 및 출판 과정에 참여한 교재개발위원회 선생님들의 헌신이 없었다면 책이 만들어질 수 없었을 것이다. 또한 2012년 봄 학기부터 2014년 봄 학기에 걸쳐 6급을 사용하며 꼼꼼하게 수정해 주신 최지훈, 선우용, 박지영, 정인아, 강유리, 하승현 선생님, 2013년 겨울 학기에 말레이시아 프로그램에서 사용하며 수정 의견을 추가해 주신 장은아, 장용원, 이창용, 조용미, 신필여, 박유미, 이희진, 신윤희 선생님, 원고의 교열을 담당해 주신 이소연, 민유미 선생님, 시험 사용 교재의 삽화를 담당해 주신 조소명, 송지성 선생님, 정확한 발음으로 녹음을 해 주신 성우 임채헌, 윤미나 선생님의 노고에 감사를 드린다. 아울러 책이 출판되기까지 오랜 기간 동안 작업을 도와주신 투판즈의 사장님과 도현정 부장님, 박형만 편집팀장님, 양승주 대리님, 김지연 주임님을 비롯한 편집진 여러분께도 고마운 마음을 전한다.

2015. 7.

서울대학교 언어교육원

원장 전 영 철

일러두기

서울대 한국어 6B Student's book은 총 8단원 16과로 되어 있다. 각 단원은 2개의 과로 구성되어 있는데, 1과는 '들어가기, 어휘와 문법, 듣기, 말하기, 어휘와 표현 목록', 2과는 '들어가기, 어휘와 문법, 읽기, 쓰기, 어휘와 표현 목록'으로 구성되어 있다. 또한 단원별로 자기 평가, 보충 어휘가 포함되어 있다. 각 과의 세부 내용은 다음과 같다.

과별 주제, 어휘, 문법과 표현, 듣기, 말하기 혹은 읽기, 쓰기의 학습 목표가 제시된다.

들어가기

해당 과의 주제, 어휘, 문법과 표현, 듣기와 말하기, 혹은 읽기와 쓰기의 학습 목표가 제시된다.

이야기해 보세요

그림이나 사진, 도표 등의 시각 자료를 활용해 주제를 도입함으로써 학습자의 배경 지식을 활성화하고 내적 동기를 이끌어 낸다.

주제와 관련한 간단한 질문을 통해 주제를 도입한다.

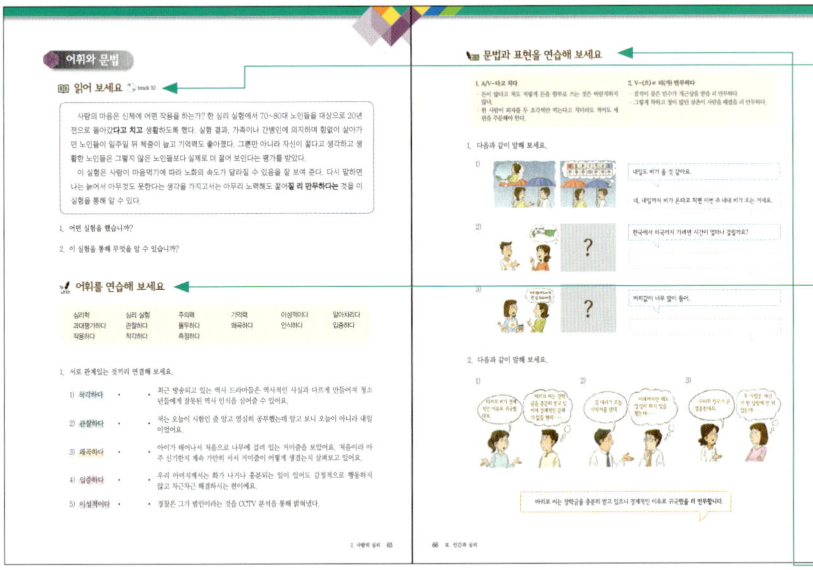

어휘와 문법

읽어 보세요

주제와 관련된 짧은 텍스트에 주제 어휘와 문법을 포함하여 맥락 속에서 의미와 용법을 익히도록 한다.

어휘를 연습해 보세요

주제 어휘를 의미장으로 묶어서 제시하고 간단한 어휘 연습을 하도록 한다.

문법과 표현을 연습해 보세요

문법과 표현을 예문으로 제시하고 문장 완성하기, 대화 연습 등을 하도록 한다.

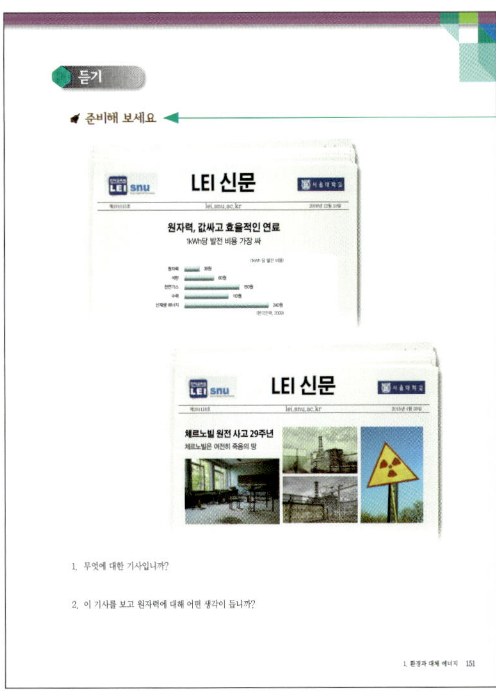

듣기

준비해 보세요

그림이나 사진 등을 통해 배경 지식을 활성화하거나 제공하여 학습 동기를 유발한다.

일러두기

들어 보세요 1 / 들어 보세요 2

대화, 대담, 강연, 토론, 논평, 뉴스 등 다양한 구어 텍스트를 들으며 세부 내용 파악하기, 주제 파악하기, 추론하기 등의 다양한 듣기 기술을 익힌다.

이야기해 보세요

듣기를 말하기와 연계하여 학습한 주제를 심화하고 내재화한다.

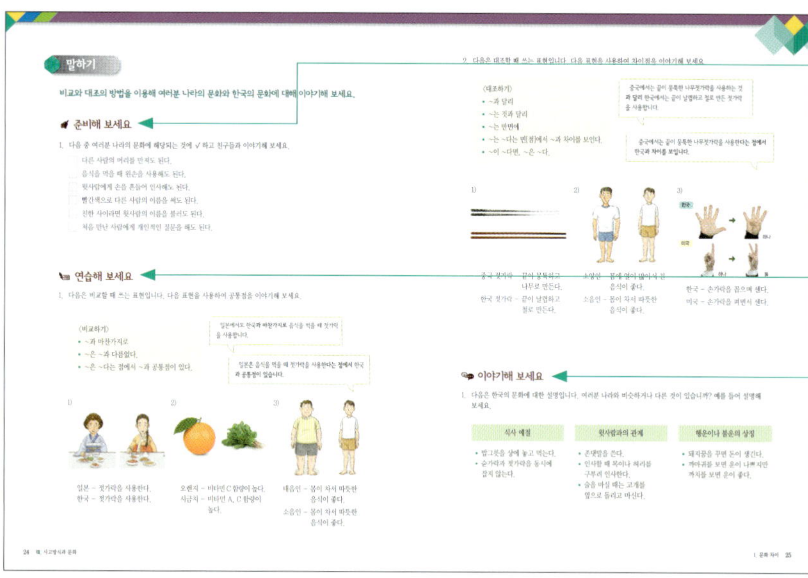

말하기

준비해 보세요

학습자의 배경 지식을 활성화하여 말하기 기능을 원활히 수행하도록 한다.

연습해 보세요

비교 대조하여 말하기, 효과적으로 설명하기, 토의하기, 토론하기, 인터뷰하기 등 말하기 기능과 관련된 표현을 제시하고 연습을 통해 이를 익힌다.

이야기해 보세요

학습자가 개별적으로 또는 동료와 상호작용하면서 아이디어나 자료를 모아 말하기 과제를 수행한다. 발표하기, 토론하기, 소개하기, 토의하기, 요약하기 등의 다양한 말하기 기술을 익힌다.

읽기

준비해 보세요

그림이나 사진 등을 통해 배경 지식을 활성화하거나 제공하여 학습 동기를 유발한다.

읽어 보세요

설명문, 칼럼, 사설, 신문 기사 등 다양한 문어 텍스트를 읽으며 훑어 읽기, 자세히 읽기, 주제 찾기, 주장과 근거 찾기 등의 다양한 읽기 기술을 익힌다.

이야기해 보세요

읽기를 말하기와 연계하여 학습 내용을 강화하고 정보를 개인화하여 표현한다.

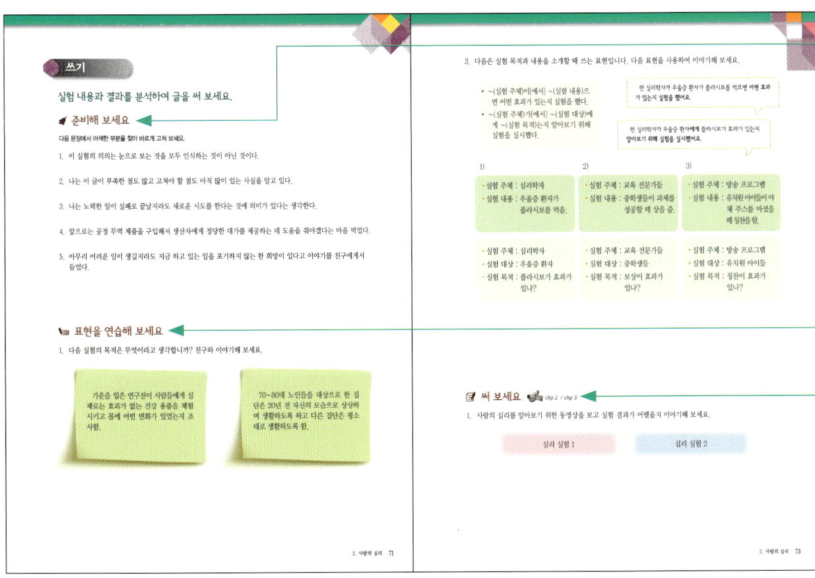

쓰기

준비해 보세요

빈번히 나타나는 쓰기 오류를 수정해 봄으로써 문장 쓰기의 정확성을 높일 수 있도록 한다.

표현을 연습해 보세요

논증하기, 요약하기, 설명하기, 서사적 글쓰기 기능과 관련된 표현을 제시하고 연습을 통해 이를 익힌다.

써 보세요

학습자가 개별적으로 또는 동료와 상호작용하면서 쓰기 과제를 수행한다. 주장하는 글, 설명하는 글, 묘사하는 글 등 다양한 장르의 글쓰기를 익힌다.

일러두기

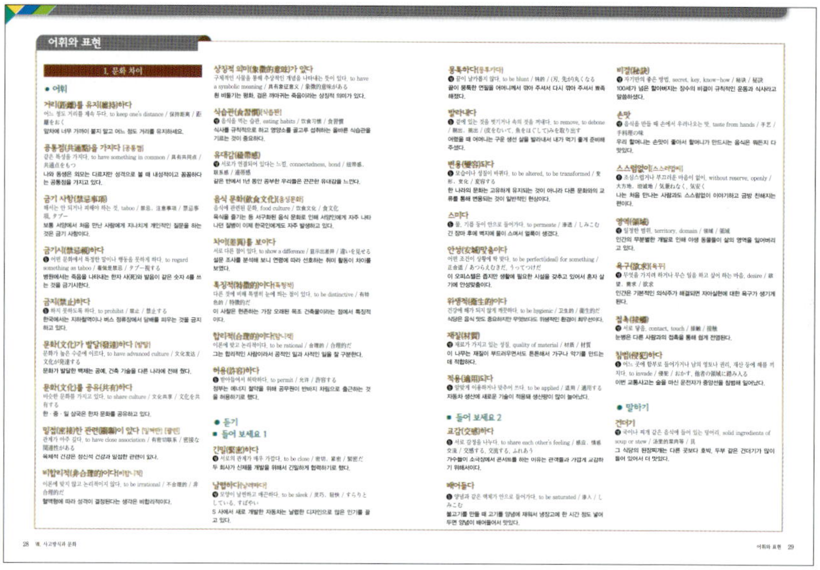
어휘와 표현

- **어휘와 표현**

해당 과에 출현한 어휘와 표현의 뜻풀이(한국어, 영어, 중국어, 일본어), 예문, 발음이 제공되고 필요한 경우 이해를 돕기 위한 사진이 함께 제시된다. 음운 규칙이 적용되는 어휘는 [ ]에 발음이 표기되고 한자어는 한자 정보가 함께 제공된다.

보충 어휘

- **자기 평가**

학습자 스스로 학습 정도를 점검함으로써 자기 주도 학습으로 이끈다.

- **보충 어휘**

관용어, 속담, 의성어, 의태어 등 유형별 어휘의 의미를 파악하고 문맥 내에서의 용법을 이해하도록 한다.

부록

부록은 〈듣기 지문〉, 〈모범 답안〉, 〈어휘 색인〉으로 구성된다.

듣기 지문

각 과의 '들어 보세요'의 내용이 텍스트로 제공된다.

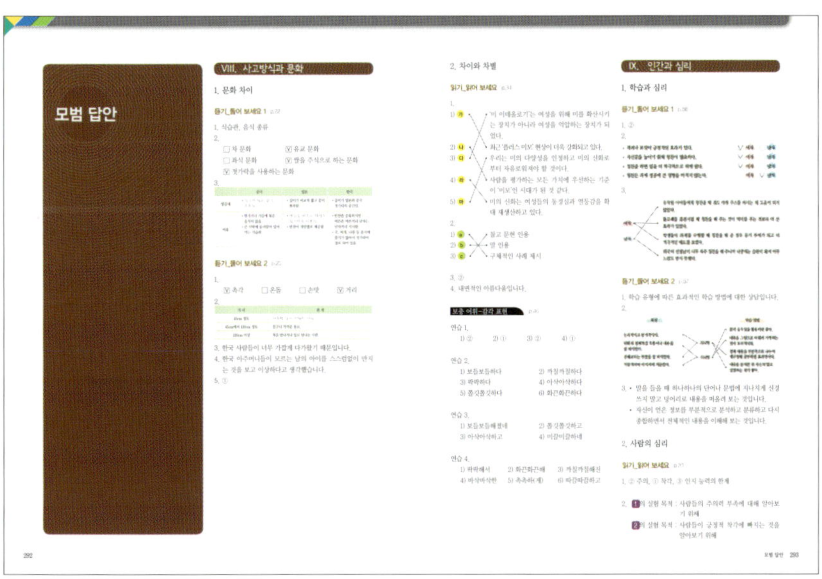

모범 답안

각 과에 포함된 '들어 보세요', '읽어 보세요', '보충 어휘'의 답이 모범 답안의 형태로 제공된다.

일러두기

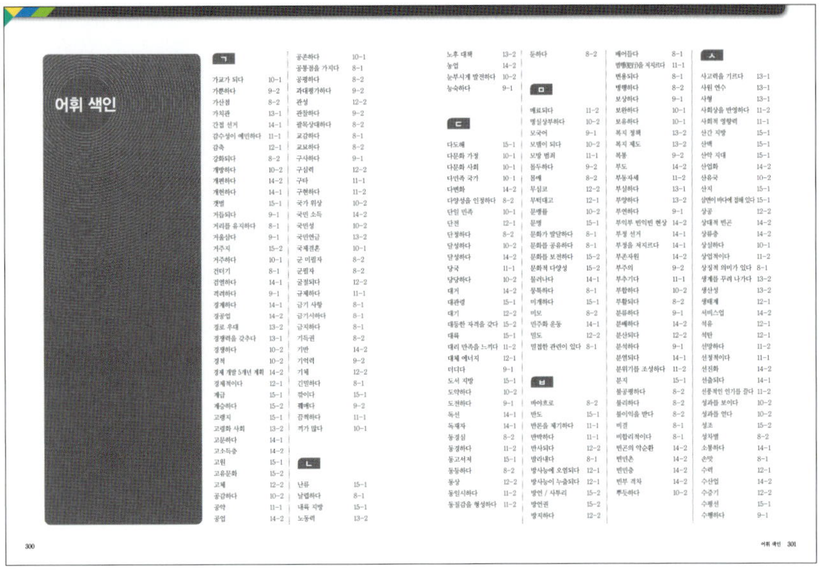

어휘 색인

각 과의 어휘와 표현을 가나다순으로 정리하고 출현한 단원과 과를 함께 제시한다.

써 보세요 clip 2 / clip 3

1. 사람의 심리를 알아보기 위한 동영상을 보고 실험 결과가 어땠을지 이야기해 보세요.

동영상을 보면서 도입이나 과제 활동을 할 때 도움을 받을 수 있다.

차례 Contents

교재 구성표

대단원명	소단원명	기능	
VIII. 사고방식과 문화	1과 문화 차이	듣기	말하기
		• 강연 듣고 공통점과 차이점 찾아내기 • 대화 듣고 관련 사례 말하기	• 비교 대조하여 말하기
	2과 차이와 차별	읽기	쓰기
		• 칼럼 읽고 주장의 근거 파악하기	• 어휘에 유의하며 문장 쓰기 1 • 주장하는 글 쓰기 2 (서론, 본론, 결론을 갖추어 쓰기)
IX. 인간과 심리	1과 학습과 심리	듣기	말하기
		• 토론 듣고 주장, 근거 구분하기 • 상담 대화 듣고 특징 분류하기	• 효과적으로 설명하기 (사례 소개하기, 부연하기)
	2과 사람의 심리	읽기	쓰기
		• 설명문 읽고 내용 종합하기	• 인용 표현에 유의하며 문장 쓰기 • 실험의 내용과 결과를 분석하여 글 쓰
X. 한국과 세계	1과 한국 속의 세계	듣기	말하기
		• 방송 듣고 평가하기 • 토의 듣고 결정 사항 파악하기	• 토의하기
	2과 세계 속의 한국	읽기	쓰기
		• 설명문 읽고 글쓴이의 관점 파악하기	• 연결 어미에 유의하여 문장 쓰기 1 • 자신의 관점으로 글 쓰기
XI. 대중 매체와 문화	1과 표현의 자유와 공공성	듣기	말하기
		• 논평 듣고 주장 파악하기 • 찬반 토론 듣고 주장과 근거 파악하기	• 토론하기 1 (토론 시작하기, 주장하기, 근거 제
	2과 대중문화의 위상	읽기	쓰기
		• 설명문 읽고 인과 관계 파악하기	• 연결 어미에 유의하며 문장 쓰기 2 • 원인과 결과를 분석하여 글 쓰기

어휘	문법과 표현	보충 어휘
• 문화와 차이	• N만 해도[하더라도] • A/V-다든지 A/V-다든지 하다	감각 표현
• 차이와 차별	• N와/과 맞먹다 • 설사[설령, 가령] A/V-다(고) 해도	
• 언어 학습과 심리	• V-(으)ㄹ라치면 • A/V-다고 할 것까지는[할 것까지야] 없다	의성어 / 의태어 Ⅰ
• 심리와 실험	• A/V-다고 치다 • V-(으)ㄹ 리(가) 만무하다	
• 다문화 사회	• A/V-던 차에[차이다] • V-고도	의성어 / 의태어 Ⅱ
• 세계 속의 한국의 위상	• A/V-(으)ㄹ 성싶다 • (비록/차라리) A/V-(으)ㄹ지언정	
• 대중문화의 표현의 자유와 규제	• V-ㄴ/는답시고 • A/V-(으)ㄹ 턱이 없다	연어 Ⅰ
• 대중문화의 영향력	• N(으)로 말미암아 • N에 지나지 않다	

교재 구성표

대단원명	소단원명	기능	
XII. 과학과 생활	1과 환경과 대체 에너지	듣기	말하기
		• 라디오 대담 듣고 내용 파악하기 • 토론 듣고 찬반 의견 파악하기	• 토론하기 2 (동의하기, 반박하기)
	2과 생활 속 과학 이야기	읽기	쓰기
		• 칼럼 읽고 내용 요약하기 • 설명문 읽고 읽은 내용 적용하기	• 어휘에 유의하며 문장 쓰기 2 • 요약하는 글 쓰기
XIII. 한국 사회와 문제	1과 대학 교육의 정체성	듣기	말하기
		• 뉴스 듣고 요지 파악하기 • 토론 듣고 인과 관계 파악하기	• 토론하기 3 (의견 확인하기, 정리 및 요약하기)
	2과 인구와 사회 문제	읽기	쓰기
		• 사설 읽고 개요 파악하기	• 피동과 사동 표현에 유의하여 문장 쓰 • 주장하는 글 쓰기 3 (개요 작성하여 글 쓰기)
XIV. 한국의 정치와 경제	1과 한국의 정치와 민주화	듣기	말하기
		• 대화 듣고 사건 정리하기 • 뉴스 듣고 내용 파악하기	• 인터뷰하고 결과 논의하기
	2과 한국의 경제와 성장 과정	읽기	쓰기
		• 설명문 읽고 시대별로 주요 사건 요약하기	• '때문에'와 '기 때문에'에 유의하며 • 서사적 과정 쓰기
XV. 지형과 방언	1과 지형과 사회	듣기	말하기
		• 강의 듣고 4대 문명의 특징 파악하기 • 강의 듣고 한국의 지형적 특색 파악하기	• 소감 발표하기
	2과 다양한 한국어의 모습	읽기	쓰기
		• 조사 보고서 읽고 내용 파악하기 • 조사 보고서의 구조 이해하기	• 조사 계획 세우기 • 조사 보고서 쓰기

	어휘	문법과 표현	보충 어휘
	• 환경 보호와 대체 에너지	• A/V-기로서니 • V-아/어 주십사 (하고)	관용어 Ⅳ
	• 자연 현상과 관련된 과학 용어	• N인지라 • V-자니	
	• 교육의 목적과 내용	• V-(으)ㄴ 끝에 • 어디 N뿐인가(요)?	혼동하기 쉬운 말 Ⅰ
	• 인구 변화와 사회 문제	• V-느니만 못하다 • V-아/어 봤자[봤댔자]	
	• 독재와 민주화 운동	• V-(으)랴 V-(으)랴 • V-(으)ㄹ세라	혼동하기 쉬운 말 Ⅱ
	• 빈곤과 경제 발전 과정	• N을/를 불문하고 • V-(으)ㄴ/는 이상	
	• 지형적 특색 표현하기	• A/V-(으)니/느니 A/V-(으)니/느니 (하다) • A/V-건만	지명 관련 표현
	• 한국의 지역 방언	• V-는 게 고작이다 • A/V-(으)ㄹ 따름이다	

VIII 사고방식과 문화

1 문화 차이

주제 문화 차이와 그 의미

어휘 문화와 차이

문법과 표현
- N만 해도[하더라도]
- A/V-다든지 A/V-다든지 하다

듣기
- 강연 듣고 공통점과 차이점 찾아내기
- 대화 듣고 관련 사례 말하기

말하기 비교 대조하여 말하기

2 차이와 차별

주제 차이와 차별

어휘 차이와 차별

문법과 표현
- N와/과 맞먹다
- 설사[설령, 가령] A/V-다(고) 해도

읽기 칼럼 읽고 주장의 근거 파악하기

쓰기
- 어휘에 유의하며 문장 쓰기 1
- 주장하는 글 쓰기 2
(서론, 본론, 결론을 갖추어 쓰기)

보충 어휘 감각 표현

1

주제
문화 차이와 그 의미

어휘
문화와 차이

문법과 표현
· N만 해도[하더라도]
· A/V-다든지 A/V-다든지 하다

듣기
· 강연 듣고 공통점과 차이점 찾아내기
· 대화 듣고 관련 사례 말하기

말하기
비교 대조하여 말하기

문화 차이

들어가기

이야기해 보세요

1. 위와 같은 몸짓(제스처)이 여러분 나라에서는 어떤 의미입니까?

2. 여러분 나라에서만 사용하는 몸짓(제스처)이 있으면 소개해 보세요.

어휘와 문법

읽어 보세요 track 2

여러 나라를 여행하다 보면 자국 문화와 공통점을 가진 문화도 있지만 차이를 보이는 문화도 있다. 흔히 몸짓 언어라고 말하는 제스처**만 해도** 그렇다. 손바닥을 아래로 향하게 하고 위아래로 흔든**다든지** 고개를 좌우로 흔든**다든지 하는** 동작이 문화권에 따라서는 다른 의미를 나타낼 수도 있다. 전자는 한국에서는 보통 '이리로 오라'는 뜻을 나타내지만 서양에서는 '저리로 가라'는 반대 의미를 나타낸다. 또한 고개를 좌우로 흔드는 것은 한국에서는 부정의 의미를 나타내지만 인도에서는 정반대로 긍정의 뜻을 나타낸다.

이렇게 제스처가 다른 경우뿐만 아니라 더 나아가 문화에 따라 특정한 말이나 행동을 금기시하는 경우도 있다. 이러한 금기 사항은 지키지 않으면 곤란한 일이 생길 수도 있기 때문에 특별히 조심해야 한다. 그러므로 여행을 할 때 오해를 부를 수 있는 제스처나 금기 사항을 미리 확인해서 주의한다면 크게 당황하지 않을 것이다.

1. 나라별로 차이가 나는 제스처의 예에는 어떤 것들이 있습니까?
2. 다른 나라를 여행할 때 당황하지 않으려면 어떻게 해야 합니까?

어휘를 연습해 보세요

식습관	유대감	음식 문화	금기 사항	금기시하다 / 금지하다
허용하다	특징적이다	합리적이다 / 비합리적이다	문화가 발달하다	문화를 공유하다
거리를 유지하다	공통점을 가지다	차이를 보이다	밀접한 관련이 있다	상징적 의미가 있다

1. 서로 관계있는 것끼리 연결해 보세요.

1) 문화를 공유하다 •
2) 상징적 의미가 있다 •
3) 식습관 •
4) 유대감 •
5) 금기시하다 •

• 옛날부터 아기가 태어난 집에는 가족 이외의 다른 사람들은 21일(삼칠일) 동안 드나들지 못하도록 했어요.
• 사람들마다 좋아하는 음식의 재료, 종류, 먹는 방식 등이 서로 달라요.
• 축구 경기를 함께 응원하면서 우리 모두가 하나가 된 것 같은 느낌을 받았어요.
• 한국, 중국, 일본은 문화적으로 다른 점도 있지만 공통점도 많이 가지고 있어요.
• 거리에서 자주 볼 수 있는 비둘기는 원래 평화를 나타내는 새예요.

문법과 표현을 연습해 보세요

1. N만 해도[하더라도]

- 발효 식품은 건강에 좋다고 알려져 있어요. 김치만 해도 유산균이 풍부한 건강식품이에요.
- 올여름에는 전국적으로 비가 많이 왔어요. 서울만 해도 홍수로 피해를 입은 지역이 매우 많아요.

2. A/V-다든지 A/V-다든지 하다

- 자주 어지럽다든지 쉽게 피로를 느낀다든지 하면 빈혈을 의심해 봐야 해요.
- 한국에는 다리를 떨면 복이 나간다든지 빨간색으로 이름을 쓰면 그 사람에게 안 좋은 일이 생긴다든지 하는 미신이 있어요.

1. 다음 상황에 맞게 이야기해 보세요.

1) 올해 물가가 너무 올랐어요.

네, 교통 요금**만 해도** 작년보다 10%나 올랐어요.

2) 나라마다 제스처가 달라요.

3) 서울은 대중교통이 참 편리해요.

2. 그림을 보고 이야기해 보세요.

1)

최근에는 예술을 치료에 활용하고 있습니다. 음악으로 자폐 아동을 치료한**다든지** 미술로 치매 노인의 치료를 돕는**다든지 하는** 경우가 있습니다.

2)

한국에는 다양한 민간요법이 있습니다. ______________________________.

3)

사람마다 스트레스를 푸는 방법이 다릅니다. ______________________________.

듣기

준비해 보세요

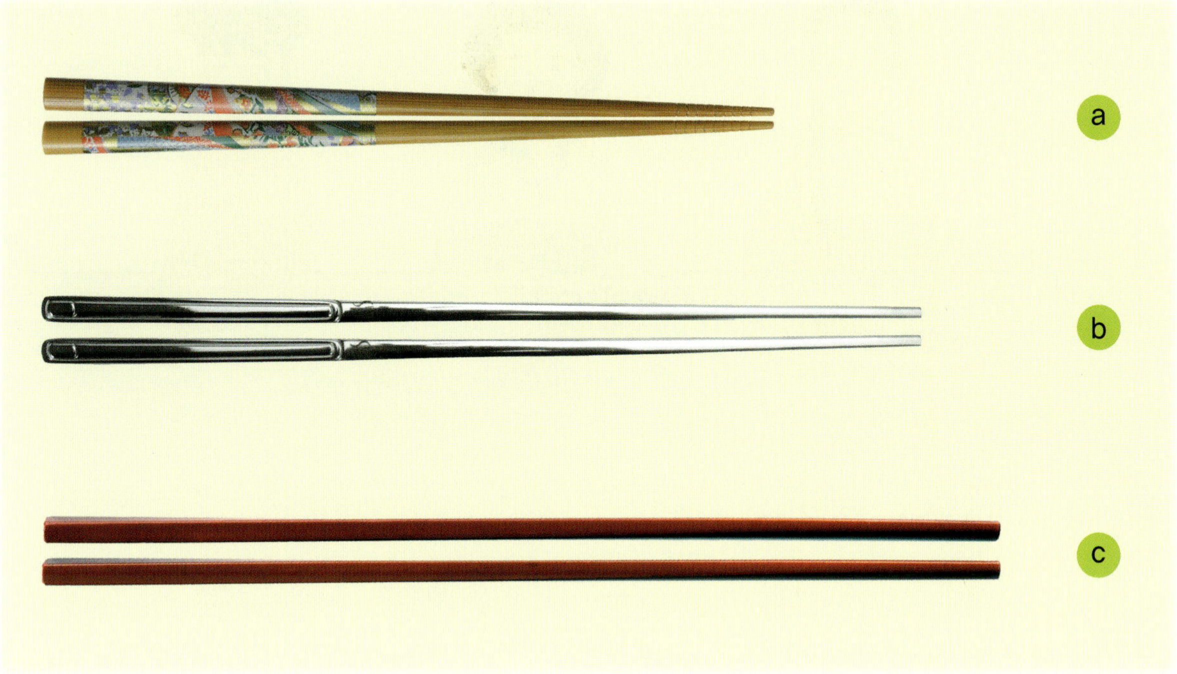

1. ⓐ, ⓑ, ⓒ 는 한국, 중국, 일본 중 어느 나라의 젓가락일까요? 젓가락은 각각 어떤 특징이 있습니까?

2. 왜 이런 차이가 나는지 이야기해 보세요.

들어 보세요 1 track 3

다음은 한국, 중국, 일본의 젓가락에 대한 강연입니다. 잘 듣고 질문에 답해 보세요.

중심 내용 파악하기

1. 빈칸에 알맞은 것을 넣어 보세요.

역사 지형 식습관 음식 종류

한 · 중 · 일 삼국의 젓가락은 ______________와/과 ______________의 차이로 인해 젓가락의 길이와 재질이 다르다.

세부 내용 파악하기

2. 이 강연에서 소개한 한 · 중 · 일 삼국이 공유하는 문화를 모두 고르세요.

- ☐ 차 문화
- ☐ 유교 문화
- ☐ 좌식 문화
- ☐ 쌀을 주식으로 하는 문화
- ☐ 젓가락을 사용하는 문화

3. 삼국 젓가락의 차이점을 메모해 보세요.

	중국	일본	한국
생김새	• 길이가 길고 끝이 뭉툭함.	•	•
이유	• •	• 생선을 바르는 데에도 젓가락을 사용함. •	• •

들어 보세요 2 track 4

한국 문화에 대한 선생님과 외국 학생들의 대화입니다. 잘 듣고 질문에 답해 보세요.

중심 내용 파악하기

1. 무엇에 대해 이야기하고 있는지 알맞은 것을 모두 고르세요.

☐ 촉각　　☐ 온돌　　☐ 손맛　　☐ 거리

세부 내용 파악하기

2. 사회적 거리에 대해 메모해 보세요.

거 리	관 계
45cm 정도	가족과 같은 친밀한 사람.
45cm에서 120cm 정도	
120cm 이상	

3. 남학생은 한국 사람에게 길을 물어본 후 왜 당황스러웠다고 했습니까?

4. 여학생은 지하철이나 버스에서 무엇을 보고 이상하다고 생각했습니까?

5. 다음 중 한국의 촉각 문화의 사례가 아닌 것을 고르세요.

① 온돌 난방보다 따뜻한 공기 난방을 선호한다.
② 음식을 할 때 손으로 주물러서 손맛을 내려고 한다.
③ 신기한 물건을 보면 직접 만져 보려는 욕구가 강하다.
④ 명소나 유적지의 유물에 손때가 묻어 있는 경우가 있다.

이야기해 보세요

한국에 와서 문화 차이로 인해 당황했던 적이 있습니까? 이야기해 보세요.

말하기

비교와 대조의 방법을 이용해 여러분 나라의 문화와 한국의 문화에 대해 이야기해 보세요.

준비해 보세요

1. 다음 중 여러분 나라의 문화에 해당되는 것에 √ 하고 친구들과 이야기해 보세요.

- [ ] 다른 사람의 머리를 만져도 된다.
- [ ] 음식을 먹을 때 왼손을 사용해도 된다.
- [ ] 윗사람에게 손을 흔들어 인사해도 된다.
- [ ] 빨간색으로 다른 사람의 이름을 써도 된다.
- [ ] 친한 사이라면 윗사람의 이름을 불러도 된다.
- [ ] 처음 만난 사람에게 개인적인 질문을 해도 된다.

연습해 보세요

1. 다음은 비교할 때 쓰는 표현입니다. 다음 표현을 사용하여 공통점을 이야기해 보세요.

〈비교하기〉
- ~과 마찬가지로
- ~은 ~과 다름없다.
- ~은 ~다는 점에서 ~과 공통점이 있다.

일본에서도 한국**과 마찬가지로** 음식을 먹을 때 젓가락을 사용합니다.

일본**은** 음식을 먹을 때 젓가락을 사용한**다는 점에서** 한국**과 공통점이 있습니다.**

1)

일본 – 젓가락을 사용한다.
한국 – 젓가락을 사용한다.

2)

오렌지 – 비타민 C 함량이 높다.
시금치 – 비타민 A, C 함량이 높다.

3)

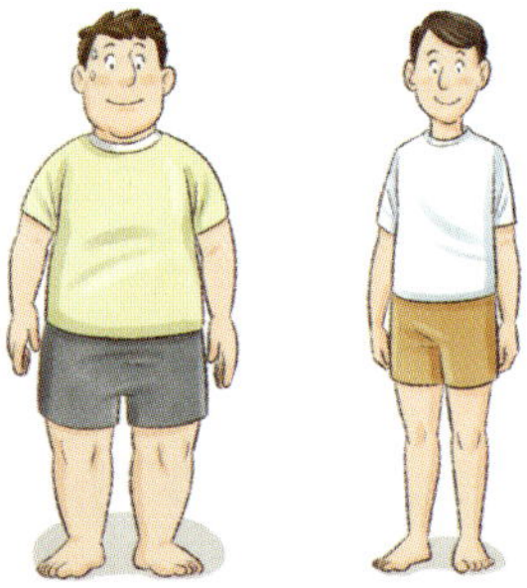

태음인 – 몸이 차서 따뜻한 음식이 좋다.
소음인 – 몸이 차서 따뜻한 음식이 좋다.

2. 다음은 대조할 때 쓰는 표현입니다. 다음 표현을 사용하여 차이점을 이야기해 보세요.

〈대조하기〉
- ~과 달리
- ~는 것과 달리
- ~는 반면에
- ~는 ~다는 면[점]에서 ~과 차이를 보인다.
- ~이 ~다면, ~은 ~다.

중국에서는 끝이 뭉툭한 나무젓가락을 사용하는 것 **과 달리** 한국에서는 끝이 날렵하고 철로 만든 젓가락을 사용합니다.

중국에서는 끝이 뭉툭한 나무젓가락을 사용한**다는 점에서** 한국**과 차이를 보입니다.**

1)

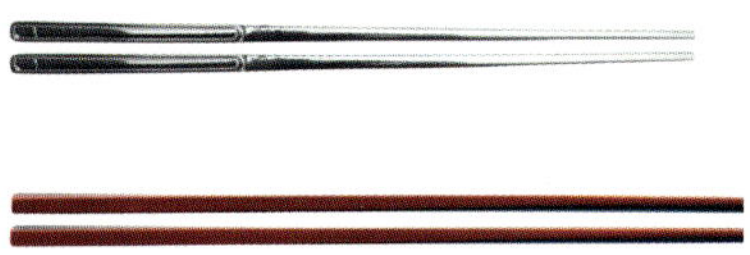

중국 젓가락 – 끝이 뭉툭하고 나무로 만든다.
한국 젓가락 – 끝이 날렵하고 철로 만든다.

2)

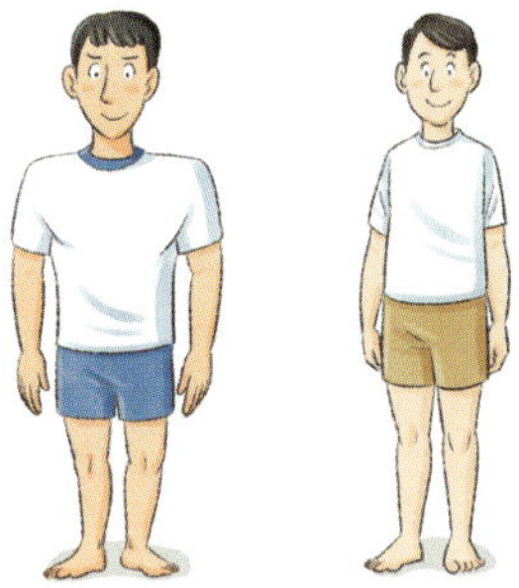

소양인 – 몸에 열이 많아서 찬 음식이 좋다.
소음인 – 몸이 차서 따뜻한 음식이 좋다.

3)

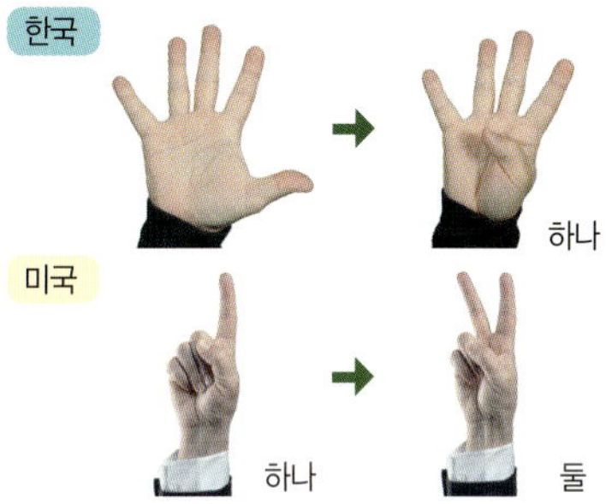

한국 – 손가락을 꼽으며 센다.
미국 – 손가락을 펴면서 센다.

이야기해 보세요

1. 다음은 한국의 문화에 대한 설명입니다. 여러분 나라와 비슷하거나 다른 것이 있습니까? 예를 들어 설명해 보세요.

식사 예절	윗사람과의 관계	행운이나 불운의 상징
▪ 밥그릇을 상에 놓고 먹는다. ▪ 숟가락과 젓가락을 동시에 잡지 않는다.	▪ 존댓말을 쓴다. ▪ 인사할 때 목이나 허리를 구부려 인사한다. ▪ 술을 마실 때는 고개를 옆으로 돌리고 마신다.	▪ 돼지꿈을 꾸면 돈이 생긴다. ▪ 까마귀를 보면 운이 나쁘지만 까치를 보면 운이 좋다.

2. 아래에 제시된 주제 중 하나를 골라 메모해 보세요.

식사 예절　　웃사람과의 관계　　행운이나 불운의 상징

〈식사 예절〉

- 한국과 비슷한 점
  - 손으로 먹으면 안 됨.
  - 젓가락을 사용함.

- 한국과 다른 점
  - 국을 먹을 때도 젓가락을 사용함.
  - 밥그릇을 들고 먹음.

- 이유
  - 숟가락을 사용하지 않음.

〈　　　　　〉

- 한국과 비슷한 점

- 한국과 다른 점

- 이유

3. 메모한 것을 바탕으로 여러분 나라와 한국의 문화 차이에 대해 이야기해 보세요.

주제	저는 일본의 식사 예절에 대해 이야기해 볼게요. 일본은 식사 예절이 엄격한 편이에요.
공통점	일본에서도 한국과 마찬가지로 음식을 먹을 때 젓가락을 사용해야 합니다. 아이가 손으로 음식을 집어 먹으면 엄마한테 혼나는 것은 한국과 다름이 없어요.
차이점	한국에서는 국을 먹을 때는 숟가락으로 먹지요? 일본에서는 국을 먹을 때 젓가락으로 건더기를 집어 먹고 국물은 그릇을 들고 마셔요. 또 한국에서는 밥을 먹을 때 밥그릇을 상에 놓고 먹는 반면에 일본에서는 밥그릇을 손에 들고 먹는다는 점에서 차이를 보여요.
이유	일본은 한국과 달리 음식을 먹을 때 숟가락을 사용하지 않아서 밥그릇을 상에 놓고 젓가락으로 먹으면 밥알을 흘리게 돼요. 그래서 밥그릇을 들고 밥을 먹는 거예요.

어휘와 표현

1. 문화 차이

● 어휘

거리(距離)를 유지(維持)하다
어느 정도 거리를 계속 두다. to keep one's distance / 保持距离 / 距離をおく
앞차에 너무 가까이 붙지 말고 어느 정도 거리를 유지하세요.

공통점(共通點)을 가지다 [공통쩜]
같은 특성을 가지다. to have something in common / 具有共同点 / 共通点をもつ
나와 동생은 외모는 다르지만 성격으로 볼 때 내성적이고 꼼꼼하다는 공통점을 가지고 있다.

금기 사항(禁忌事項)
해서는 안 되거나 피해야 하는 것. taboo / 禁忌，注意事项 / 禁忌事項, タブー
보통 서양에서 처음 만난 사람에게 지나치게 개인적인 질문을 하는 것은 금기 사항이다.

금기시(禁忌視)하다
동 어떤 문화에서 특정한 말이나 행동을 못 하게 하다. to regard something as taboo / 看做是禁忌 / タブー視する
병원에서는 죽음을 나타내는 한자 사(死)와 발음이 같은 숫자 4를 쓰는 것을 금기시한다.

금지(禁止)하다
동 하지 못하도록 하다. to prohibit / 禁止 / 禁止する
한국에서는 지하철역이나 버스 정류장에서 담배를 피우는 것을 금지하고 있다.

문화(文化)가 발달(發達)하다 [발딸]
문화가 높은 수준에 이르다. to have advanced culture / 文化发达 / 文化が発達する
문화가 발달한 백제는 공예, 건축 기술을 다른 나라에 전해 줬다.

문화(文化)를 공유(共有)하다
비슷한 문화를 가지고 있다. to share culture / 文化共享 / 文化を共有する
한 · 중 · 일 삼국은 한자 문화를 공유하고 있다.

밀접(密接)한 관련(關聯)이 있다 [밀쩌판] [괄련]
관계가 아주 깊다. to have close association / 有密切联系 / 密接な関連性がある
육체적 건강은 정신적 건강과 밀접한 관련이 있다.

비합리적(非合理的)이다[비함니적]
이론에 맞지 않고 논리적이지 않다. to be irrational / 不合理的 / 非合理的だ
혈액형에 따라 성격이 결정된다는 생각은 비합리적이다.

상징적 의미(象徵的意味)가 있다
구체적인 사물을 통해 추상적인 개념을 나타내는 뜻이 있다. to have a symbolic meaning / 具有象征意义 / 象徴的意味がある
흰 비둘기는 평화, 검은 까마귀는 죽음이라는 상징적 의미가 있다.

식습관(食習慣)[식씁꽌]
명 음식을 먹는 습관. eating habits / 饮食习惯 / 食習慣
식사를 규칙적으로 하고 영양소를 골고루 섭취하는 올바른 식습관을 기르는 것이 중요하다.

유대감(紐帶感)
명 서로가 연결되어 있다는 느낌. connectedness, bond / 纽带感，联系感 / 連帯感
같은 반에서 1년 동안 공부한 우리들은 끈끈한 유대감을 느낀다.

음식 문화(飮食文化)[음싱문화]
음식에 관련된 문화. food culture / 饮食文化 / 食文化
육식을 즐기는 등 서구화된 음식 문화로 인해 서양인에게 자주 나타나던 질병이 이제 한국인에게도 자주 발생하고 있다.

차이(差異)를 보이다
서로 다른 점이 있다. to show a difference / 显示出差异 / 違いを見せる
설문 조사를 분석해 보니 연령에 따라 선호하는 취미 활동이 차이를 보였다.

특징적(特徵的)이다[특찡적]
다른 것에 비해 특별히 눈에 띄는 점이 있다. to be distinctive / 有特色的 / 特徴的だ
이 사찰은 현존하는 가장 오래된 목조 건축물이라는 점에서 특징적이다.

합리적(合理的)이다[함니적]
이론에 맞고 논리적이다. to be rational / 合理的 / 合理的だ
그는 합리적인 사람이라서 공적인 일과 사적인 일을 잘 구분한다.

허용(許容)하다
동 받아들여서 허락하다. to permit / 允许 / 許容する
정부는 에너지 절약을 위해 공무원이 반바지 차림으로 출근하는 것을 허용하기로 했다.

● 듣기

■ 들어 보세요 1

긴밀(緊密)하다
형 서로의 관계가 매우 가깝다. to be close / 密切，紧密 / 緊密だ
두 회사가 신제품 개발을 위해서 긴밀하게 협력하기로 했다.

날렵하다[날려파다]
형 모양이 날씬하고 매끈하다. to be sleek / 灵巧，轻快 / すらりとしている, すばやい
S사에서 새로 개발한 자동차는 날렵한 디자인으로 많은 인기를 끌고 있다.

뭉툭하다[뭉투카다]
형 끝이 날카롭지 않다. to be blunt / 钝的 / (刃, 先が)丸くなる
끝이 뭉툭한 연필을 어머니께서 다시 깎아 주셔서 뾰족해졌다.

발라내다
동 겉에 있는 것을 벗기거나 속의 것을 꺼내다. to remove, to debone / 剔出, 挑出 / (皮をむいて, 魚をほぐして)みを取り出す
어렸을 때 어머니는 구운 생선 살을 발라내서 내가 먹기 좋게 준비해 주셨다.

변용(變容)되다
동 모습이나 성질이 바뀌다. to be altered, to be transformed / 变形, 变化 / 変容する
한 나라의 문화는 고유하게 유지되는 것이 아니라 다른 문화와의 교류를 통해 변용되는 것이 일반적인 현상이다.

스미다
동 물, 기름 등이 안으로 들어가다. to permeate / 渗透 / しみこむ
긴 장마 후에 벽지에 물이 스며서 얼룩이 생겼다.

안성(安城)맞춤이다
어떤 조건이 상황에 딱 맞다. to be perfect(ideal) for something / 正合适 / あつらえむきだ, うってつけだ
이 오피스텔은 좁지만 생활에 필요한 시설을 갖추고 있어서 혼자 살기에 안성맞춤이다.

위생적(衛生的)이다
건강에 해가 되지 않게 깨끗하다. to be hygienic / 卫生的 / 衛生的だ
식당은 음식 맛도 중요하지만 무엇보다도 위생적인 환경이 최우선이다.

재질(材質)
명 재료가 가지고 있는 성질. quality of material / 材质 / 材質
이 나무는 재질이 부드러우면서도 튼튼해서 가구나 악기를 만드는 데 적합하다.

적용(適用)되다
동 알맞게 이용하거나 맞추어 쓰다. to be applied / 适用 / 適用する
자동차 생산에 새로운 기술이 적용돼 생산량이 많이 늘어났다.

■ 들어 보세요 2

교감(交感)하다
동 서로 감정을 나누다. to share each other's feeling / 感应, 情感交流 / 交感する, 交流する, ふれあう
가수들이 소극장에서 콘서트를 하는 이유는 관객들과 가깝게 교감하기 위해서이다.

배어들다
동 양념과 같은 액체가 안으로 들어가다. to be saturated / 渗入 / しみこむ
불고기를 만들 때 고기를 양념에 재워서 냉장고에 한 시간 정도 넣어 두면 양념이 배어들어서 맛있다.

비결(秘訣)
명 자기만의 좋은 방법. secret, key, know-how / 秘诀 / 秘訣
100세가 넘은 할아버지는 장수의 비결이 규칙적인 운동과 식사라고 말씀하셨다.

손맛
명 음식을 만들 때 손에서 우러나오는 맛. taste from hands / 手艺 / 手料理の味
우리 할머니는 손맛이 좋아서 할머니가 만드시는 음식은 뭐든지 다 맛있다.

스스럼없이[스스러멉씨]
부 조심스럽거나 부끄러운 마음이 없이. without reserve, openly / 大方地, 坦诚地 / 気兼ねなく, 気安く
나는 처음 만나는 사람과도 스스럼없이 이야기하고 금방 친해지는 편이다.

영역(領域)
명 일정한 범위. territory, domain / 领域 / 領域
인간의 무분별한 개발로 인해 야생 동물들이 삶의 영역을 잃어버리고 있다.

욕구(欲求)[욕꾸]
명 무엇을 가지려 하거나 무슨 일을 하고 싶어 하는 마음. desire / 欲望, 需求 / 欲求
인간은 기본적인 의식주가 해결되면 자아실현에 대한 욕구가 생기게 된다.

접촉(接觸)
명 서로 닿음. contact, touch / 接触 / 接触
눈병은 다른 사람과의 접촉을 통해 쉽게 전염된다.

침범(侵犯)하다
동 어느 곳에 함부로 들어가거나 남의 영토나 권리, 재산 등에 해를 끼치다. to invade / 侵犯 / おかす, 他者の領域に踏み入る
이번 교통사고는 술을 마신 운전자가 중앙선을 침범해 일어났다.

● 말하기

건더기
명 국이나 찌개 같은 음식에 들어 있는 덩어리. solid ingredients of soup or stew / 汤里的菜肉等 / 具
그 식당의 된장찌개는 다른 곳보다 호박, 두부 같은 건더기가 많이 들어 있어서 더 맛있다.

2 차이와 차별

주제
차이와 차별

어휘
차이와 차별

문법과 표현
- N와/과 맞먹다
- 설사[설령, 가령] A/V-다(고) 해도

읽기
칼럼 읽고 주장의 근거 파악하기

쓰기
- 어휘에 유의하며 문장 쓰기 1
- 주장하는 글 쓰기 2 (서론, 본론, 결론을 갖추어 쓰기)

들어가기

이야기해 보세요

우리 사회에서 가장 심각한 차별은?
(대상 : 전국 만 20세 이상 남녀 948명)

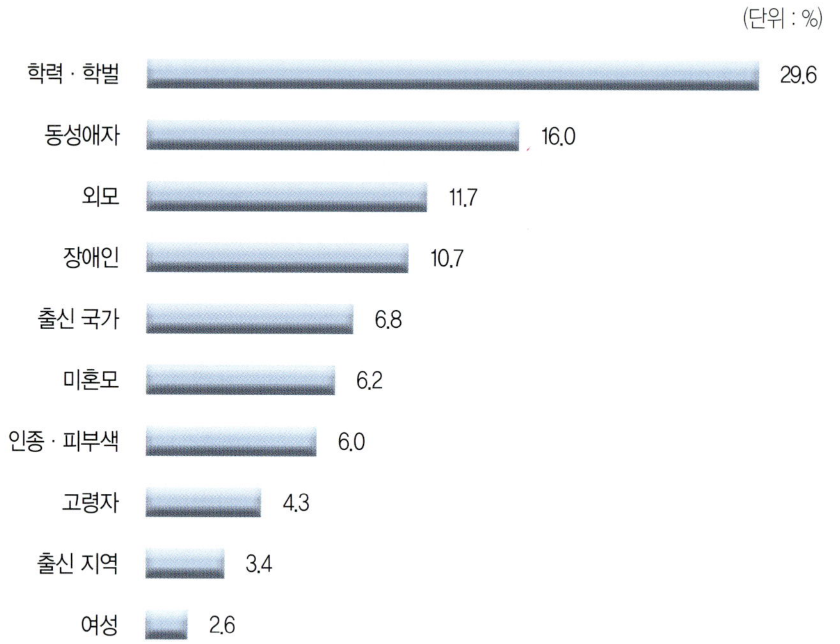

자료 : 한국여성정책연구원(2011)

1. 무엇에 대한 조사입니까?

2. 어떤 결과가 나왔습니까? 여러분 나라에서 같은 조사를 한다면 어떤 결과가 나올까요?

어휘와 문법

읽어 보세요 track 5

남자, 여자 화장실을 따로 만드는 것이나 장애인이 이용할 수 있는 화장실을 따로 만드는 것은 남녀에 대한 또는 장애인에 대한 차별일까? 신체 차이를 이유로 화장실을 따로 쓰도록 한 것은 각각의 차이를 인정한 것으로 차별이 아니다. 그러나 차이가 나는 것을 이유로 기회를 주지 않는다면 이것은 차별이다. 예를 들어 능력에는 차이가 없지만 성별이 다르거나 장애가 있다는 이유로 취직이나 승진을 제한한다면 차별이 되는 것이다.

어떤 문제가 차별이 되는지 여부는 그 문제를 바라보는 시각에 따라 달라지기도 한다. 횡단보도 신호등이나 비상구에 표시된 사람이 남자의 형상을 하고 있는 것이나 남자 화장실 변기 수가 여자 화장실 변기 수의 2배**와 맞먹는** 것도 사람에 따라서는 차별이라고 생각할 수도 있다. 또한 군대에 다녀온 사람이 취직을 할 때 가산점을 주는 것은 국방의 의무를 다한 남자들의 입장에서는 당연한 것이라고 생각할 것이다. 그러나 군대에 다녀올 의무가 없는 여성이나 군대에 가고 싶어도 가지 못하는 장애인은 차별이라고 느낄 수 있다.

교육 대학교에서는 초등학교 남자 선생님의 비율을 늘리기 위해 한쪽 성별의 입학생 수가 정원의 75%를 넘지 못하도록 하고 있다. 남학생 지원자 수가 입학 정원의 25%에 미달할 경우 여학생보다 점수가 훨씬 낮은 남학생이 합격할 수도 있다. 이렇게 남학생의 입학 정원을 정하면 **설사** 교단의 여성화를 막을 수 있**다 해도** 여학생의 입장에서는 입학 기회를 빼앗기는 역차별이 될 수 있다.

1. 차이와 차별은 어떻게 다릅니까?

2. 이 글에서 차별이 될 수 있다고 한 사례에는 어떤 것이 있습니까?

어휘를 연습해 보세요

가산점	기득권	성차별	인종 차별	역차별	열등감
외모 지상주의	동등하다	공평하다 / 불공평하다	유리하다 / 불리하다	다양성을 인정하다	
차이를 인정하다	불이익을 받다	차별을 받다 / 당하다	형평에 어긋나다		

1. 서로 관계있는 것끼리 연결하세요.

1) 공평하다	•	• 서울기업에서 학력 차별을 없애기 위해 신입 사원의 10%를 고등학교 졸업생 중에서 뽑기로 해 대학교 졸업생들이 반발하고 있다.
2) 성차별	•	• 정부는 수출을 늘리기 위해 중소기업보다는 수출에 유리한 대기업을 우선 지원하기로 했다.
3) 형평에 어긋나다	•	• 정부는 공무원 시험에서 나이 제한을 없애고 18세 이상 국민이라면 모두 응시 기회를 주겠다고 발표했다.
4) 역차별	•	• 초등학교 교과서를 분석한 결과 어머니는 집안일을 하는 사람, 아버지는 밖에서 돈을 벌어 오는 사람으로 묘사하고 있는 것으로 나타났다.

문법과 표현을 연습해 보세요

1. N와/과 맞먹다

- 커피 한 잔 값이 한 끼 식사비와 맞먹는 경우도 있다.
- 휴대폰 수리비가 중고 휴대폰 한 대 가격과 맞먹어서 수리하는 대신 새로 구입하기로 했다.

2. 설사[설령, 가령] A/V-다(고) 해도

- 대인 관계가 좋지 않으면 설사 능력이 뛰어나다고 해도 직장에서 성공하기 어렵다.
- 설령 자식이 살인을 저질렀다 해도 이해하고 받아 주는 것이 어머니의 마음이다.

1. 다음과 같이 조언해 보세요.

1)

벌써 10번째인데 이번에도 취업 못 하면 어떻게 하죠?

설령 이번에 또 실패한**다고 해도** 좌절하지 말고 다시 도전해 보세요.

2)

외출한 사이에 내 노트북 컴퓨터가 고장 났는데 아무래도 동생이 그런 것 같아요.

3)

세상은 이긴 사람만 기억해요. 과정이 어떻건 간에 이기기만 하면 돼요.

2. 다음과 같이 이야기해 보세요.

1)

햄버거(900Kcal)

=

밥 세 공기

2)

그림(10억)

=

집 한 채

3)

유람선(높이 30m)

=

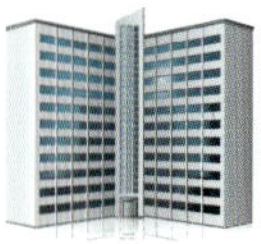

13층 건물

이 햄버거는 열량이 아주 높아서 햄버거 한 개가 밥 세 공기의 열량**과 맞먹을** 정도예요.

읽기

준비해 보세요

다음 항목에 √ 하고 친구들과 이야기해 보세요.

- ☐ 나는 내 외모에 항상 만족한다.
- ☐ 배우잣감의 조건으로 외모가 중요하다.
- ☐ 우리 사회에는 외모로 인한 차별이 존재한다.
- ☐ 나는 성형 수술을 해 보고 싶다고 생각한 적이 있다.
- ☐ 예쁘거나 잘생긴 사람들이 성공하기 쉽다고 생각한다.
- ☐ 취업을 준비하려면 실력도 필요하지만 외모도 가꿔야 한다.

읽어 보세요 track 6

다음은 외모 중시 풍조에 대한 칼럼입니다. 글을 읽고 질문에 답해 보세요.

가

ⓐ 지난 2월 대학을 졸업하고 회사에 취직한 김 모 양은 대학 4학년 내내 새벽부터 밤늦게까지 학교 도서관에서 취직 시험 준비를 하는 틈틈이 학교 앞 체육관에서 운동으로 살을 빼고 몸매 가꾸는 일을 병행했다. 치열한 취업 전선에서 살아남으려면 실력 '플러스 미모'라는 조건이 필요하며 살찐 몸매와 둔한 인상으로는 설사 실력이 좋다 해도 시험관의 눈길을 끌기 어렵다는 주변의 충고 때문이었다.

최근 취업 시험에서 인터뷰 비중이 높아지면서 이러한 '플러스 미모' 현상은 더욱 강화되고 있다고 한다. 여자상업고등학교 3학년 학생들에게도 취직하기 위해서는 열심히 몸매를 가꾸고 다이어트를 하는 일이 필수 코스라는 것은 상식이다. 방학이 끝나면 성형 수술로 모습이 달라진 친구를 만나 문자 그대로 괄목상대하게 되는 것도 이제 새삼스럽지 않다.

나

ⓑ 젊은이들 사이에는 '과거는 용서해도 못생긴 건 용서할 수 없다'는 생각이 거의 일반화된 모양이다. '용모 차별은 인종 차별보다 심하다'는 말까지 들린다. 결혼 적령기 자녀를 둔 대부분의 부모들은 배우잣감으로 '날씬하고 예쁜 여자'나 '키 크고 잘생긴 남자'가 아니면 고개를 돌리는 자녀들을 보며 혀를 찬다. 바야흐로 사람을 평가하는 모든 가치에 우선하는 기준이 '미모'인 시대가 된 것 같다.

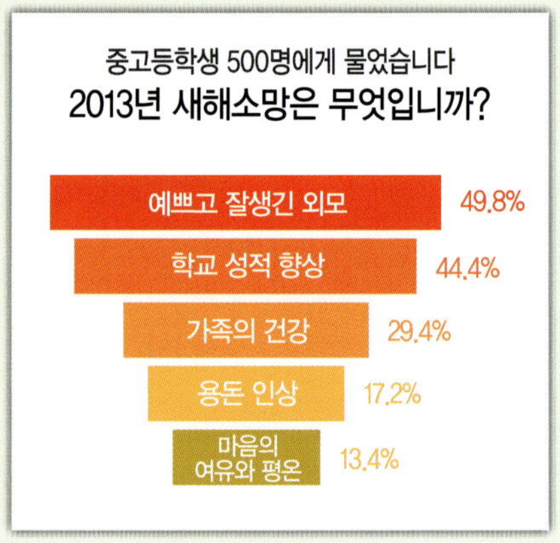

젊은이들이 즐겨 듣는 가요에도 이러한 분위기가 반영돼 '성형 미인', '내 사랑 못난이', '못난이 콤플렉스' 등 용모와 관련된 것이 많다. 어린아이들은 한술 더 뜬다. 예쁜 엄마, 예쁜 선생님, 예쁜 여자(남자) 친구만 찾는다. 동화 작가 모임인 '우리누리'가 최근 펴낸 〈아이들이 고민하는 101가지 콤플렉스〉를 보면 아이들의 으뜸가는 고민거리가 '외모'인 것을 확인할 수 있다.

중심 내용 파악하기

1. 가~마 단락의 내용을 찾아 연결하세요.

1) 가 • • '미 이데올로기'는 여성을 위해 미를 확산시키는 장치가 아니라 여성을 억압하는 장치가 되었다.
2) 나 • • 최근 '플러스 미모' 현상이 더욱 강화되고 있다.
3) 다 • • 우리는 미의 다양성을 인정하고 미의 신화로부터 자유로워져야 할 것이다.
4) 라 • • 사람을 평가하는 모든 가치에 우선하는 기준이 '미모'인 시대가 된 것 같다.
5) 마 • • 미의 신화는 여성들의 동경심과 열등감을 확대 재생산하고 있다.

세부 내용 파악하기

2. 주장의 근거를 찾아 연결해 보세요.

1) ⓐ • • 참고 문헌 인용
2) ⓑ • • 말 인용
3) ⓒ • • 구체적인 사례 제시

다 이렇게 오늘날 우리 문화와 의식 속에 깊이 스며들어 있는 ㄱ'미 이데올로기'는 여성을 위해 미를 확산시키는 장치가 아니라 여성을 억압하는 장치로 고착되고 있다는 점에서 문제가 된다. 미국의 여성학자 나오미 울프는 그의 책 〈미의 신화〉에서 여성의 미와 관련된 현대 사회의 새로운 억압 요소를 '미의 신화'로 표현했다.

ⓒ이러한 이데올로기와 억압 장치들은 전체적이고 집단적인 것으로 뭐라 딱 꼬집어 말할 수 없는 형태여서 마치 영원한 신화처럼 교묘하게 작용한다는 것이다. 한국여성연구회 서소영, 윤영주 씨가 최근 발표한 논문 〈또 하나의 굴레, 미의 신화〉는 최근 한국 사회가 보여 주는 미에 대한 집착이 거의 종교와 맞먹는 권위를 지니면서 건강이나 풍부한 인간성 같은 인간의 진정한 아름다움을 왜곡하고 있다고 주장했다. 미모는 최소한 '절반의 신화'가 됐다.

라 여성 단체들의 항의 덕분에 여상 출신 사원 모집 요강에 '키 165cm 이상의 용모 단정한 미혼 여성'류의 조건은 사라졌지만 실제로는 고졸, 대졸을 막론하고 여직원 채용에서 미인 선호가 훨씬 더 내면화하고 은밀해진 것으로 알려졌다. 이러한 경향은 아름다움을 향한 여성들의 동경심과 열등감을 확대 재생산하고 있다.

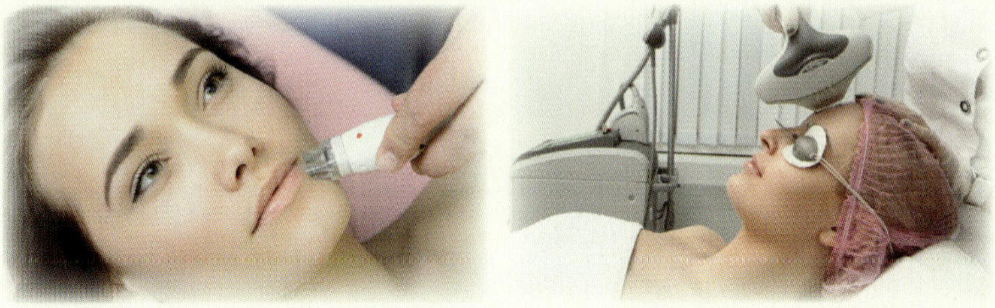

마 균형과 조화를 지녀 정서적인 만족감을 주는 아름다움은 그것 자체로 좋은 것이다. 그러나 미란 오늘날 사회에서 착각되듯이 그렇게 표피적으로 규정할 수 있는 게 아니다. 우리는 미의 다양성을 인정하고 미의 신화로부터 자유로워져야 할 것이다. 사원을 뽑고 결혼 상대를 택하고 친구를 사귈 때 외양이 최우선의 조건이라면 내면 깊이 자리한 본질은 무엇에 쓰자는 것일까. 그런 아름다움이란 살가죽에 불과한 것을.

〈박금옥, 미모 '절반의 신화', 1997〉

3. ㄱ'미 이데올로기' 와 같은 뜻으로 사용된 단어는 무엇입니까?

① 성형 미인 ② 미의 신화 ③ 미의 다양성 ④ 못난이 콤플렉스

4. 글쓴이가 생각하는 아름다움은 무엇입니까?

이야기해 보세요

여러분이 생각하는 '아름다움'은 무엇인지 이야기해 보세요.

최근 인기 연예인처럼 똑같이 성형 수술을 하는 경우를 많이 보는데 획일화된 아름다움을 추구하지 말고 미의 다양성을 존중하는 자세가 필요합니다.

쓰기

서론, 본론, 결론을 갖추어 주장하는 글을 써 보세요.

준비해 보세요

다음 문장에서 알맞은 말을 골라 보세요.

1. 새로 오신 선생님이 소개(하자 / 되자) 아이들은 소리를 질렀다.

2. 올해 물가 상승률이 작년에 비해 8% 이상 증가한 것으로 조사(했다 / 됐다).

3. 고생하시는 어머니를 생각(해서 / 돼서)라도 이번에 꼭 대학에 합격해야 한다.

4. 어머니는 가정 형편 때문에 동생의 대학 등록금을 계속 걱정(하고 / 되고) 계신다.

서론 쓰기를 연습해 보세요

1. 다음은 글을 시작하는 여러 방법입니다. 관계있는 것과 연결해 보세요.
   1) 구체적인 예(사건, 이야기)를 들면서 글을 시작하는 방법 : ____________
   2) 속담이나 격언을 인용하면서 글을 시작하는 방법 : ____________
   3) 개념을 정의하면서 글을 시작하는 방법 : ____________

㉠ 공정 무역이란 개발 도상국의 생산자들이 기본적인 생활 수준에 도달할 수 있도록 소비자가 제품을 생산 비용 이상의 가격으로 구매하는 것을 말한다.

㉡ 지난 2월 대학을 졸업하고 회사에 취직한 김 모 양은 대학 4학년 내내 새벽부터 밤늦게까지 학교 도서관에서 취직 시험 준비를 하는 틈틈이 학교 앞 체육관에서 운동으로 살을 빼고 몸매 가꾸는 일을 병행했다. 치열한 취업 전선에서 살아남으려면 실력 플러스 미모라는 조건이 필요하며 살찐 몸매와 둔한 인상으로는 설사 실력이 좋다 해도 시험관의 눈길을 끌기 어렵다는 주변의 충고 때문이었다.

㉢ '실패는 성공의 어머니'라는 말이 있듯이 사람들은 실패에서도 삶의 교훈을 얻게 된다. 지금의 실패를 교훈으로 삼아 꾸준히 노력하면 성공에 한 걸음 가까이 갈 수 있을 것이다.

2. 다음 주제문 중 하나를 선택해 메모를 보고 서론을 써 보세요.

	주제문
1)	교육 대학교 입시에서 남학생 할당제는 폐지되어야 한다.
2)	군 가산점 제도는 국방의 의무를 다한 군필자를 위해 부활되어야 한다.

〈개념을 정의하면서 서론을 시작하는 경우〉

'역차별'이란 차별을 받는 쪽을 보호하기 위해 만든 제도로 인해 다른 쪽이 오히려 차별을 당하게 되는 것을 말함.

〈구체적인 예로 서론을 시작하는 경우〉

최근 한 일간지의 보도에 따르면 국방부가 군 가산점 제도를 재추진하려고 함. 이로 인해 군 미필자, 여성, 장애인들이 취업에 불리할 것으로 예상됨.

본론 쓰기를 연습해 보세요

다음 주장을 읽고 근거를 써 보세요.

1. 주장이 나오고 근거가 나오는 경우

주장	**대중문화에도 외모를 중시하는 사회 분위기가 반영되어 있다.**
근거	젊은이들이 자주 듣는 대중가요의 제목도 〈성형 미인〉, 〈내 사랑 못난이〉, 〈못난이 콤플렉스〉 등 용모와 관련된 것이 많다. 최근 인기를 끌었던 〈미스 홍당무〉도 여성의 외모를 소재로 삼은 영화이다.

교육 대학교 입시에서 남학생 할당제는 폐지되어야 한다.

2. 근거가 나오고 주장이 나오는 경우

근거	젊은이들 사이에는 '과거는 용서해도 못생긴 건 용서할 수 없다'는 생각이 거의 일반화되어 있다. 과거에는 여상 출신 사원 모집 요강에 '키 165cm 이상의 용모 단정한 미혼 여성'이라는 조건이 붙은 적도 있다.
주장	이렇듯 우리 사회에서는 미인을 선호하고 외모를 차별하는 분위기가 강하다.

(하)기 때문에 군 가산점 제도는 부활되어야 한다.

결론 쓰기를 연습해 보세요

1. 다음 본론 중 하나를 골라 읽고 다음과 같이 결론을 써 보세요.

가

ⓐ 지난 2월 대학을 졸업하고 회사에 취직한 김 모 양은 대학 4학년 내내 새벽부터 밤늦게까지 학교 도서관에서 취직 시험 준비를 하는 틈틈이 학교 앞 체육관에서 운동으로 살을 빼고 몸매 가꾸는 일을 병행했다. 치열한 취업 전선에서 살아남으려면 실력 '플러스 미모'라는 조건이 필요하며 살찐 몸매와 둔한 인상으로는 설사 실력이 좋다 해도 시험관의 눈길을 끌기 어렵다는 주변의 충고 때문이었다.

최근 취업 시험에서 인터뷰 비중이 높아지면서 이러한 '플러스 미모' 현상은 더욱 강화되고 있다고 한다. 여자상업고등학교 3학년 학생들에게도 취직하기 위해서는 열심히 몸매를 가꾸고 다이어트를 하는 일이 필수 코스라는 것은 상식이다. 방학이 끝나면 성형 수술로 모습이 달라진 친구를 만나 문자 그대로 괄목상대하게 되는 것도 이제 새삼스럽지 않다.

↓

결론	요약	오늘날 우리 사회에서는 미(美)라는 것을 표피적이고 절대적인 것으로 규정하고 있다. 사원을 뽑고 결혼 상대를 택하고 친구를 사귈 때 외양이 최우선의 조건이 되고 있다.(…)
	제언	그러나 미(美)라는 것은 외양과 내면이 조화와 균형을 이루어야 하는 것이며 미는 절대적인 기준에 의해 평가되는 것이 아니다. 우리는 미의 다양성을 인정하고 미의 신화로부터 자유로워져야 한다.

1) 초등학교 교사의 대다수가 여자 선생님이라서 학생들에게 성 역할의 고정 관념을 심어 줄 수 있다는 점에서 교육 대학교에서는 신입생 선발 시에 남학생 할당제를 실시하고 있다. 즉 교육 대학교 입학생의 30%를 남학생으로 선발하는 것인데 이것은 여학생들의 입학 기회를 빼앗는 역차별이 될 수 있다. 실제로 교장, 교감 등 고위직은 남자 교사에 편중되어 있는데 이것에 대한 어떠한 조치도 없이 평교사의 성비만을 문제 삼는 것은 성급한 조치이다. 학생들에게 필요한 것은 여자 교사도 남자 교사도 아닌 자질을 갖춘 좋은 교사이다. 그러므로 교육 대학교 입시에서 남학생 할당제는 폐지되어야 한다.

결론	요약	
	제언	

2) 군 가산점 제도는 장애인과 여성, 군 미필자들에게 차별적인 제도이다. 장애가 있거나 시력이 나쁘거나 체중이 지나치게 많이 나가는 사람은 군대에 가고 싶어도 갈 수 없다. 군 가산점 제도가 도입되면 자신의 의지와 상관없이 군대에 가지 못한 사람들은 공무원 시험 등에서 차별을 받게 된다. 남북의 특수한 상황에서 한국의 남성은 국방의 의무를 지게 되고 군대에 가야 한다. 국민이 당연히 해야 할 일을 했다는 이유로 가산점을 주는 것은 옳지 않다. 군 가산점을 준다면 국민의 5대 의무인 납세의 의무, 근로의 의무, 교육의 의무, 환경 보존의 의무를 다한 국민들도 국방의 의무를 다한 국민들처럼 가산점 혜택을 받아야 한다.

결론	요약	
	제언	

주장하는 글을 써 보세요

1. 차별과 관련된 주제로 친구들과 이야기해 보세요.

외모 차별 　 성차별 　 지역 차별 　 학력 차별

2. 서론, 본론, 결론의 내용을 메모하고 설명해 보세요.

〈미모, 절반의 신화〉

- 서론
  - 취업을 위해 실력은 물론 미모까지 신경 써야 한다는 예.
    (대학교 4학년 김 모 양, 여자상업고등학교 3학년 학생)
- 본론
  - 주장 : 미 이데올로기는 여성과 진정한 아름다움을 억압하고 있음.
  - 근거 : 미 이데올로기는 여성들에게 열등감을 갖게 하고 자신감을 떨어뜨림. 그리고 여성들이 미에 집중하면서 자신의 능력과 에너지를 분산시키게 함.
- 결론
  - 요약 : 우리 사회는 미를 외양적인 것으로만 규정하고 이로써 여성을 억압하고 있음.
  - 제언 : 미의 다양성을 인정하고 미의 신화로부터 자유로워져야 함.

〈　　　　　〉

- 서론
- 본론
  - 주장 :
  - 근거 :
- 결론
  - 요약 :
  - 제언 :

3. 메모를 바탕으로 주장하는 글을 완성해 보세요.

어휘와 표현

2. 차이와 차별

● 어휘

가산점(加算點)[가산쩜]
명 다른 사람보다 더 주는 점수. extra points / 加分 / 加算点
컴퓨터 회사인 S 전자는 입사 시험에서 컴퓨터 자격증이 있는 지원자에게 가산점을 주기로 했다.

공평(公平)하다
형 어느 한쪽으로 치우치지 않고 고르다. to be fair / 公平 / 公平だ
성별이나 연령에 관계없이 일한 만큼 대가를 받는 것은 공평한 일이다.

기득권(旣得權)[기득꿘]
명 이미 가지고 있는 권리. vested rights / 既得权利 / 既得権
회장의 아들이 다시 회장이 되고 정치가의 아들이 다시 정치가가 될 수 있는 것은 부모가 갖고 있는 기득권을 활용했기 때문이다.

다양성(多樣性)을 인정(認定)하다 [다양썽]
여러 가지 많은 특성이 있음을 이해하고 받아들이다. to accept diversity / 承认多样性 / 多様性を認める
사람들이 가진 특성은 서로 다르므로 다양성을 인정하고 서로의 차이에 대해 이해할 때 조화로운 세상을 만들 수 있다.

동등(同等)하다
형 등급이나 정도가 같다. to be equal / 同等 / 同等だ
입학이나 취업을 할 때는 동등한 기회를 가져야 한다.

불공평(不公平)하다
형 어느 한쪽에 치우쳐 공평하지 않다. to be unfair / 不公平 / 不公平だ
동생과 내가 똑같이 잘못했는데 나만 형이라는 이유로 더 벌을 받다니 불공평하다.

불리(不利)하다
형 이익이 되지 않는다. to be disadvantageous / 不利 / 不利だ
그 농구 선수는 170cm라는 불리한 신체 조건에도 불구하고 좋은 성적을 거두어 이번 시즌 MVP를 차지했다.

불이익(不利益)을 받다
이익이 되지 않고 손해를 보다. to be disadvantaged, to be mistreated / 利益受损 / 不利益を被る
김 대리는 회사의 비리를 외부에 알렸다는 이유로 승진에 불이익을 받았다.

성차별(性差別)
명 남성, 여성을 다르게 대우하는 것. gender discrimination / 性别歧视 / 性差別
여자 직원들이 직장 생활 중 가장 많이 느끼는 성차별로 남자 직원보다 월급이 적은 것을 꼽았다.

역차별(逆差別)
명 보호하기 위해 만든 제도로 인해 오히려 차별을 당하는 것. reverse discrimination / 逆向歧视 / 逆差別
A시는 지역 내 관리 시설을 장애인 단체가 운영하도록 했는데 이는 일반인에 대한 역차별이라는 비판을 받고 있다.

열등감(劣等感)[열뜽감]
명 자기를 남보다 못하다고 생각하는 마음. sense of inferiority / 自卑感 / 劣等感
나는 나보다 운동도 잘하고 공부도 잘하는 친구에게 열등감을 느꼈다.

외모 지상주의(外貌至上主義)
겉으로 드러나는 모습이 가장 중요하다는 생각이나 사상. lookism, superficiality / 外貌主义 / 外見至上主義
외모 지상주의의 확산으로 성형 수술을 하는 사람들이 더욱 늘어났다.

유리(有利)하다
형 이익이 있다. to be advantageous / 有利 / 有利だ
한국의 여름은 기온이 높고 비가 많이 와서 벼농사를 짓기에 유리하다.

인종 차별(人種差別)
인종이나 피부색을 이유로 다르게 대우하는 것. racial discrimination / 种族歧视 / 人種差別
아직도 세계 여러 나라에서 많은 사람들이 피부색이 다르다는 이유로 인종 차별을 받고 있다.

차별(差別)을 받다 / 당(當)하다
다른 사람과 공평하게 대접받지 못하다. to be discriminated / 被歧视 / 差別される
예전에는 남아 선호 사상이 강해서 딸이라는 이유로 차별을 받는 일이 많았다.

차이(差異)를 인정(認定)하다
서로 다름을 이해하고 받아들이다. to acknowledge difference / 承认差异 / 違いを認める
장애인 화장실을 따로 만드는 것은 일반인과 장애인의 차이를 인정하고 장애인의 편의를 봐 주려는 목적이 있기 때문이다.

형평(衡平)에 어긋나다 [어근나다]
균형이 맞지 않다. to be unfair, to go against fairness / 违反公平 / 不公平だ
서른 살이 넘었다는 이유로 입학 시험에 응시할 기회를 주지 않는 것은 형평에 어긋나는 일이다.

• 읽기

■ 읽어 보세요

강화(强化)되다

동 더 튼튼하고 강하게 하다. to be reinforced / 强化 / 強化する
청소년들에게 술과 담배를 팔지 못하도록 단속이 강화될 예정이다.

괄목상대(刮目相對)하다

동 사람의 지식이나 재주가 놀랄 만큼 늘다. to be improved (in knowledge or skill) enough to cause a state of astonishment / 刮目相看 / 驚くほど上達する
스티븐은 방학 내내 한국어를 공부하더니 실력이 괄목상대해서 선생님을 놀라게 했다.

교묘(巧妙)하다

형 솜씨나 꾀 등이 재치 있고 묘하다. to be skillful / 巧妙 / 巧妙だ
사기꾼이 교묘한 말솜씨로 노인을 속여서 전 재산을 가로챘다.

단정(端正)하다

형 옷차림 등이 얌전하고 바르다. to be neat / 端正, 端庄 / 端正だ
면접에서 좋은 인상을 주려면 단정한 옷차림을 하는 것이 좋다.

동경심(憧憬心)

명 어떤 것을 간절히 바라고 되고 싶어 하는 마음. aspiration, longing / 憧憬 / 憧れ
프랑스어를 전공한 그녀는 프랑스 문화에 대해 막연한 동경심이 있다.

둔(鈍)하다

형 말이나 행동이 느리고 똑똑하지 않다. to be slow / 迟钝 / 鈍い
자기 이야기를 하는데도 모르는 걸 보니 둔하기 짝이 없다.

몸매

명 몸의 모양새. figure / 身材 / 体つき, スタイル
나는 요즘 모델 대회를 앞두고 몸매를 가꾸기 위해 수영과 요가를 열심히 하고 있다.

미모(美貌)

명 아름다운 외모. beautiful face, attractive looks / 美貌 / 美貌
매년 미스코리아 대회에는 지성과 미모를 갖춘 여성들이 참가한다.

바야흐로

부 이제 막. about to, at the height of / 正是 / まさに
바야흐로 봄이 되자 결혼하는 사람들이 증가하고 있다.

병행(竝行)하다

동 두 가지 일을 한꺼번에 함께하다. to carry out two things side by side / 并行, 同时进行 / 並行する
공부와 아르바이트를 병행하려고 하니 힘들다.

왜곡(歪曲)하다

동 사실과 다르게 해석하거나 잘못되게 하다. to distort / 歪曲, 曲解 / 歪曲する
그 소설가는 자신의 의도를 왜곡해서 보도했다며 신문사를 고소했다.

용모(容貌)

명 모습과 옷차림. appearance / 外貌, 容貌 / 容貌
항공사에서 승무원을 뽑을 때는 용모가 중요한 조건이 된다.

은밀(隱密)하다

형 겉으로 드러나지 않다. to be undisclosed / 隐秘, 秘密 / 内密だ
경찰은 국제적인 마약 조직을 3년간 은밀하게 조사해 왔다.

작용(作用)하다

동 사물이나 현상에 영향을 미치다. to act / 起作用, 影响 / 作用する
개인적인 친분이 합격 여부를 결정하는 데 작용해서는 안 된다.

착각(錯覺)되다

동 다른 것으로 잘못 생각되다. to be mistaken / 产生错觉 / 錯覚する
우리 언니는 고등학생이라고 착각될 만큼 굉장히 어려 보인다.

틈틈이

부 시간이 날 때마다. in one's spare moments / 得空, 一有空 / 暇のある度に
특별히 시간을 내서 운동하려고 하지 말고 틈틈이 운동을 해라.

표피적(表皮的)이다

어떤 일이나 현상이 핵심이 되지 못하다. to be superficial / 表面上的, 肤浅的 / 表面的だ
현대인들은 깊은 인간관계를 맺지 못하고 표피적인 만남을 갖는 경우가 많다.

한술 더 뜨다

이미 어느 정도 잘못된 상황인데 더 심해지다. a bad situation getting worse / 情况更糟糕 / 一さじ加える(さらにひどくする)
어제는 수업 중에 졸더니 오늘은 한술 더 떠서 엎드려 자는구나.

혀를 차다

마음에 들지 않아 불쾌하다, 불쌍하거나 안타깝다. to click one's tongue in dissatisfaction, to feel pity for / 咂舌 /舌打ちする
아버지는 아침부터 술에 취한 아들을 보며 혀를 차셨다.

확산(擴散)시키다

동 흩어져 퍼지게 하다. to spread / 使扩散 / 拡散させる
정부는 에너지 절약 운동을 확산시키기 위해 홍보물을 배포했다.

어휘와 표현

● 쓰기

군 미필자(軍未畢者)[군미필짜]

병역의 의무를 마치지 못한 남자. person who did not complete their military duty / 未服兵役的人 / 兵役をおえていない者

군대를 다녀오지 않은 군 미필자의 경우에는 해외여행을 하는 데에 제한을 받을 수 있다.

군필자(軍畢者)[군필짜]

명 병역의 의무를 마친 남자. person who completed their military duty / 服过兵役的人 / 兵役をおえた者

일부에서는 군대를 다녀온 군필자에게 가산점을 주는 제도가 필요하다고 주장한다.

부활(復活)되다

동 없어진 것이 다시 생기다. to revive / 恢复, 复活 / 復活する

정부의 한 관계자는 도심의 교통난을 해결하기 위해 자동차 2부제(홀짝제)가 부활되어야 한다고 주장했다.

폐지(廢止)되다

동 있던 제도나 법 등이 없어지다. to be abolished / 被废除 / 廃止される

FTA(자유무역협정)로 관세가 폐지되면서 수입 과일의 가격이 크게 인하되었다.

자기 평가

1. 다음 중 아는 어휘에 ✓ 해 보세요.

- [ ] 역차별
- [ ] 유대감
- [ ] 기득권
- [ ] 동등하다
- [ ] 허용하다
- [ ] 유리하다
- [ ] 금기 사항
- [ ] 불공평하다
- [ ] 차이를 보이다
- [ ] 문화를 공유하다
- [ ] 형평에 어긋나다
- [ ] 상징적 의미가 있다

2. 알맞은 표현을 골라서 문장을 완성해 보세요.

만 해도　　-다든지 -다든지 하다　　설사[설령, 가령] -다(고) 해도　　와/과 맞먹다

1) 가 : 휴일인데 할 일도 없고, 아, 심심해.

   나 : .... 해 봐. 기분이 좋아질 거야.

2) 가 : 문화권에 따라 식습관이 다른 것 같아요.

   나 : 네, ... 차이를 보여요.

3) 커피 가격이 크게 인상됐다. 커피 한 잔 값이 .... 정도인 곳도 있다.

4) 나는 외출을 안 좋아해서 .... 밖에 나가지 않고 집에서 조용히 지내는 편이다.

3. 이 단원을 공부하고 여러분이 할 수 있게 된 것에 ✓ 해 보세요.

- [ ] 서론, 본론, 결론을 갖춰 주장하는 글을 쓸 수 있다.
- [ ] 외모 중시 풍조에 대한 칼럼을 읽고 주장의 근거를 파악할 수 있다.
- [ ] 비교와 대조의 방법으로 한국과 자국의 문화에 대해 이야기할 수 있다.
- [ ] 문화에 대한 강연과 대화를 듣고 공통점과 차이점을 찾아내거나 관련된 사례를 제시할 수 있다.

정답

2. 1) 친구를 만난다든지 영화를 본다든지 2) 젓가락만 해도 3) 한 끼 식사비와 맞먹을 4) 설사 시간이 있다 해도

보충 어휘

감각 표현 감각을 나타내는 표현을 익혀 봅시다.

까칠까칠하다 피부나 털의 표면이 윤기가 없고 매우 거칠다.	**따끔따끔하다** 찔리거나 꼬집히는 것처럼 자꾸 아프다.
미끌미끌하다 비눗물을 만질 때처럼 매우 미끄럽다.	**바삭바삭하다** 마른 나뭇잎이나 과자와 같이 물기가 없이 말라서 잘 부서지는 소리가 나다.
보들보들하다 피부에 닿는 느낌이 매우 연하고 부드럽다.	**아삭아삭하다** 싱싱한 과일이나 채소를 가볍게 베어 무는 소리가 나다.
쫄깃쫄깃하다 고기를 씹을 때처럼 탄력이 있다.	**촉촉하다** 물기가 있어서 조금 젖은 듯하다.
팍팍하다 물기나 끈기가 적어 목이 마를 정도로 부드럽지 못하다.	**화끈화끈하다** 뜨거운 기운을 받아 얼굴이나 몸이 뜨거워지다.

연습 1 다음 그림에 어울리는 감각 표현을 찾아보세요.

1) 

① 까칠까칠하다

② 미끌미끌하다

2) 

① 바삭바삭하다

② 아삭아삭하다

3)

① 화끈화끈하다
② 따끔따끔하다

4)

① 촉촉하다
② 팍팍하다

연습 2 다음 상황과 관련 있는 감각 표현을 써 보세요.

1) 아기의 볼을 만지면 느낌이 정말 부드러워요.

→ 보들보들하다

2) 이틀 동안 면도를 안 했더니 수염이 나서 지저분해요.

→

3) 음료수 없이 고구마를 먹었더니 목이 메어요.

→

4) 신선한 채소로 샐러드를 만들었는데 채소를 씹는 느낌이 아주 좋아요.

→

5) 찹쌀떡은 찰기가 있고 탄력이 많아서 잘 씹어 먹어야 돼요.

→

6) 여러 사람 앞에서 넘어졌어요. 정말 창피해서 얼굴이 빨갛게 달아오르고 등에서 땀이 났어요.

→

보충 어휘

연습 3 다음 그림을 보고 대화를 완성해 보세요.

1)

2)

3)

4)

연습 4 어울리는 표현을 골라 대화를 완성해 보세요.

촉촉하다	팍팍하다	화끈화끈하다
까칠까칠하다	따끔따끔하다	바삭바삭하다

1) 가 : 오늘 저녁에는 닭 가슴살로 샐러드를 만들어 볼까?

   나 : 난 닭 가슴살은 .... 싫어. 기름기가 좀 있는 고기가 맛있지 않니?

2) 가 : 모자를 안 쓰고 하루 종일 돌아다녔더니 얼굴이 너무 ....

   나 : 그러니까 이렇게 햇볕이 강한 날에는 꼭 모자나 양산을 써야 돼.

3) 가 : 요즘 잠도 못 자고 밥도 잘 못 먹어서 그런지 피부가 .... 것 같아.

   나 : 우유랑 꿀을 섞어서 팩을 해 봐. 그럼 좀 나아질 거야.

4) 가 : 맛있는 튀김을 만들고 싶은데 어떻게 하면 되는지 모르겠어.

   나 : 얼음물로 튀김옷을 만들면 .... 튀김을 만들 수 있어.

5) 가 : 오늘 아침에 보니까 땅이 ....게 젖어 있더라.

   나 : 응. 어젯밤에 비가 와서 그래.

6) 가 : 어디가 아파서 오셨죠?

   나 : 눈에 뭐가 들어갔는지 .... 자꾸 눈물이 나요.

IX 인간과 심리

1 학습과 심리

주제 학습과 심리

어휘 언어 학습과 심리

문법과 표현
- V-(으)ㄹ라치면
- A/V-다고 할 것까지는[할 것까지야] 없다

듣기
- 토론 듣고 주장, 근거 구분하기
- 상담 대화 듣고 특징 분류하기

말하기
- 효과적으로 설명하기 (사례 소개하기, 부연하기)

2 사람의 심리

주제 사람의 심리

어휘 심리와 실험

문법과 표현
- A/V-다고 치다
- V-(으)ㄹ 리(가) 만무하다

읽기 설명문 읽고 내용 종합하기

쓰기
- 인용 표현에 유의하여 문장 쓰기
- 실험의 내용과 결과를 분석하여 글 쓰기

보충 어휘 의성어 / 의태어 I

1

주제
학습과 심리

어휘
언어 학습과 심리

문법과 표현
· V-(으)ㄹ라치면
· A/V-다고 할 것까지는[할 것까지야] 없다

듣기
· 토론 듣고 주장, 근거 구분하기
· 상담 대화 듣고 특징 분류하기

말하기
· 효과적으로 설명하기 (사례 소개하기, 부연하기)

학습과 심리

들어가기

이야기해 보세요

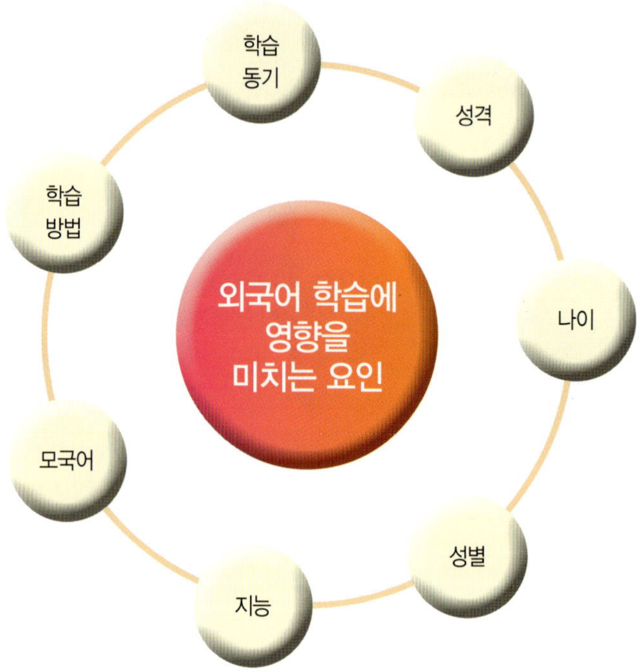

1. 외국어 학습에 영향을 미치는 요인 중 가장 중요하다고 생각하는 것 세 가지를 골라 순위를 정하세요. 그리고 그렇게 생각하는 이유를 예를 들어 이야기해 보세요.

① ____________ ② ____________ ③ ____________

2. 다른 요인이 더 있는지 이야기해 보세요.

어휘와 문법

읽어 보세요 track 7

외국어 정복하기 (3) : 성공적인 외국어 학습자의 특징

같은 조건에서 외국어를 배워도 어떤 학습자들은 유창하게 잘하는 데 반해 어떤 학습자들은 상대적으로 부족하고 발달 속도가 더딘 경우가 있다. 왜 이런 차이가 나타나는 것일까? '성공적인 학습자'에 대한 연구에 따르면 그 원인은 학습자의 나이, 성별, 성격, 지능, 모국어, 학습 방법 등의 차이에 있는 것으로 밝혀졌다. 일반적으로 나이가 어릴수록, 다양한 학습 전략과 방법을 많이 이용할수록 언어 학습에 유리하다고 한다.

그렇지만 이런 요인들이 절대적인 것은 아니다. 보통 12세 이전에 외국어를 배우는 것이 효과적이며 원어민에 가까운 발음을 구사할 수 있다고 한다. 그렇다고 해서 성인이 언어를 배우는 것이 불가능한 것은 아니다. 성인은 아동에 비해 발음 학습은 불리하나 인지 능력이 발달해서 비교적 단시간에 언어를 배울 수 있고 문법과 어휘 학습은 오히려 아동보다 유리하다.

ㄴ RE : 나이 들어서 외국어를 배우려고 하니 무엇보다도 발음과 억양이 어려워요. 외국인을 만나 간단한 대화라도 **할라치면** 발음 때문에 의사소통이 잘 안돼요.

ㄴ RE : 외국어 학습에서 성격도 중요한 요인인 것 같아요. 반드시 외향적이어야 한**다고 할 것까지야 없지만** 내성적인 사람보다는 외향적인 사람이 사람들과 잘 어울리고 실수도 두려워하지 않으니까 외국어도 빨리 배우는 것 같아요.

1. 어떤 사람이 성공적인 외국어 학습자가 될 가능성이 있습니까?

2. 성인 외국어 학습자는 어떤 점이 아동보다 유리합니까?

어휘를 연습해 보세요

요인	역효과	원어민	모국어	인지 능력	학습 동기
학습 유형	학습 전략	더디다	격려하다	구사하다	능숙하다
도전하다	보상하다	분류하다	분석하다	습득하다	유창하다

1. 서로 관계있는 것끼리 연결해 보세요.

1) 학습 유형	•	• 부모가 아이들에게 채소를 많이 먹이려고 아이들에게 채소를 억지로 먹이다 보면 오히려 아이들이 채소를 더 싫어하게 돼요.
2) 학습 동기	•	• 노트 필기할 때 색깔 펜을 이용하거나 별표나 밑줄을 사용하면 효과적으로 공부할 수 있대요.
3) 학습 전략	•	• 초등학교에서 영어를 말하기 중심으로 가르치면서 영어를 모국어로 하는 교사가 많이 필요하대요.
4) 역효과	•	• 저는 사진이나 그림 자료가 많으면 이해가 빨리 되지만 그냥 설명만 들으면 이해하기가 어려워요.
5) 원어민	•	• 저는 좋아하는 한국 배우와 한국어로 이야기해 보고 싶어서 한국어를 배우게 되었어요. 나중에 그 배우와 한국어로 이야기하는 것을 상상만 해도 행복해요.

문법과 표현을 연습해 보세요

1. V-(으)ㄹ라치면
- 오랜만에 이불 빨래를 할라치면 꼭 비가 와요.
- 큰마음 먹고 쿠키라도 만들라치면 꼭 필요한 재료가 없어요.

2. A/V-다고 할 것까지는[할 것까지야] 없다
- 성적이 안 좋다고 해서 지능이 낮다고 할 것까지는 없어요.
- 내 동생은 미인이라고 할 것까지야 없지만 귀엽고 매력 있게 생겼어요.

1. 다음과 같이 이야기해 보세요.

1) 식당에 사람이 없다가도 제가 들어가려고 하면 사람들이 많이 몰려와요.

2) 친구에게 도와 달라고 부탁을 하려고 하면 늘 바쁘다는 핑계를 대요.

3) 책상에 앉아 공부 좀 하려고 하면 꼭 친구한테서 놀자고 전화가 와요.

2. 다음과 같이 이야기해 보세요.

1) 이번에도 시험에 떨어졌어요. 저는 인생에서 실패한 사람인 것 같아요.

시험에 떨어졌다고 해서 인생에서 실패했**다고 할 것까지는 없어요**.

2) 민수 씨는 노래도 잘 부르고 운동도 잘하고 공부도 잘해요. 천재인가 봐요.

3) 주가가 폭락했어요. 경제가 나빠지고 있다는 증거예요.

듣기

준비해 보세요

1. 이 책과 방송 프로그램에서 어떤 내용을 다룰 것 같습니까?

2. 여러분은 어떤 칭찬을 들어 본 적이 있습니까? 그 칭찬을 듣고 어떤 생각이 들었습니까?

🎧 들어 보세요 1 track 8

교육 방법에 대한 토론입니다. 잘 듣고 질문에 답해 보세요.

중심 내용 파악하기

1. 토론의 주제는 무엇입니까?

① 칭찬의 방법 ② 칭찬의 효과 ③ 좋은 칭찬의 예

세부 내용 파악하기

2. 다음은 누구의 주장입니까?

▪ 격려나 보상이 긍정적인 효과가 있다.	□ 여자	□ 남자
▪ 자신감을 높이기 위해 칭찬이 필요하다.	□ 여자	□ 남자
▪ 칭찬을 하면 일을 더 적극적으로 하게 된다.	□ 여자	□ 남자
▪ 칭찬은 과제 성공에 큰 영향을 미치지 않는다.	□ 여자	□ 남자

3. 자신의 주장을 뒷받침하기 위해 두 사람이 든 근거는 무엇입니까?

여자 •

남자 •

• 유치원 아이들에게 칭찬을 해 줘도 야채 주스를 마시는 데 도움이 되지 않았다.

• 돌고래를 훈련시킬 때 칭찬을 해 주는 것이 먹이를 주는 것보다 더 큰 효과가 있었다.

• 학생들이 과제를 수행할 때 칭찬을 해 준 경우 동기 부여가 되고 더 적극적인 태도를 보였다.

• 외국어 선생님이 너무 자주 칭찬을 해 주니까 나중에는 습관이 돼서 아무 느낌도 받지 못했다.

들어 보세요 2 track 9

외국인 학습자의 고민 상담입니다. 잘 듣고 질문에 답해 보세요.

중심 내용 파악하기 1. 무엇에 대한 상담입니까?

세부 내용 파악하기 2. 서로 관계있는 것끼리 연결해 보세요.

특성		학습 방법
논리적이고 분석적이다. •	• 좌뇌형 •	• 몸의 움직임을 활용하면 좋다.
대화의 전체적인 흐름이나 내용을 잘 파악한다. •	• 우뇌형 •	• 내용을 그림으로 바꿔서 기억하는 것이 효과적이다.
전체보다는 부분을 잘 파악한다. •		• 전체 내용을 부분적으로 나누어 재구성해 공부하면 효과적이다.
직감적이며 이미지에 의존한다. •		• 내용을 분석한 뒤 자신의 말로 설명하는 것이 좋다.

3. 이 학생의 학습 유형에 맞는 학습 방법은 무엇입니까?

이야기해 보세요

1. 다음은 학습 유형을 알아보는 검사입니다. 여러분은 어떤 학습 유형에 속합니까?

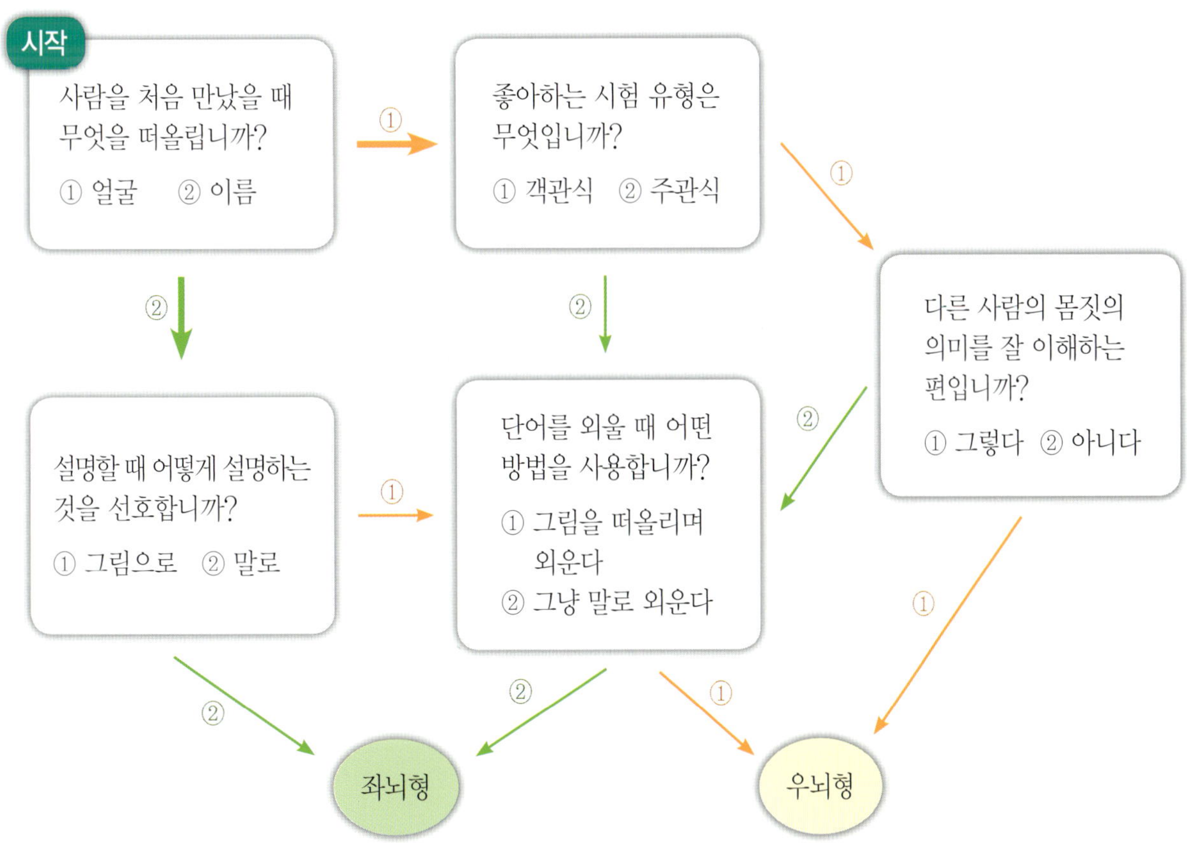

말하기

사례를 소개하고 부연하여 효과적으로 설명해 보세요.

준비해 보세요

1. 여러분의 한국어 학습 방법을 예를 들어 설명해 보세요.

저는 한국어를 공부할 때 문법이나 단어를 공책에 쓰면서 공부해요. 이렇게 공책에 써 보면 정리도 잘 되고 더 오래 기억할 수 있어요. 저는 좌뇌형 학습자인데 좌뇌형 학습자는 전체 내용을 부분으로 나눠서 말로 정리하는 게 좋대요. 이 학습 방법이 저한테 잘 맞는 것 같아요.

연습해 보세요

1. 다음은 사례를 소개할 때 쓰는 표현입니다. 다음 표현을 사용하여 이야기해 보세요.

〈사례 소개하기〉

- 실제로[한번은] 이런 경험이[경우가] 있었다.
- ~에 관해서(는) 다음과 같은 예[사례]가 있다.

저는 무조건 칭찬을 많이 하는 것은 문제가 있다고 생각합니다. **실제로** 제가 외국어를 배울 때 **이런 경험이 있었는데요.** 저희 선생님은 학생이 틀린 대답을 했을 때도 항상 칭찬을 해 줬습니다. 그런 일이 반복되다 보니 전 선생님의 칭찬이 진짜 나를 칭찬하는 게 아니라 습관이 아닐까 하는 의심을 하게 되었고 나중에는 잘했다는 말을 들어도 아무 느낌도 받지 않게 되었습니다.

1) 칭찬의 역효과
   - 선생님의 습관적인 칭찬이 역효과를 가져온 경우

2) 플라시보 효과
   - 플라시보 효과를 직접 경험한 경우

3) 문화 충격
   - 한국과 자국의 문화 차이를 느낀 경우

2. 다음은 부연 설명을 할 때 쓰는 표현입니다. 다음 표현을 사용하여 부연 설명을 해 보세요.

〈부연 설명하기〉
- 다시 말하면
- 제 말[말씀]은 ~다는 것이 아니에요.
- 제 말은 (그게 아니라) ~다는 것이에요.
- 제 말은 ~다, 이런 뜻이에요.

저는 자신감이 없는 학생을 격려하기 위해서는 칭찬을 많이 하는 것이 좋다고 생각합니다.

그럼 칭찬을 습관적으로 해 줘야 한다는 말씀이신가요?

제 말씀은 칭찬을 습관적으로 해 줘야 한**다는 것이 아닙니다. 제 말은** 칭찬을 해 주려면 학생이 성취를 보였을 때 그것을 격려하기 위해 칭찬을 해야 효과적이**라는 것입니다.**

1)

(…) 자신감이 없는 학생을 격려하기 위해서는 칭찬을 많이 하는 것이 좋다.

칭찬을 습관적으로 해 줘야 하나?

학생이 성취를 보였을 때 격려하기 위해 칭찬을 해야 효과적이다.

2)

(…) 외모를 중시하는 풍조가 특히 여성들을 억압하고 있다고 생각한다.

외모 중시 풍조는 여성들만 억압하나?

사회 분위기에 따라 남자보다는 여자들에게 더욱 부담이 된다.

3)

(…) 사상 의학에 의하면 체질에 맞는 음식을 먹는 것이 건강에 좋다.

음식을 골고루 먹지 말라는 뜻인가?

체질에 맞게 음식을 골라 먹어야 건강에 좋다.

이야기해 보세요

1. 아래에 제시된 주제 중 하나를 골라 메모해 보세요.

칭찬의 역효과 | 직장에서의 남녀 차별

효과적인 외국어 학습 방법 | 외국어 학습과 성격의 관계

▪ 주제
- 칭찬의 역효과

▪ 관련된 사례
- 외국어 배울 때의 경험. 학생이 틀린 대답을 해도 “좋습니다.”, “잘했어요.”라며 항상 칭찬을 해 주신 선생님. 칭찬을 받아도 칭찬이 아니라 습관인 것처럼 느껴졌음.

▪ 주제

▪ 관련된 사례

2. 자신이 선택한 주제에 대해서 구체적인 사례를 사용하여 효과적으로 발표해 보세요.

주제	저는 오늘 칭찬의 역효과에 대해서 이야기하겠습니다. 우리는 보통 칭찬을 많이 해 주는 것이 좋다고 생각하지만 그와 반대로 칭찬이 역효과를 가져올 수 있다는 점도 알아야 합니다.
사례 소개	실제로 제가 외국어를 배울 때 이런 경험이 있었는데요. 저의 선생님은 학생이 틀린 대답을 했을 때도 "좋습니다.", "잘했어요."라며 항상 칭찬을 해 주셨습니다. 그런 일이 반복되다 보니 전 선생님의 칭찬이 진짜 나를 칭찬하는 게 아니라 습관이 아닐까 하는 의심을 하게 되었고 나중에는 잘했다는 말을 들어도 습관이 돼서 아무 느낌도 받지 않게 되었습니다. 이와 같이 사람들이 보통 교육적으로 바람직하다고 생각하는 칭찬이 때로는 역효과가 있다는 것을 알아야 합니다.

3. 친구들의 질문을 받고 부연 설명을 해 보세요.

질문	그런 칭찬을 하지 않는 것이 좋다는 말씀이신가요?
부연 설명	제 말씀은 그게 아닙니다. 다만 칭찬을 지나치게 많이 해 주면 오히려 아이들에게 역효과를 가져올 수 있다는 것입니다. 즉 실제 아이들의 능력을 과장해서 칭찬해 주면 또 칭찬을 들으려고 정직하지 못한 행동을 할 수도 있고 습관적으로 칭찬을 해 주면 칭찬이 없을 때 오히려 성과가 줄어들 수도 있으므로 아이들에게 상황과 능력에 맞는 적절한 칭찬을 해 줘야 한다는 말입니다.

4. 발표를 듣고 사례 제시와 부연 설명이 적절했는지 평가해 보세요.

	매우 좋다	좋다	보통이다	좋지 않다
▪ 적절한 사례를 제시했는가?	☐	☐	☐	☐
▪ 부연 설명이 명확했는가?	☐	☐	☐	☐
▪ 배운 표현을 잘 사용했는가?	☐	☐	☐	☐

어휘와 표현

1. 학습과 심리

● 어휘

격려(激勵)하다[경녀하다]
동 용기나 의욕이 생기도록 하다. to encourage / 激励, 鼓励 / 激励する
부모님은 대학 입학시험을 앞둔 나에게 삼계탕을 사 주며 격려해 주셨다.

구사(驅使)하다
동 언어나 표현 등을 익숙하게 쓰다. to have a command of / 运用 / 駆使する
우리 가족은 일본에서 오랫동안 살아서 일본어를 일본 사람만큼 잘 구사할 수 있다.

능숙(能熟)하다[능수카다]
형 익숙하게 잘하다. to be skillful / 精通 / 熟練している, 達者だ
경력 사원은 신입 사원들보다 업무 처리에 능숙하다.

더디다
형 어떤 움직임이나 일을 하는 데 시간이 오래 걸리다. to be slow / 慢, 缓慢 / 遅い, のろい
모르는 사람과 같이 있거나 관심 없는 일을 할 때는 이상하게도 시간이 더디게 간다.

도전(挑戰)하다
동 어려운 일이나 새로운 일에 맞서다. to challenge / 挑战 / 挑戦する
B 선수는 100m 달리기에서 8초대의 기록에 도전했다.

모국어(母國語)
명 자기 나라의 말. mother tongue / 母语 / 母国語
일부 재일 교포 2세들은 모국어를 배우기 위해 방학이면 한국을 찾아온다.

보상(報償)하다
동 어떤 일에 의욕이 생기게끔 칭찬하거나 상을 주다. to reward / 报答, 报偿 / 補償する
축구 협회는 이번 경기를 승리로 이끈 선수들의 노고를 보상하고자 상금을 지급했다.

분류(分類)하다[불류하다]
동 종류에 따라서 나누다. to classify, to categorize / 分类 / 分類する
우체부는 우편물을 지역별로 분류해서 배달한다.

분석(分析)하다[분서카다]
동 복잡한 것을 풀어서 논리적으로 설명하다. to analyze / 分析 / 分析する
정부에서는 물가 상승 원인을 유가와 생필품 가격 상승으로 분석하고 있다.

습득(習得)하다[습뜨카다]
동 배워서 자기 것으로 만들다. to learn, to acquire / 学会, 学到 / 習得する
나이가 든 후에 어떤 외국어를 습득하려면 많은 노력이 필요하다.

역효과(逆效果)[여쿄과]
명 기대했던 것과 정반대가 되는 효과. reverse effect / 反效果 / 逆効果
건강을 위해 보약을 지어 먹었는데 오히려 역효과가 나서 설사를 했다.

요인(要因)
명 어떤 것의 조건이 되는 요소. factor / 因素, 要素 / 要因
김철수 씨의 성공 요인은 성실하고 근면한 생활 태도라 할 수 있다.

원어민(原語民)
명 자기 나라 말을 사용하는 사람. native speaker / 说母语的人 / ネイティブスピーカー
최근 영어 수업에서는 원어민 교사가 직접 영어를 가르치기도 한다.

유창(流暢)하다
형 말을 하는 것이 자연스럽고 막힘이 없다. to be fluent / 流畅 / 流暢だ
나나 씨는 한국어 말하기 대회에서 유창한 한국어 실력을 뽐냈다.

인지 능력(認知能力)[인지능녁]
명 사물을 분별하고 판단할 수 있는 능력. cognitive ability / 认知能力 / 認知能力
일반적으로 아동이 사춘기를 지나 성인이 되면 인지 능력이 발달하게 된다.

학습 동기(學習動機)[학씁똥기]
공부를 하게 된 이유. motivation to learn / 学习动机 / 学習の動機
강한 학습 동기가 학습의 성공과 실패를 결정한다.

학습 유형(學習類型)[학씀뉴형]
공부 방법에 따라 종류를 나눈 것. learning style / 学习类型 / 学習の類型
감각에 따라 학습 유형을 나눌 수 있는데 시각 자료를 선호하는 유형도 있고 청각 자료를 선호하는 유형도 있다.

학습 전략(學習戰略)[학씁절략]
학습하는 데에 필요한 여러 가지 방법. learning strategy / 学习策略 / 学習戦略
외국어를 학습할 때 모르는 단어를 다른 사람에게 물어보거나 스스로 단어의 의미를 추측해 보는 것도 하나의 학습 전략에 속할 수 있다.

듣기

들어 보세요 1

거듭되다

동 다시 반복되다. to repeat / 重复，反复 / 繰り返される

그는 거듭되는 실패에도 불구하고 끝까지 포기하지 않고 노력해서 성공을 거뒀다.

거울삼다

동 어떤 일을 통해 배우다. to model (example) after / 以……为鉴 / かんがみる

이번 일을 거울삼아 다음에는 실수하지 않겠다.

수행(遂行)하다

동 생각하거나 계획한 대로 일을 해내다. to fulfill / 执行，完成 / 遂行する

김 대리는 이번 행사에서 맡은 일을 성실히 수행해서 사장님의 칭찬을 받았다.

조련사(調練師)

명 동물을 훈련시키는 사람. animal trainer / 驯兽员 / 調教師

동물원의 호랑이가 조련사의 지시에 따라 여러 가지 재주를 보여 줬다.

들어 보세요 2

재구성(再構成)하다

동 새롭게 다시 구성하다. to reconstruct / 重组，重新构架 / 再構成する

요즘 드라마는 기존의 인기 있는 소설을 재구성해서 만들기도 한다.

직감적(直感的)이다[직깜적]

사물이나 현상을 접했을 때 곧바로 느껴 알아차리다. to be intuitive / 直觉的 / 直感的だ

특별한 말이 없이도 상사가 나를 신뢰하지 않는다는 것을 직감적으로 느낄 수 있었다.

말하기

부연(敷演)하다

동 이해하기 쉽도록 설명하다. to elaborate, to expatiate clarify by expanding / 补充说明 /敷衍する

그는 자신의 이론을 설명한 후 청중들이 이해할 수 있도록 부연했다.

2 사람의 심리

주제
사람의 심리

어휘
심리와 실험

문법과 표현
- A/V-다고 치다
- V-(으)ㄹ 리(가) 만무하다

읽기
- 설명문 읽고 내용 종합하기

쓰기
- 인용 표현에 유의하며 문장 쓰기
- 실험의 내용과 결과를 분석하여 글 쓰기

들어가기

이야기해 보세요

궁금한 사람의 심리

1. 왜 이런 심리가 생길까요? 그 이유를 설명해 보세요.

2. 이유를 확인해 보고 여러분의 생각과 비교해 보세요.

어휘와 문법

읽어 보세요 track 10

사람의 마음은 신체에 어떤 작용을 하는가? 한 심리 실험에서 70~80대 노인들을 대상으로 20년 전으로 돌아갔**다고 치고** 생활하도록 했다. 실험 결과, 가족이나 간병인에 의지하며 힘없이 살아가던 노인들이 일주일 뒤 체중이 늘고 기억력도 좋아졌다. 그뿐만 아니라 자신이 젊다고 생각하고 생활한 노인들은 그렇지 않은 노인들보다 실제로 더 젊어 보인다는 평가를 받았다.

이 실험은 사람이 마음먹기에 따라 노화의 속도가 달라질 수 있음을 잘 보여 준다. 다시 말하면 나는 늙어서 아무것도 못한다는 생각을 가지고서는 아무리 노력해도 젊어**질 리 만무하다는** 것을 이 실험을 통해 알 수 있다.

1. 어떤 실험을 했습니까?

2. 이 실험을 통해 무엇을 알 수 있습니까?

어휘를 연습해 보세요

심리학	심리 실험	주의력	기억력	이성적이다	알아차리다
과대평가하다	관찰하다	몰두하다	왜곡하다	인식하다	입증하다
작용하다	착각하다	측정하다			

1. 서로 관계있는 것끼리 연결해 보세요.

1) 착각하다 •

2) 관찰하다 •

3) 왜곡하다 •

4) 입증하다 •

5) 이성적이다 •

• 최근 방송되고 있는 역사 드라마들은 역사적인 사실과 다르게 만들어져 청소년들에게 잘못된 역사 인식을 심어줄 수 있어요.

• 저는 오늘이 시험인 줄 알고 열심히 공부했는데 알고 보니 오늘이 아니라 내일이었어요.

• 아이가 태어나서 처음으로 나무에 걸려 있는 거미줄을 보았어요. 처음이라 아주 신기한지 계속 가만히 서서 거미줄이 어떻게 생겼는지 살펴보고 있어요.

• 우리 아버지께서는 화가 나거나 흥분되는 일이 있어도 감정적으로 행동하지 않고 차근차근 해결하시는 편이에요.

• 경찰은 그가 범인이라는 것을 CCTV 분석을 통해 밝혀냈다.

문법과 표현을 연습해 보세요

1. A/V-다고 치다

- 돈이 많다고 쳐도 저렇게 돈을 함부로 쓰는 것은 바람직하지 않다.
- 한 사람이 피자를 두 조각씩만 먹는다고 치더라도 적어도 세 판을 주문해야 한다.

2. V-(으)ㄹ 리(가) 만무하다

- 결석이 잦은 민수가 개근상을 받을 리 만무하다.
- 그렇게 착하고 정이 많던 삼촌이 사람을 때렸을 리 만무하다.

1. 다음과 같이 말해 보세요.

1) 

내일도 비가 올 것 같아요.

네, 내일까지 비가 온**다고 치면** 이번 주 내내 비가 오는 거네요.

2) 

한국에서 미국까지 가려면 시간이 얼마나 걸릴까요?

3) 

커피값이 너무 많이 들어.

2. 다음과 같이 말해 보세요.

1) 

2) 

3) 

마리코 씨는 장학금을 충분히 받고 있으니 경제적인 이유로 귀국했**을 리 만무합니다.**

읽기

준비해 보세요 clip 1

동영상을 보고 질문에 답해 보세요.

1. 흰옷을 입은 사람들이 패스를 몇 번 했습니까?

2. 경기 중에 이상한 점이 있었습니까?

읽어 보세요 track 11

다음은 심리 실험에 관한 글입니다. 글을 읽고 질문에 답해 보세요.

1 고릴라를 보셨나요?

어떤 의사가 부주의로 수술용 가위를 환자 배 속에 넣고 꿰매었다. 환자는 수술 이후 알 수 없는 복통에 시달렸고 세 차례나 엑스레이를 찍었지만 의사들은 원인을 찾아내지 못했다. 수많은 의사들이 엑스레이를 들여다봤지만 저마다 자기 전공에 맞는 원인을 찾는 데에만 몰두하느라 정작 사진 정면에 찍힌 수술용 가위는 보지 못했다. 왜 사람들은 눈으로 보면서도 인식하지 못하는 것일까? 이러한 주의력 부족은 일부 사람들에게만 나타나는 것일까?

농구 경기가 열리는 체육관에서 흥미로운 실험이 실시되었다. 농구 경기의 쉬는 시간에 사회자가 관중들에게 문제를 냈다. "지능 측정 실험입니다. 전광판 동영상을 봐 주세요. 흰옷 입은 사람 3명과 검은 옷 입은 사람 3명이 각자 자기들끼리 공을 주고받습니다. 흰옷 입은 사람들끼리 몇 번 패스하는지 세어 보세요."

그 후 관중들에게 보여 준 36초짜리 동영상에서는 학생 6명이 공을 주고받는 동안 검은 고릴라가 9초에 걸쳐 천천히 지나가면서 학생들 사이에서 두 차례 가슴을 두드리는 장면이 나왔다. 사회자가 낸 문제를 풀기 위해 초등학생부터 노인들까지 이날 체육관을 찾은 관중 2,280명이 열심히 패스 횟수를 세었다. 진짜 문제는 패스 횟수가 아니었다. '방금 본 동영상에 사람 말고 다른 것도 나왔나, 사람만 나왔나?'가 문제였다.

이날 관중 가운데 주최 측에 문자를 보낸 사람은 총 580명이었는데 이들 중 '고릴라를 못 봤다'는 사람이 315명(54%)에 달했고, '사람 말고 뭔가를 봤다'는 사람들 중에서 개와 곰을 보았다고 주장한 사람도 60명이나 있었다. 고릴라라고 정확히 맞힌 사람은 205명뿐이었고 이는 전체 응답자 중 35%에 불과했다. 주최 측이 느린 속도로 동영상을 다시 틀자 곳곳에서 "저걸 내가 왜 못 봤을까?" 하는 탄식이 흘러나왔다.

사람들은 보통 자신의 눈에 보이는 모든 것을 인식한다고 생각한다. 그런데 실제로는 눈앞에서 보고 있으면서도 인식하지 못하는 것들이 존재한다. 고릴라가 바로 카메라 앞까지 와서 가슴을 두드리고 걸어갔는데도 왜 못 본 것일까? 이러한 인식의 오류는 기대하지 못한 사물에 대한 주의력 부족의 결과이다.

즉, 사람들은 자신이 보고 싶은 것만 보고 자신이 관심이 있는 것에만 주의를 기울인다. 이러한 사실을 염두에 두고 세상을 바라본다면 자신의 인지 능력의 한계를 인식하고 사람들의 행동도 이해할 수 있게 될 것이다.

2 건강 용품 한번 체험해 보세요.

사람들은 일반적으로 스스로 합리적이고 이성적이라고 생각한다. 이러한 믿음처럼 사람이 동물에 비해 합리적이고 이성적인 존재라고 치더라도 언제나 이성적이고 합리적인 판단을 하는 것은 아니다.

오후 3시 어느 쇼핑몰에서 가운을 입은 연구진이 기적의 신소재로 만든 건강 용품 체험전을 열었다. 이들은 미국의 항공우주국(NASA)에서도 이 제품을 사용한다는 말을 하면서 몸에 좋다는 이상한 모양의 기구를 사람들에게 체험시켜 줬다. 개발자들로부터 기구의 효과에 대해 간단한 설명을 듣고 직접 체험한 사람들은 모두 효과가 있었다고 말했다. 한 체험자는 “아까는 너무 피곤했었는데 머리가 맑아지고 몸이 가뿐해졌어요.”라고 말하기도 했다. 그러나 이 기구는 아무렇게나 만든 것으로 건강과는 관련이 없으며 미국 항공우주국 이야기도 사실이 아니었다.

이 건강 용품이 가짜라면 효과가 있었을 리 만무하다. 그러나 사람들은 이것이 가짜 제품이라는 것을 알려 줘도 좀처럼 착각에서 빠져나오지 못했다. 한 여성은 심지어 “체험하고 나서 제가 직접 느낀 거니까 진짜인 것 같은데…….”라고 했다. 몸에 좋다는 믿음을 갖게 된 순간 믿음에서 벗어나는 것들은 모두 외면해 버리려고 한 것이다. 이와 같이 우리는 스스로의 착각 때문에 오히려 쉽게 속게 되고 사실이 아닌 것을 사실로 믿게 된다.

사람들은 자신도 모르는 사이에 긍정적인 착각에 빠지기도 하고 부정적인 착각에 빠지기도 한다. 이 실험에서 여러 참여자들은 긍정적 착각을 경험했다. 긍정적 착각은 사람들에게 동기를 부여하고 성공할 수 있다는 자신감을 북돋아 준다. 네 손가락의 피아니스트로 유명한 이희아 씨는 어린 시절 “다른 사람들은 불가능하다고 생각했지만 저는 제가 반드시 피아니스트가 될 거라고 착각하고 살았어요.”라고 했다.

자신과 세상에 대한 긍정적인 착각은 자신의 역량을 과대평가하게 하고 미래에 대한 비현실적인 기대감을 갖게 한다. 그러나 이러한 착각은 사람들에게 동기를 부여하고 대인 관계에 긍정적 변화를 가져오기도 한다. 다시 말하면 긍정적 착각은 자신의 삶을 변화시킬 뿐만 아니라 사회를 변화시킬 수 있는 힘이 있다.

중심 내용 파악하기 1. 1과 2를 종합해 다음에 알맞은 말을 순서대로 고르세요.

고릴라 실험에서 사람들은 관심 있는 것에만 ________을/를 기울였고 관심이 없는 것은 보면서도 인식하지 못했다. 또한 건강 용품 실험에서 사람들은 자신이 믿는 것을 사실로 ________하고 믿는 것 외에는 모두 외면해 버렸다. 이 두 실험 모두 사람들의 ________을/를 보여 주고 있다.

① 착각 ② 주의 ③ 인지 능력의 한계

세부 내용 파악하기 2. 1과 2에서 실시한 실험의 목적을 찾아 메모해 보세요.

1의 실험 목적 : ________________________

2의 실험 목적 : ________________________

3. 1과 2의 실험 내용에 대한 설명으로 바른 것을 고르세요.

① 1의 실험에서는 지능 측정을 위해 농구 경기의 패스 횟수를 세게 했다.
② 1의 실험에서는 동영상을 보고 답을 보낸 관중의 50% 이상이 고릴라를 보지 못했다.
③ 2의 실험에서는 사람들에게 미국 항공우주국에서 개발한 건강 용품을 체험하게 했다.
④ 2의 실험에서는 실험 참여자들이 건강 용품이 가짜라는 사실을 알고 나서 효과가 없다는 것을 바로 알아차렸다.

4. 1에서 많은 사람들은 왜 고릴라를 보지 못했습니까?

5. 2에서 긍정적인 착각은 사람들에게 어떤 영향을 준다고 합니까?

이야기해 보세요

1. 두 심리 실험을 통해 여러분은 어떤 것을 알게 되었습니까?

> 인간은 합리적인 존재라고 생각했는데 두 실험을 보니 직접 눈으로 보면서도 인식하지 못하고 자신의 착각에 빠지는 불완전한 존재라는 것을 알게 되었어요.

쓰기

실험 내용과 결과를 분석하여 글을 써 보세요.

준비해 보세요

다음 문장에서 어색한 부분을 찾아 바르게 고쳐 보세요.

1. 이 실험의 의의는 눈으로 보는 것을 모두 인식하는 것이 아닌 것이다.

2. 나는 이 글이 부족한 점도 많고 고쳐야 할 점도 아직 많이 있는 사실을 알고 있다.

3. 나는 노력한 일이 실패로 끝날지라도 새로운 시도를 한다는 것에 의미가 있다는 생각한다.

4. 앞으로는 공정 무역 제품을 구입해서 생산자에게 정당한 대가를 제공하는 데 도움을 줘야겠다는 마음먹었다.

5. 아무리 어려운 일이 생길지라도 지금 하고 있는 일을 포기하지 않는 한 희망이 있다고 이야기를 친구에게서 들었다.

표현을 연습해 보세요

1. 다음 실험의 목적은 무엇이라고 생각합니까? 친구와 이야기해 보세요.

가운을 입은 연구진이 사람들에게 실제로는 효과가 없는 건강 용품을 체험시키고 몸에 어떤 변화가 있었는지 조사함.

70~80대 노인들을 대상으로 한 집단은 20년 전 자신의 모습으로 상상하며 생활하도록 하고 다른 집단은 평소대로 생활하도록 함.

2. 다음은 의문문을 이용해 글의 목적을 나타낼 때 쓰는 표현입니다. 다음 표현을 사용하여 써 보세요.

- ~는가/인가?
- ~을까/일까?

▶ 이 세상에 언어가 없다면 어떻게 될 것인가?

1)

▶ 유가가 오르고 있는 상황에서 ____________

2)

▶ 우뇌형 학습자에게 ____________

3)

▶ 치매 환자에게 ____________

4)

▶ 군대에 다녀온 남자에게 ____________

3. 다음은 실험 목적과 내용을 소개할 때 쓰는 표현입니다. 다음 표현을 사용하여 이야기해 보세요.

- ~(실험 주체)이[에서] ~(실험 내용)으면 어떤 효과가 있는지 실험을 했다.
- ~(실험 주체)가[에서] ~(실험 대상)에게 ~(실험 목적)는지 알아보기 위해 실험을 실시했다.

한 심리학자**가** 우울증 환자가 플라시보를 먹**으면 어떤 효과가 있는지 실험을 했어요.**

한 심리학자**가** 우울증 환자**에게** 플라시보가 효과가 있**는지 알아보기 위해 실험을 실시했어요.**

1)

- 실험 주체 : 심리학자
- 실험 내용 : 우울증 환자가 플라시보를 먹음.

- 실험 주체 : 심리학자
- 실험 대상 : 우울증 환자
- 실험 목적 : 플라시보가 효과가 있나?

2)

- 실험 주체 : 교육 전문가들
- 실험 내용 : 중학생들이 과제를 성공할 때 상을 줌.

- 실험 주체 : 교육 전문가들
- 실험 대상 : 중학생들
- 실험 목적 : 보상이 효과가 있나?

3)

- 실험 주체 : 방송 프로그램
- 실험 내용 : 유치원 아이들이 야채 주스를 마셨을 때 칭찬을 함.

- 실험 주체 : 방송 프로그램
- 실험 대상 : 유치원 아이들
- 실험 목적 : 칭찬이 효과가 있나?

써 보세요 clip 2 / clip 3

1. 사람의 심리를 알아보기 위한 동영상을 보고 실험 결과가 어땠을지 이야기해 보세요.

심리 실험 1 | 심리 실험 2

2. 실험 결과에 대한 동영상을 보고 실험 결과를 메모해 보세요.

- 실험 목적과 내용

한 신문사에서 한곳에 집중하는 것이 주의력을 얼마나 분산시키는지 알아보기 위해 농구장의 관중들에게 실험을 실시함.

관중들에게 서로 다른 옷을 입은 사람들이 공을 주고받는 동영상을 보여 주고 공을 몇 번 주고받았는지 세어 보게 한 후 동영상 중간에 고릴라를 등장시킴.

- 실험 결과

동영상 중간에 나타난 고릴라를 기억하는 사람이 전체 35%에 불과했고 고릴라를 못 봤다고 응답한 사람이 절반이었음.

- 실험 목적과 내용

- 실험 결과

3. 여러분이 2에서 메모한 실험의 목적과 내용, 결과를 통해 내릴 수 있는 결론을 다음과 같이 써 보세요.

• 농구 경기장에서 실시한 실험 결과를 보면 사람들은 자신이 관심이 있는 것만 보고 기억한다는 것을 알 수 있다. → 결론

______________________________ → 결론

4. 실험 목적, 내용과 결과를 분석해서 글을 써 보세요.

도입	친구와 대화를 하다 보면 같은 일을 서로 다르게 기억한 경험이 있을 것이다. 같은 경험을 했는데도 왜 서로 다르게 기억하고 있을까?
실험 목적과 내용	한 신문사에서 농구장의 관중들에게 한곳에 집중하는 것이 주의력을 얼마나 분산시키는지 알아보기 위해 실험을 실시했다. 관중들에게 서로 다른 옷을 입은 사람들이 공을 주고받는 동영상을 보여 주고 공을 몇 번 주고받았는지 세어 보게 한 후 동영상 중간에 고릴라를 등장시켰다.
실험 결과	놀랍게도 실험에 참가한 사람들 중 35%만이 고릴라가 동영상에 나왔다는 것을 기억했다. 또한 절반 이상의 사람들이 고릴라를 못 봤다고 응답했다. 이 실험이 의미하는 것은 무엇일까?
결론	이 실험 결과를 보면 사람들은 자신이 관심 있는 것만 보려고 하고 관심 없는 일에는 주의를 기울이지 않는다는 것을 알 수 있다. 즉 사람들이 같은 일을 서로 다르게 기억하는 것은 같은 일을 경험해도 자신이 관심 있어 하는 일에만 집중을 하고 기억하기 때문인 것이다.

어휘와 표현

2. 사람의 심리

● 어휘

과대평가(過大評價)하다[과대평까하다]

동 실제보다 더 높이 평가하다. to overestimate / 高估, 过高评估 / 過大評価する

부모는 자식의 실력을 과대평가하는 경향이 있다.

관찰(觀察)하다

동 사물이나 현상을 자세히 살펴보다. to observe / 观察 / 觀察する

현미경을 이용하면 세포도 자세히 관찰할 수 있다.

기억력(記憶力)[기엉녁]

명 다시 생각해 내는 힘. (one's power of) memory / 记忆力 / 記憶力

영업부 김 부장님은 기억력이 좋아서 한 번 만난 사람의 이름도 잊어버리지 않는다.

몰두(沒頭)하다[몰뚜하다]

동 어떤 일에 모든 정신을 다 기울여 집중하다. to immerse / 专注于……, 埋头于…… / 沒頭する

시험공부에 몰두하느라 전화가 온 줄도 몰랐다.

심리 실험(心理實驗) [심니]

마음의 작용에 대한 실험. psychology experiment / 心理实验 / 心理実験

심리 실험을 통해 사람의 마음을 연구할 수 있다.

심리학(心理學)[심니학]

명 마음과 행동을 연구하는 학문. psychology / 心理学 / 心理学

인간의 마음에 관심이 많았던 그는 대학에서 심리학을 전공했다.

알아차리다

동 바로 알게 되다. to become aware of / 觉察到, 明白过来 / しっかりと認識する, 見抜く

어머니는 내 표정만 보시고도 내가 무슨 말을 하려는지를 알아차리셨다.

왜곡(歪曲)하다[왜고카다]

동 사실과 다르게 해석하거나 잘못되게 하다. to distort / 歪曲 / 歪曲する

그 소설가는 자신의 의도를 왜곡해서 보도했다며 신문사를 고소했다.

이성적(理性的)이다

감정을 드러내지 않고 논리에 따르다. to be rational / 理性的 / 理性的だ

흥분하면 이성적인 판단을 하기가 어렵다.

인식(認識)하다[인시카다]

동 사물이나 상황을 분석하고 판단해서 알다. to recognize / 认识, 认为 / 認識する

학교에서는 학생 건강의 중요성을 인식하고 체육 시간을 늘리기로 했다.

입증(立證)하다[입쯩하다]

동 증거를 들어 밝히다. to prove / 证明, 举证 / 立証する

그는 자신의 결백을 입증하려고 노력했다.

작용(作用)하다

동 사물이나 현상에 영향을 미치다. to act / 起作用, 影响 / 作用する

개인적인 친분이 합격 여부를 결정하는 데 작용해서는 안 된다.

주의력(注意力)[주의력 / 주이력]

명 한 가지 일에 마음을 집중하는 힘. (one's power of) attention / 注意力 / 注意力

나는 어렸을 때 너무 산만해서 주의력이 부족하다는 말을 많이 들었다.

착각(錯覺)하다[착까카다]

동 어떤 사물이나 사실을 실제와 다르게 생각하다. to misunderstand, to mistake A for B / 误认为, 错以为 / 錯覚する

동생과 내가 너무 닮아서 사람들은 가끔 나를 동생으로 착각한다.

측정(測定)하다[측쩡하다]

동 크기나 양을 재다. to measure / 测量, 测定 / 測定する

간호사는 온도계로 체온을 측정했다.

● 읽기

■ 읽어 보세요

가뿐하다

형 몸 상태가 가볍고 상쾌하다. to be light (feeling of) / 轻松 / 軽快だ

늦게까지 일해서 피곤했는데 많이 자고 일어났더니 몸이 가뿐해졌다.

꿰매다

동 바늘과 실로 옷 등을 이어 붙이다. to sew / 缝补, 缝合 / 縫う

옷이 찢어져서 바늘로 꿰맸다.

복통(腹痛)

명 배의 통증. stomachache / 腹痛 / 腹痛

아침에 찬 우유를 마시고 복통과 설사로 고생했다.

부주의(不注意)[부주의/부주이]

명 어떤 일에 집중하지 못하고 조심하지 않음. carelessness / 疏忽, 大意 / 不注意

운전할 때 사소한 부주의가 큰 사고를 불러올 수 있다.

시달리다

동 괴로운 일이나 귀찮은 일을 당하다. to suffer (from) / 受折磨，受煎熬 / 悩まされる

설날이 되면 집에 놀러 온 조카들에게 시달린다.

역량(力量)[영냥]

명 어떤 일을 해낼 수 있는 힘. capability / 能力，力量 / 力量

우리 대학은 미래를 이끌어 갈 역량 있는 인재를 키우고 있다.

염두(念頭)에 두다

어떤 생각이나 결정을 마음으로 해 두다. to bear in mind / 想着，放在心上 / 念頭におく

사장님은 자신의 후계자로 아들을 염두에 두고 있었다.

체험(體驗)하다

동 직접 몸으로 경험하다. to experience first-hand / 体验 / 体験する

도시 아이들이 주말농장을 통해 농사일을 체험했다.

탄식(歎息)

명 한탄하여 쉬는 한숨. sigh out of grief / 叹息 / 嘆息

전쟁으로 폐허가 된 마을을 보고 탄식이 저절로 나왔다.

자기 평가

1. 다음 중 아는 어휘에 √ 하세요.

☐ 역효과	☐ 보상하다	☐ 착각하다
☐ 유창하다	☐ 습득하다	☐ 격려하다
☐ 심리 실험	☐ 작용하다	☐ 학습 전략
☐ 알아차리다	☐ 이성적이다	☐ 과대평가하다

2. 알맞은 표현을 골라서 문장을 완성해 보세요.

> -다고 치다　　-(으)ㄹ라치면　　-(으)ㄹ 리(가) 만무하다　　-다고 할 것까지는[할 것까지야] 없다

1) 가 : 다음 주가 시험인데 공부 많이 했어요?
   나 : 아니요. ________________ 전화가 오거나 친구가 집에 놀러 오네요.
2) 가: 저는 삼겹살을 정말 좋아하는데 소음인이라 돼지고기는 먹으면 안 된다고 해요.
   나 : 소음인이라고 해서 ________________. 너무 많이 먹지만 않으면 괜찮습니다.
3) 사과 한 상자를 샀는데 총 30개가 들어 있었다. ________________ 한 달 동안은 먹을 수 있을 것이다.
4) 우리 아버지는 보수적인 편이어서 요리는 여자의 일이라고 생각하신다. 그러므로 이런 아버지가 어머니를 위해 ________________.

3. 이 단원을 공부하고 여러분이 할 수 있게 된 것에 √ 해 보세요.

☐ 실험 결과나 자료를 인용해서 글을 쓸 수 있다.
☐ 사례를 소개하고 부연하여 효과적으로 설명할 수 있다.
☐ 심리학 실험에 관한 설명문을 읽고 내용을 종합할 수 있다.
☐ 토론을 듣고 주장과 근거를 구분할 수 있으며 상담 대화를 듣고 특징을 분류할 수 있다.

정답

2. 1) 공부를 할라치면 2) 돼지고기를 먹으면 안 된다고 할 것까지는 없습니다 3) 하루에 하나씩 먹는다고 치면 4) 요리를 해 주실 리 만무하다

보충 어휘

의성어 / 의태어(I) 사람의 소리, 행동과 관련된 의성어와 의태어를 익혀 봅시다.

고래고래
시끄럽게 외치거나 소리를 지르는 모양.

쌔근쌔근
아기가 조용히 자면서 숨을 쉬는 모양.

허둥지둥하다
정신없이 다급하게 서두르는 모양.

깜박깜박하다/거리다
불빛 등이 자꾸 어두워졌다 밝아지는 모양.
눈을 자꾸 감았다 뜨는 모양.
무엇인가를 자주 잊어버리는 모양.

두근두근하다/거리다
불안하거나 설레서 가슴이 뛰는 모양.

싱글벙글하다/거리다
소리 없이 환하게 웃는 모양.

우물쭈물하다/거리다
말이나 행동을 확실하게 하지 못하고 자꾸 망설이는 모양.

울먹울먹하다/거리다
금방이라도 울 것 같은 모양이나 소리.

꼬르륵꼬르륵하다/거리다
배가 고파서 나는 소리.

후루룩후루룩하다/거리다
라면이나 국수를 먹을 때 나는 소리.

연습 1 다음 그림에 어울리는 의성어, 의태어를 찾아보세요.

1)

① 고래고래
② 두근두근

2)

① 울먹울먹
② 싱글벙글

보충 어휘

3)

① 우물쭈물

② 쌔근쌔근

4)

① 꼬르륵꼬르륵

② 후루룩후루룩

연습 2 다음 상황과 관련 있는 의성어와 의태어를 써 보세요.

1) 눈에 티가 들어갔을 때는 자꾸 눈을 감았다 떴다 하면 효과가 있다고 한다.

→ 깜박깜박

2) 일요일에 놀이공원에 갔다가 아이를 잃어버렸다. 나중에 경찰서에서 아이를 다시 찾았는데 아이가 나를 보자 금방이라도 울 것 같은 표정을 지었다.

→

3) 갑자기 남편 친구들이 집에 온다는 말에 몹시 서둘러서 집을 정리하고 음식을 장만했다.

→

4) 일이 너무 바빠서 점심을 못 먹고 회의에 들어갔어요. 회의하면서 계속 배 속에서 소리가 나서 창피해 혼났어요.

→

5) 이 세상에서 아이가 평온하게 자는 모습이 가장 아름다워요. 천사를 만난다면 이런 모습일 것 같아요.

→

6) 저는 어렸을 때 개한테 물린 적이 있어서 큰 개는 물론 작은 강아지만 봐도 무서워서 가슴이 막 뛰어요.

→

연습 3 다음 그림을 보고 대화를 완성해 보세요.

1)

2)

3)

4)

보충 어휘

연습 4 어울리는 표현을 골라 문장을 완성해 보세요.

허둥지둥	쌔근쌔근	울먹울먹
고래고래	후루룩후루룩	꼬르륵꼬르륵

1) 최근 경찰은 술을 마시고 사람을 폭행하거나 거리에서 .... 소리를 지르는 행위를 집중적으로 단속하기로 했습니다.

2) 고양이를 키우면서 가장 행복한 순간이 언제냐고요? 그건 아마도 제 품에서 .... 잠이 든 고양이의 평화로운 모습을 볼 때일 거예요.

3) 슈퍼마켓에서 과자를 훔치던 아이가 점원에게 잡혔는데 점원이 경찰을 부르겠다고 하자 갑자기 아이가 ....하기 시작했다.

4) 아침에 알람을 끄고 딱 10분만 자려고 했는데 한 시간이나 자 버렸다. 늦잠을 자는 바람에 .... 출근을 했고 하루 종일 정신없이 보냈다.

5) 오늘은 강원도 명물인 '콧등치기' 국수를 소개해 드리겠습니다. 메밀국수의 일종인데요. 너무 맛있어서 ....하면서 국수를 먹을 때 면발이 콧등을 치기 때문에 이런 이름이 붙여졌다고 합니다.

6) 짝사랑하던 동아리 선배와 같이 영화를 보기로 했다. 날씬하게 보이려고 하루 종일 아무 것도 안 먹었는데 계속 .... 소리가 나서 창피했다.

X 한국과 세계

1 한국 속의 세계

주제 한국과 다문화 사회

어휘 다문화 사회

문법과 표현
- A/V-던 차에[차이다]
- V-고도

듣기
- 방송 듣고 평가하기
- 토의 듣고 결정 사항 파악하기

말하기 토의하기

2 세계 속의 한국

주제 세계와 한국

어휘 세계 속의 한국의 위상

문법과 표현
- A/V-(으)ㄹ 성싶다
- (비록/차라리) A/V-(으)ㄹ지언정

읽기 설명문 읽고 글쓴이의 관점 파악하기

쓰기
- 연결 어미에 유의하여 문장 쓰기 1
- 자신의 관점으로 글 쓰기

보충 어휘 의성어 / 의태어 Ⅱ

1 한국 속의 세계

주제
한국과 다문화 사회

어휘
다문화 사회

문법과 표현
- A/V-던 차에[차이다]
- V-고도

듣기
- 방송 듣고 평가하기
- 토의 듣고 결정 사항 파악하기

말하기
토의하기

들어가기

이야기해 보세요

1. 무엇에 대한 광고입니까?

2. 왜 이런 광고를 한다고 생각합니까?

어휘와 문법

읽어 보세요 track 12

얼마 전 지방에서 유명한 축제가 열린다고 해서 갔더니 놀랍게도 참가자의 반이 외국인이었다. '언제 이렇게 외국인이 많아진 거지?'라고 궁금해 하**던 차에** 한 신문 기사를 보게 되었다. 2010년을 기준으로 한국에 체류하는 외국인 수는 125만 명이 넘었고 한국 국적을 취득한 귀화자도 10만 명이나 된다는 기사였다.

예전부터 한국 땅에 귀화자가 있었다는 것을 생각한다면 최근의 이런 변화는 놀랄 만한 일도 아니다. 역사적으로 보면 삼국 시대 이전부터 한반도에 귀화자들이 등장했고 고려 시대에는 무려 20만 명에 가까운 사람들이 귀화했다고 한다. 이로 인해 한국의 성씨 280여 개 가운데 절반은 귀화 성씨라는 주장도 있다. 최근에는 한국 국적 취득 후 새로운 성(姓)과 본(本)을 만드는 귀화자도 늘고 있어서 즙 씨, 누 씨, 묘 씨, 내 씨와 같은 새로운 성이나 독일 이 씨와 같은 본도 등장했다고 한다. 오랫동안 한국인은 단일 민족의 후손이라고 생각해 왔지만 이러한 사실들을 알**고도** 한국이 단일 민족 국가라고 주장하기는 더 이상 어려울 것 같다.

1. 한국에 체류하는 외국인 수와 귀화자 수는 몇 명입니까?

2. 한국을 단일 민족 국가라고 볼 수 없는 이유는 무엇입니까?

어휘를 연습해 보세요

다문화 사회	다민족 국가	단일 민족	영주권	이중 국적
이주 노동자	국제결혼	다문화 가정	여성 결혼 이민자	거주하다
공존하다	귀화하다	상실하다	이주하다	체류하다
취득하다	가교가 되다	이민을 가다		

1. 서로 관계있는 것끼리 연결해 보세요.

1) 이중 국적 •	• 그 축구 선수는 한국 국적이 아니었는데 한국 국가 대표가 되어 올림픽에 출전하기 위해 국적을 바꿨다고 한다.
2) 다민족 국가 •	• 김명자 씨 부부는 여생을 여유롭게 보내기 위해 은퇴 후 자연 환경이 아름답고 물가가 싼 필리핀에 가서 살기로 했다.
3) 귀화하다 •	• 우리 부모님이 미국에서 유학하던 중 내가 태어났다고 한다. 초등학교 때 부모님과 함께 한국으로 돌아왔지만 나는 한국 국적과 함께 미국 국적도 가지고 있다.
4) 이민을 가다 •	• 나는 한국과 프랑스의 음식 문화를 두 나라에 소개하고 연결하는 역할을 하고 싶다.
5) 가교가 되다 •	• 중국은 인구를 구성하는 민족이 다양하기로 유명한 나라이다. 한족, 장족, 만주족 등 56개의 민족으로 구성되어 있다.

문법과 표현을 연습해 보세요

1. A/V-던 차에[차이다]

· 배가 고프던 차에 친구가 떡을 줘서 맛있게 먹었어요.
· 진로를 고민하던 차에 금융업이 유망하다는 말을 듣고 그쪽으로 취업 준비를 하고 있습니다.
· 혼자 점심을 먹으려던 차였는데 친구에게서 같이 점심을 먹자는 전화가 왔어요.

2. V-고도

· 천적을 이용하면 농약을 사용하지 않고도 과일이나 채소를 재배할 수 있다고 해요.
· 그 남자는 음주 운전을 해서 사고를 내고도 오히려 잘못이 없다고 큰소리를 쳤어요.

1. 다음 상황에 맞게 이야기해 보세요.

1)

2)

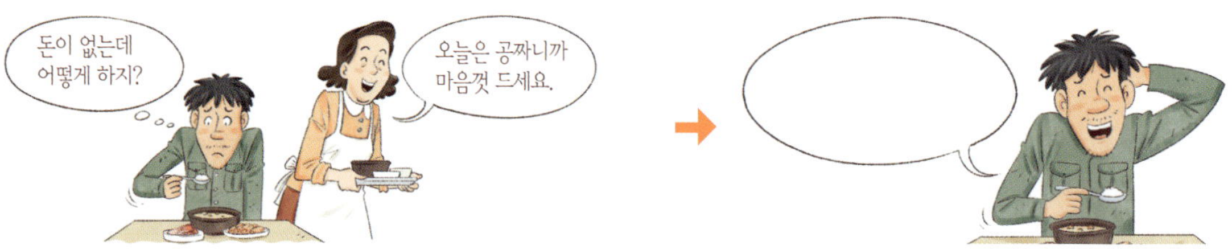

3)

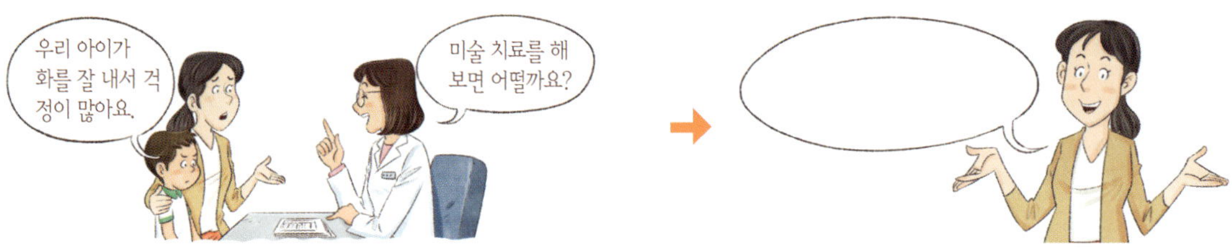

2. 신문 기사를 보고 이야기해 보세요.

1) 제 201115호 lei.snu.ac.kr

같은 일을 하는 여성 월급, 남성의 70%

2) 제 201116호 lei.snu.ac.kr

어려운 일을 당하는 사람을 봤을 때 목격자가 여러 명이면 도와줄 확률 낮아

3) 제 201117호 lei.snu.ac.kr

라면왕 이철호 성공 비결, '여러 번 실패해도 포기 안 해'

같은 일을 하**고도** 여자가 남자보다 월급을 적게 받는 것은 성차별이에요. 하루빨리 이런 차별이 없어져야 한다고 생각해요.

준비해 보세요

LEI 신문

언어교육원 LEI snu Seoul National University | 서울대학교

제200074호 | lei.snu.ac.kr | 2011년 1월 24일 (월)

10만 번째 귀화자, 로이 알록 꾸마르 교수

한국 생활 31년 만에 당당한 한국인으로

1. 누구에 대한 기사입니까?

2. 여러분 나라에서는 어떤 사람이 귀화할 수 있습니까?

들어 보세요 1 track 13

다음은 새로 바뀐 법률에 대한 라디오 프로그램입니다. 잘 듣고 질문에 답해 보세요.

중심 내용 파악하기

1. 오늘 다룬 주제는 무엇입니까?

① 국적 제도의 변천 ② 이중 국적 제도의 실시 ③ 영주권 취득의 자격 조건

세부 내용 파악하기

2. 한국 정부는 어떤 사람에게 이중 국적을 허용합니까? 모두 고르세요.

- ☐ 해외 입양아
- ☐ 분야별 우수 인재
- ☐ 장기간 유학하는 학생
- ☐ 영주권을 가진 모든 사람

3. 꾸마르 씨는 왜 31년 동안 한국 국적을 취득하지 않았습니까?

4. 들은 내용과 <u>다른</u> 것을 고르세요.

① 우수 인재들은 5년 이상 한국에 거주하지 않고도 귀화할 수 있다.
② 이중 국적 제도는 외국의 우수한 인재를 유치하는 데 큰 도움을 준다.
③ 이중 국적 제도는 저출산, 고령화 문제 해결에 직접적인 효과가 있다.
④ 우수 인재의 유치를 위해 이미 마련되어 있는 영주권 제도를 활성화할 필요가 있다.

들어 보세요 2 track 14

학생들의 토의입니다. 잘 듣고 질문에 답해 보세요.

중심 내용 파악하기

1. 무엇에 대해 토의하고 있습니까?

세부 내용 파악하기

2. 어떤 대회에 참가하기로 했습니까?

① 요리 대회　② 연극 대회　③ 노래 대회　④ 말하기 대회

3. 대회를 어떻게 준비하기로 결정했습니까?

대본 내용	
대본 작성	
연습 시간	

이야기해 보세요

1. 이중 국적 제도에 대해 어떻게 생각합니까? 만약 이중 국적을 가질 수 있다면 여러분은 어느 나라의 국적을 취득하고 싶습니까?

말하기

친구들과 토의하여 문제를 해결해 보세요.

준비해 보세요

1. 이 사람들은 무엇에 대해 토의하고 있습니까?

2. 어떨 때 토의가 필요한지 구체적인 예를 들어 이야기해 보세요.

연습해 보세요

1. 다음은 토의를 시작할 때 가장 먼저 고려해야 할 사항을 제시하는 표현입니다. 다음 표현을 사용하여 이야기해 보세요.

〈고려 사항 제시하기〉

- 제 생각[판단]에는 ~을 먼저 고려해야 한다고 봐요.
- 저는 ~을 할 때는 가장 먼저 ~을 고려해야 한다고 생각해요.
- 저는 ~은 ~이 가장 큰 문제라고 생각해요.

제 생각에는 다문화 축제를 준비하기 위해서는 학생들이 즐겁게 참여할 수 있는지를 **먼저 고려해야 한다고 봐요.**

1)

다문화 축제 준비

〈고려 사항〉 모든 학생들이 즐겁게 참여할 수 있는지

2)

외국인 학생을 위한 도서실 운영

〈고려 사항〉 도서 대출을 허용해야 하는지

3)

생활 속의 환경 보호 방안

〈고려 사항〉 쉽게 실천할 수 있는지

2. 다음은 의견을 제시할 때 쓰는 표현입니다. 다음 표현을 사용하여 이야기해 보세요.

〈의견 제시하기〉
- ~으면 좋겠어요.
- ~으면 어떨까 싶어요[해요].
- ~는 게 어떨까요?
- ~으면 좋지 않을까 생각해요.

다문화 축제에서 연극 공연을 하**면 어떨까 싶어요.**

1)
다문화 축제 준비
- 연극 공연
- 외국인 장기 자랑

2)
외국인 학생을 위한 도서실 운영
- 한 사람에 2권까지 대출
- 도서실 안에서만 열람

3)
생활 속의 환경 보호 방안
- 일회용품 사용 줄이기
- 대중교통을 이용하거나 걷기

3. 다음은 다른 사람의 의견에 동의하거나 반대할 때 쓰는 표현입니다. 다음 표현을 사용하여 이야기해 보세요.

〈다른 사람 의견에 동의하기〉
- 저도 그렇게 생각해요.
- 저도 ~ 씨 의견에 동의해요.

〈다른 사람 의견에 반대하기〉
- 저는 생각이 좀 달라요.
- ~ 씨의 의견도 좋지만 저는 ~으면 더 좋을 것 같아요.

저도 그렇게 생각해요. 직접 이야기를 만드니까 한국어 공부에 도움이 될 것 같아요.

저는 생각이 좀 달라요. 연극은 많은 사람이 참여할 수 없을 것 같아요.

1)
연극 공연
〈찬성〉 직접 이야기를 만드니까 한국어 공부에 도움이 됨.
〈반대〉 연극 공연은 많은 사람이 참여할 수 없음.

2)
한 사람에 2권까지 대출
〈찬성〉 도서실에 좌석이 부족하므로 대출을 허용해야 함.
〈반대〉 책이 분실될 가능성이 있음.

3)
커피숍에서 종이컵 사용 금지
〈찬성〉 환경 오염 줄이는 데 도움이 됨.
〈반대〉 각자 개인 컵을 들고 다녀야 하므로 불편함.

토의해 보세요

1. 다음에서 토의하고 싶은 주제를 골라 순서에 따라 토의해 보세요.

주제 1 : 6급 졸업 여행을 어디로 갈까?

- 졸업 여행은 어디로 갈까?
- 몇 박 며칠로 갈까?
- 일정은 어떻게 할까?
- 회비는 얼마로 하면 좋을까?
- 좋은 추억을 남기기 위해 어떤 일을 할까?

주제 2 : 학교 안의 비어 있는 공간을 어떻게 활용할까?

- 한국어 카페를 만들면 어떨까?
- 한국어 카페에서 아르바이트할 학생을 어떻게 구할까?
- 한국어 카페의 메뉴는 뭐가 좋을까?
- 한국어 카페에는 어떤 규칙이 필요할까?

2. 제시된 주제 중 하나를 골라 메모해 보세요.

토의 주제 소개	→	자유로운 의견 제시	→	합리적인 의견 결정	→	의견 종합
(사회자)		(토의자)		(토의자)		(사회자)

토의 주제 : 다문화 축제 준비

- 토의 주제 소개

  사회자 : 서울시에 거주하는 외국인을 위한 다문화 축제에 참가함.

- 자유로운 의견 제시

  토의자 1 : 요리 대회

  토의자 2 : 연극 대회

  …

- 합리적인 의견 결정

  한국에서의 경험을 연극 대본으로 만들어 연극을 하기로 함.

  …

- 의견 종합

  연극 대회를 위해 대본을 만들어 일주일에 두 번씩 한 달 동안 연습함.

토의 주제 :

- 토의 주제 소개

  사회자 :

- 자유로운 의견 제시

  토의자 1 :

  토의자 2 :

- 합리적인 의견 결정

  …

- 의견 종합

어휘와 표현

1. 한국 속의 세계

● 어휘

가교(架橋)가 되다
서로 떨어져 있는 것을 이어 주다. to bridge a mediator / 成为连接……的桥梁 / 架け橋となる
그 학생은 한국어를 공부한 후 한국과 일본의 가교가 되고 싶다고 한다.

거주(居住)하다
동 일정한 곳에 머물러 살다. to reside / 居住 / 居住する
외국에서 거주하고 있는 교포들이 정부가 주최하는 행사에 참석하기 위해 한국을 찾아왔다.

공존(共存)하다
동 서로 도와서 함께 존재하다. to coexist / 共存 / 共存する
남한과 북한이 평화롭게 공존하기 위해서는 먼저 정치 및 문화 교류가 이루어져야 한다.

국제결혼(國際結婚)[국쩨결혼]
명 국적이 다른 남녀가 결혼하는 일. international marriage / 国际婚姻 / 国際結婚
외국에서 오랫동안 유학 생활을 한 김순영 씨는 미국인과 국제결혼을 하게 되었다.

귀화(歸化)하다
동 다른 나라의 국적을 얻어 그 나라의 국민이 되다. to be naturalized / 加入某国国籍 / 帰化する
니말 씨는 한국에서 직장을 얻고 한국 여자와 결혼한 후 인도 국적을 버리고 한국에 귀화하기로 결심했다.

다문화 가정(多文化家庭)
서로 다른 국적, 인종, 문화를 가진 남녀가 이룬 가족이나 그런 사람들이 포함된 가족. multicultural family / 多文化家庭 / 多文化家庭
다문화 가정이 늘어나면서 이들의 자녀가 한국 사회에 적응할 수 있도록 돕는 단체가 늘고 있다.

다문화 사회(多文化社會)
다민족 국가에서 여러 민족의 문화가 어울려 이루어진 사회. multicultural society / 多文化社会 / 多文化社会
한국에서 사는 외국인이 증가하면서 한국은 다양한 문화가 조화를 이룬 다문화 사회가 되고 있다.

다민족 국가(多民族國家) [국까]
여러 민족으로 구성된 나라. multiracial country / 多民族国家 / 多民族国家
중국과 인도, 미국은 대표적인 다민족 국가로 국가를 구성하는 민족이 다양하다.

단일 민족(單一民族)
하나의 민족으로 구성된 나라. homogeneous nation / 单一民族 / 単一民族
외국인과 귀화자의 증가로 한국이 더 이상 단일 민족 국가가 아니라고 생각하는 사람들이 많아졌다.

상실(喪失)하다
동 어떤 것을 잃다. to lose / 失去 / 喪失する
한국에 귀화한 샤오밍 씨는 중국 국적을 상실하게 되었다.

여성 결혼 이민자(女性結婚移民者)
한국인 남자와 결혼해 한국에서 살고 있는 외국 여성. female immigrant married to a Korean / 因结婚移民到韩国的女性 / 女性結婚移民者
구청에서는 여성 결혼 이민자들의 한국 생활을 지원하기 위해 한국어 교실과 문화 교실을 개설하고 있다.

영주권(永住權)[영주꿘]
명 일정한 자격을 갖춘 외국인에게 주는, 그 나라에서 오래 살 수 있는 권리. Permanent residency / 永久居住权 / 永住権
법무부에서는 한국에서 기업을 경영하며 경제 발전에 기여한 로버트 씨에게 영주권을 줬다.

이민(移民)을 가다
자기 나라를 떠나 다른 나라로 사는 곳을 옮기다. to emigrate / 移民 / 移民する
자녀 교육을 위해 호주나 캐나다와 같은 영어권 국가로 이민을 가는 사람들이 늘어나고 있다.

이주 노동자(移住 勞動者)
일자리를 찾아 사는 곳을 옮긴 사람. migrant worker / 外来工人 / 移住労働者
한국의 경제가 발전하면서 취업 목적으로 한국에 오는 이주 노동자들이 증가하고 있다.

이주(移住)하다
동 원래 살던 곳에서 다른 곳으로 거처를 옮기다. to relocate, to migrate / 移居 / 移住する
인천에는 한국으로 이주해 온 중국인들이 모여 사는 중국인 마을이 있다.

이중 국적(二重國籍) [국쩍]
한 사람이 두 나라의 국적을 가지는 일. dual nationality / 双国籍 / 二重国籍
미국에서 태어나 이중 국적을 가지고 있던 가수 김 모 씨는 군대에 가기 위해 미국 국적을 포기했다.

체류(滯留)하다

동 다른 곳에 가서 머무르다. to stay, to sojourn / 停留 / 滞留する
우리 연구팀은 일본에서 4일간 체류한 후 미국으로 갈 계획이다.

취득(取得)하다[취드카다]

동 자기 것으로 만들어 가지다. to obtain, to acquire / 获得, 取得 / 取得する
월터 씨는 한국에서 박사 학위를 취득한 후 대학에서 연구를 계속하고 있다.

● 듣기

■ 들어 보세요 1

보완(補完)하다

동 부족한 것을 보충하다. to supplement / 补充完善, 改进 / 補完する
전통 한복의 단점을 보완해서 활동하기 편한 생활한복을 만들었다.

보유(保有)하다

동 가지고 있다. to possess / 保持, 持有 / 保有する
그 선수는 100m 달리기에서 세계 기록을 보유하고 있다.

유치(誘致)하다

동 행사나 사업을 끌어 들이다. to attract, host / 吸引 / 誘致する
A 시는 지역 축제를 상품화해서 많은 관광객을 유치했다.

잠재력(潛在力)

명 겉으로 드러나지 않은 힘이나 능력. potential / 潜力 / 潜在力
영어나 수학과 같은 과목 외의 음악, 미술, 체육과 같은 활동을 통해 아이들의 잠재력을 발견할 수 있다.

정착(定着)하다

동 한곳에 자리를 정해 머물러 살다. to settle / 定居 / 定着する
우리 부모님은 시골에서 농사를 짓다가 일자리를 찾아 서울에 정착하신 후 지금까지 살고 계신다.

■ 들어 보세요 2

끼가 많다

다른 사람보다 재주가 뛰어나다. to have many talents / 多才多艺 / 才能が秀でている
그는 어렸을 때부터 끼가 많아서 스스럼없이 남 앞에 나서서 노래를 하곤 했다.

실감(實感) 나다

실제로 경험하는 것 같은 느낌이 들다. to realize / 有真实感 / 実感がわく
3D 텔레비전은 실감 나는 영상을 보여 준다.

애매(曖昧)하다

형 분명하지 않다. to be vague, to be uncertain / 暧昧, 模糊, 不清晰 / 曖昧だ
그는 청문회에서 정확한 대답을 피하고 애매한 태도로 일관했다.

표현력(表現力)[표현녁]

명 생각이나 느낌을 언어나 몸짓으로 드러나게 나타내는 능력. expressiveness, articulacy / 表达能力 / 表現力
토론은 논리적인 사고력과 언어 표현력을 기르는 데에 도움이 된다.

흥미진진(興味津津)하다

형 매우 흥미롭다. to be very interesting / 津津有味 / 興味津々だ
말솜씨가 좋은 나나가 복잡한 영화 줄거리를 흥미진진하게 이야기해 줬다.

2 세계 속의 한국

주제
세계와 한국

어휘
세계 속의 한국의 위상

문법과 표현
- A/V-(으)ㄹ 성싶다
- (비록/차라리) A/V-(으)ㄹ지언정

듣기
설명문 읽고 글쓴이의 관점 파악하기

쓰기
- 연결 어미에 유의하여 문장 쓰기 1
- 자신의 관점으로 글 쓰기

들어가기

이야기해 보세요

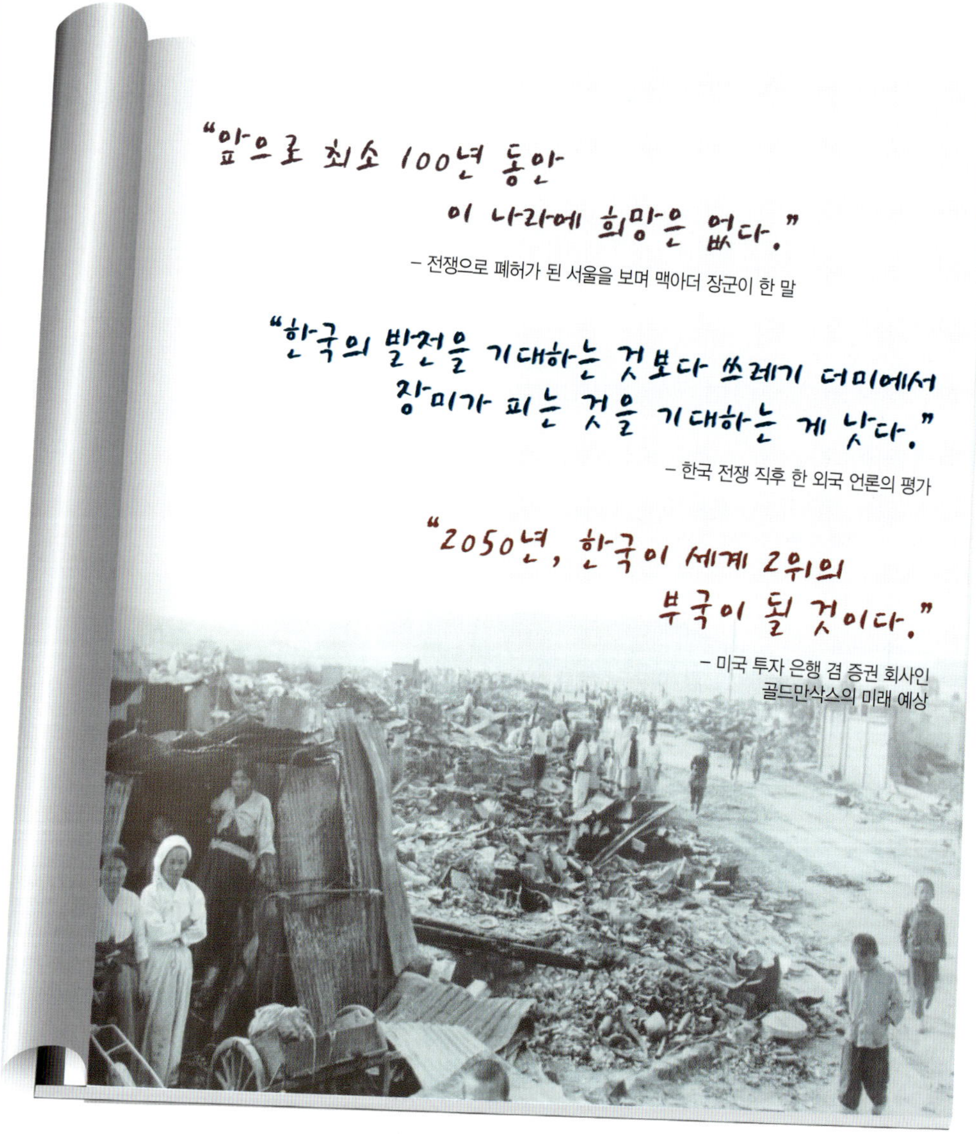

1. 한국에 대해 어떻게 인식하고 있습니까?

2. 여러분은 한국에 오기 전에 한국에 대해 어떻게 생각했습니까?

어휘와 문법

읽어 보세요 track 15

내 블로그 | 이웃 블로그 | 모두의 블로그 | 바로가기▼

"한 아이가 있었습니다. 이 아이는 같은 반 친구들에게 대한민국을 설명하기 위해 언제나 지구본을 들고 다녀야 했습니다. 어느덧 세월이 흘러 청년이 된 그 아이는 이제는 더 이상 지구본을 가지고 다닐 필요가 없게 되었습니다."

이 광고는 어느 해외 주재원 자녀의 실화를 토대로 구성한 것입니다. 한국의 국가 위상 변화를 잘 보여 주고 있어서 사람들의 공감을 얻고 있습니다. 광고를 보고 난 후 한국 사람이라면 누구나 자부심과 뿌듯함에 가슴이 뭉클해집니다. 70~80년대 해외에서 유학했거나 거주했던 사람이라면 한 번쯤 이와 같은 경험을 했**을 성싶습니다**.

과거의 한국은 작고 이름 없는 가난한 나라였습니다. 그러나 비록 나라는 가난했**을지언정** 한국인의 가슴 속에는 미래에 대한 희망과 열정이 가득 차 있었습니다. 한국은 IMF 경제 위기를 최단 기간에 벗어난 나라, 원조 수혜국에서 원조국이 된 최초의 나라입니다. 이제 한국은 더 큰 대한민국으로 도약하고 있습니다.

완료 인터넷 100%

1. 광고 속의 아이는 왜 언제나 지구본을 들고 다녀야 했습니까?

2. 현재의 한국은 어떤 모습입니까?

어휘를 연습해 보세요

국민성	정체성	자부심	국가 위상	원조국 / 원조 수혜국
개방하다	경쟁하다	공감하다	당당하다	도약하다
뿌듯하다	특기할 만하다	모델이 되다	성과를 보이다 / 얻다	눈부시게 발전하다

1. 서로 관계있는 것끼리 연결해 보세요.

1) 눈부시게 발전하다	•	•	일부 저개발 국가에서는 한국의 경제 발전 과정을 배우려고 노력하고 있습니다.
2) 모델이 되다	•	•	그 사람은 3년에 걸친 연구 결과 세계 최초로 당뇨병을 유발하는 물질을 찾아냈습니다.
3) 특기할 만하다	•	•	한국의 발전 과정에서 특히 주목할 만한 것은 한국이 세계 최초로 원조 수혜국에서 원조국이 된 나라라는 것입니다.
4) 성과를 보이다	•	•	한국 전쟁 이후 외신들은 100년이 흘러도 한국은 다시 일어날 수 없다고 하였습니다. 그러나 한국은 50년 만에 세계가 놀랄 정도로 성장했습니다.

문법과 표현을 연습해 보세요

1. A/V-(으)ㄹ 성싶다

· 오늘 커피를 다섯 잔이나 마셔서 밤에 잠이 오지 않을 성싶다.
· 역사에 관심이 많은 스티븐에게 한국 역사책을 선물하면 좋을 성싶다.

2. (비록/차라리) A/V-(으)ㄹ지언정

· 가난할지언정 남에게 손을 벌리지는 말아야 한다.
· 차라리 회사를 그만둘지언정 더 이상 차별을 받으며 회사를 다닐 수 없다.

1. 다음 상황에 맞게 이야기해 보세요.

1)

2)

3)

2. 다음과 같이 충고를 해 주세요.

1)

저는 기자가 꿈이에요. 그런데 집안 형편이 너무 어려워서 꿈을 포기하고 싶어요.

비록 가난할지언정 꿈을 포기하면 안 됩니다. 열심히 공부하다 보면 반드시 멋진 기자가 될 수 있을 겁니다. 힘을 내세요.

2)

저는 어렸을 때부터 마라톤 선수가 되고 싶었어요. 그런데 고등학생이 되면서부터 공부와 운동을 병행하는 게 정말 힘들어요. 연습이 너무 힘들어서 꿈을 포기하고 싶어요.

3)

저는 직장에 취직해서 평범하게 살고 싶어요. 그런데 요즘 취업이 안 돼서 정말 막막해요. 아무리 지원을 해 봐도 회사에서는 저에게 면접 기회조차 주지 않아요. 취직을 포기하고 싶어요.

읽기

준비해 보세요

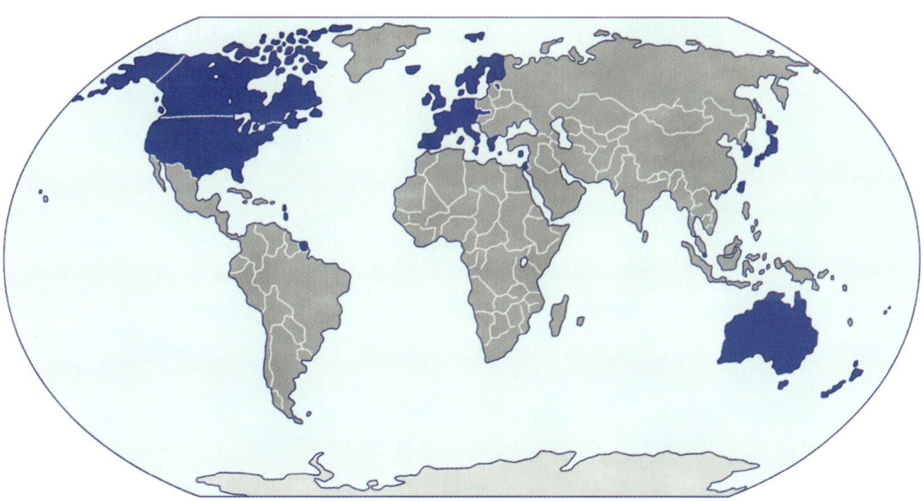

1. 무엇을 나타내는 그림입니까?

2. 어떤 나라가 선진국입니까?

읽어 보세요 track 16

다음은 선진국의 조건에 대한 설명문입니다. 글을 읽고 다음 질문에 답해 보세요.

과거에 한국은 동양의 작고 이름 없는 나라였으며 한국 전쟁 후에는 선진국의 원조로 겨우 생계를 이어 가는 나라였다. 그러나 현재의 한국은 세계 경제 규모 12위, 반도체와 조선 산업 1위, 세계에서 아홉 번째로 무역 규모 1조 달러를 달성해 내는 등 눈부시게 발전했다. 이제 한국은 저개발국에서 선진국으로 도약했다는 평가를 받고 있고 한국의 발전상은 세계 여러 개발 도상국의 모델이 되고 있다. 이런 점에서 한국인은 자부심과 뿌듯함을 느껴도 될 성싶다. 실제로 여러 경제 지표들을 이유로 한국이 선진국에 진입했다고 생각하는 사람들도 많다.

그러나 선진국의 개념을 다른 관점으로도 볼 수 있다. 물론 선진국으로 가기 위한 조건에 경제 발전은 필수적으로 포함되어야 한다. 그렇지만 경제적 여유가 많은 산유국을 선진국이라고 부르지 않듯이 부자 국가라고 해서 반드시 선진국이 되는 것은 아니다. 그렇다면 선진국의 조건은 무엇일까?

선진국의 조건에는 물질적인 측면과 정신적인 측면이 있다. 물질적인 기준은 당연히 경제와 관련된다. 그런데 앞에서 예를 든 것처럼 물질적인 기준은 단순히 돈이 많은 것과는 다르다. 국민의 소득이 높을 뿐만 아니라 고도로 발달한 산업이 있고 사회 기반 시설이 잘 갖춰진 경우 선진국의 조건에 부합한다고 볼 수 있다. 따라서 산유국처럼 자원이 풍부해 국민 소득 수준이 높은 나라를 부국이라고는 할지언정 선진국이라 부르지는 않는 것이다.

정신적인 측면에서는 국제연합개발계획(UNDP)에서 매년 발표하는 인간개발지수(Human Development Index, HDI)를 참고할 만하다. 인간개발지수란 각 국가의 국가별 실질 국민 소득, 교육 수준, 문맹률, 평균 수명 등 여러 가지 인간의 삶과 관련된 지표를 조사해 각국의 발전 정도를 평가한 것이다. 이를테면 문맹률이 낮고 교육 수준이 높다는 것은 자신의 능력을 개발할 가능성이 높고 그만큼 많은 기회를 갖게 되어 행복을 누릴 가능성이 높다는 것을 나타낸다. 또한 평균 수명이 높다는 것은 해당 국가의 의료 기술이 발달했고 국민이 건강에 대해 높은 관심이 있음을 의미하는 것이다. 대부

중심 내용 파악하기

1. 이 글의 중심 내용은 무엇입니까?

① 선진국의 조건　② 한국인의 자부심
③ 경제 발전과 선진국　④ 한국인의 질서 의식

세부 내용 파악하기

2 한국이 선진국이라고 생각하는 사람들의 근거는 무엇입니까?

3. 인간개발지수(HDI)란 무엇입니까?

4. 글쓴이가 선진국의 조건이라고 생각하는 것이 <u>아닌</u> 것을 고르세요.

① 풍부한 자원　② 높은 교육 수준
③ 고도로 발달한 산업　④ 국민들의 질서 의식

2013 인간개발지수(HDI) 순위

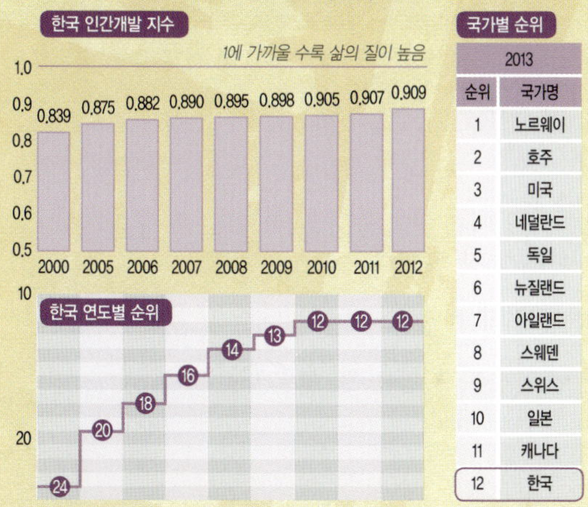

*인간개발지수(HDI) = 유엔개발계획(UNDP)이 국가별 국민 소득, 교육 수준, 평균 수명, 유아 사망률 등을 종합 평가해 매년 발표.
자료 / 유엔개발계획(UNDP)

분의 저개발 국가의 교육 수준과 평균 수명을 고려해 본다면 인간개발지수는 충분히 선진국의 조건이 될 만하다. 그러나 이것만으로는 충분하지 않다.

버스를 기다릴 때 가지런히 줄을 선 모습이나 보는 사람이 없어도 교통 신호를 지키는 어느 나라의 거리 풍경은 선진국의 조건이 무엇인지 다시 한번 생각하게 한다. 공공질서와 같은 사회 질서가 바로 선 나라, 그 질서를 지키는 국민이 있는 나라가 바로 선진국이다. 나만 잘 사는 데 급급하지 않고 다른 사람을 배려하는 높은 문화 의식이 있는 사회가 질서가 바로 선 나라이며 선진국인 것이다.

이런 조건들을 고려해 한국의 경우를 살펴보면 여러 경제 지표들은 한국이 경제적으로 선진국의 조건을 만족하고 있음을 보여 준다. 또한 교육 수준이나 평균 수명을 고려한 인간개발지수를 기준으로 할 때도 한국은 충분히 선진국이라 부를 만하다. 그러나 문화 의식 측면에서는 아직 부족한 것이 사실이다. 빨리 가지 않는다고 경적을 울리고 바쁘다는 이유로 앞 사람을 밀치며 정신없이 뛰는 한국인을 보면 남을 배려하는 마음이 조금은 부족해 보인다. 경제 발전을 위해 항상 빨리 빨리 뛰어야만 했던 한국인, 이제는 경제가 발전한 만큼 여유를 갖고 남을 먼저 생각하는 마음을 가지면 어떨까? 남을 좀 더 배려하고 공공질서를 지키고자 노력할 때 한국은 명실상부한 선진국이 될 수 있을 것이다.

글쓴이의 관점 파악하기

5. 이 글에 드러난 글쓴이의 관점이 아닌 것은 무엇입니까?

① 경제 발전만으로는 선진국인지 아닌지를 결정할 수 없다.
② 선진국은 발전된 산업이 있고 사회 기반 시설도 갖추고 있어야 한다.
③ 평균 수명이 높다는 것은 선진국인지 아닌지를 결정할 기준이 될 수 있다.
④ 한국인의 질서 의식을 고려해 보면 한국은 충분히 선진국이라 할 수 있다.

이야기해 보세요

1. 여러분이 생각하는 선진국의 조건은 무엇입니까?

2. 그 조건을 고려해 봤을 때 한국이 선진국이라고 생각합니까? 또한 여러분 나라는 어떻다고 생각합니까?

쓰기

주제에 대해서 자신의 관점을 가지고 글을 써 보세요.

준비해 보세요

다음 문장에서 어색한 부분을 찾아 바르게 고쳐 보세요.

1. 그 사람을 만나자마자 첫눈에 반했는데 한 달 만에 결혼했다.
2. 국내 경제가 좋지 않아서 왜 이런 문제까지 만드는지 이해가 잘 안된다.
3. 사랑하는 사람과 귀여운 동물들을 키우려고 매일 재미있게 살고 싶습니다.
4. 기온도 떨어졌고 바람이 아주 세게 불고 있지만 옷을 더 따뜻하게 입는 게 어떨까?

표현을 연습해 보세요

1. 다음을 새로운 관점으로 다르게 볼 수 있습니까? 왜 그렇게 생각하는지 친구들과 이야기해 보세요.

1) 선진국은 경제적으로 발전한 나라이다. → (경제 조건뿐만 아니라 문화 의식도 갖춘 나라이다.)

2) 결혼은 사랑의 완성이다. → (   )

3) 부자는 재산을 많이 가진 사람이다. → (   )

2. 다음은 새로운 관점을 나타낼 때 사용하는 표현입니다. 다음 표현을 사용하여 이야기해 보세요.

- ~을 다른 관점으로 볼 수 있다.
- ~을 다른 시각으로 보면 다음과 같다.
- 흔히 ~다고 생각하지만 다른 각도로 이 문제에 접근할 수 있다.

> 보통 한국인은 조급하다는 말을 많이 하는데 한국인의 성격을 **다른 관점으로 볼 수 있다.** 한국인은 조급하다기보다는 부지런하다고 보는 게 맞을 것 같다.

1) 한국인의 성격
- 조급하다
- 부지런하다

2) 결혼 적령기
- 나이가 기준이다
- ____________

3) 유학의 목적
- 전공 지식을 습득하는 게 목적이다
- ____________

써 보세요

1. 다음 주제에 대한 일반적인 관점과 나의 관점을 메모하고 그 이유를 친구들과 이야기해 보세요.

결혼의 의미　　선진국의 조건　　부자의 정의

주제	일반적인 관점	나의 관점

2. 메모를 바탕으로 자신의 관점이 분명히 드러나는 글을 써 보세요.

Note

결혼은 사랑의 완성이 아니다.

흔히 사람들은 결혼을 사랑의 결과 혹은 사랑의 완성이라고 생각하지만 결혼은 다른 관점으로 볼 수 있다.

나는 결혼이 사랑의 완성이 아니라 시작이라고 본다. 왜냐하면 연애할 때 한 번도 싸운 적이 없는 연인도 결혼하고 나면 자주 싸울 뿐만 아니라 여러 가지 갈등을 경험하기 때문이다.

내 친구의 신혼 이야기를 들으니 정말 그랬다. 치약 짜는 방법과 같은 사소한 일로 남편과 부딪치면서 '이 사람이 내가 사랑했던 사람이 맞나?' 이런 고민을 할 때도 있다고 한다. 오랜 시간을 함께 하신 부모님의 이야기를 들으면 더욱 그렇다. 결혼 생활은 결혼 전의 기대와 달리 치열한 갈등의 현장이 될 수 있는 것이다. 그런데 이 결혼 생활을 통해 자신을 더욱 알아 가고 서로의 부족함을 채워 줄 수 있는 더 깊은 사랑을 하게 되는 것이 아닐까? 그러므로 나는 연애 기간이 사랑의 예비 과정이라면 결혼하는 순간은 진정한 사랑을 만들어 가는 출발점이라고 말하고 싶다.

어휘와 표현

2. 세계 속의 한국

● 어휘

개방(開放)하다
동 자유롭게 드나들거나 교류하게 하다. to open / 开放 / 開放する
두 나라는 경제 협력 관계를 맺고 전자 제품과 공산품 시장을 개방했다.

경쟁(競爭)하다
동 이기려고 서로 겨루다. to compete / 竞争 / 競争する
여러 대기업이 중남미 시장에 진출해 치열하게 경쟁하고 있다.

공감(共感)하다
동 남의 감정, 의견, 주장 등에 대해 자기도 그렇다고 느끼다. to sympathize / 有同感 / 共感する
내 말을 듣고 동생이 고개를 끄덕이는 것을 보니 내 말에 공감하는 눈치였다.

국가 위상(國家位相) [국까]
한 나라가 다른 나라와의 관계 속에서 가지는 위치나 상태. nation's position, status of state / 国际地位 / 国際的地位
한국 경제가 발전하면서 국제 사회에서 한국의 국가 위상이 높아졌다.

국민성(國民性)[국민썽]
명 한 나라의 국민에게 공통적으로 나타나는 가치관, 사고방식, 기질 등의 특징. national character, national traits / 国民性, 国民特征 / 国民性
한국이 눈부신 경제 성장을 할 수 있었던 가장 큰 이유는 한국인의 근면한 국민성 때문이다.

눈부시게 발전(發展)하다 [발쩐하다]
아주 빠르고 뛰어나게 발전하다. to make remarkable progress / 飞速发展 / 目覚ましい発展を遂げる
한국 경제는 지난 60여 년 동안 눈부시게 발전해 왔다.

당당(堂堂)하다
형 남 앞에서 자랑할 만큼 모습이나 태도가 떳떳하다. to be confident / 堂堂正正, 理直气壮 / 堂々としている
나는 실수나 잘못을 해도 자신 있고 당당한 그의 태도가 늘 부러웠다.

도약(跳躍)하다[도야카다]
동 더 높은 단계로 발전하다. to leap, to jump, to advance to a higher level / 跃进, 发展 / 跳躍する
우리 회사는 기술 혁신으로 세계 최정상의 기업으로 도약하겠습니다.

모델(model)이 되다
어떤 일의 모범이 되다. to become a model / 成为典范 / モデル(模範)となる
아이돌 스타 A 씨는 겸손한 자세로 꾸준히 노력하고 기부 활동을 열심히 해서 청소년들에게 좋은 모델이 되고 있다.

뿌듯하다[뿌드타다]
형 기쁨이나 감격이 마음에 가득 차서 벅차다. to feel satisfied, to be filled with pride / 满足 / (したかいがあって)満足で嬉しい
건강하게 자란 아들을 보니 나도 모르게 마음이 뿌듯했다.

성과(成果)를 보이다 [성꽈]
일의 좋은 결과가 드러나다. to show results / 见成效, 有效果 / 成果を見せる
청년 실업자를 위한 정부의 정책이 서서히 성과를 보이기 시작했다.

성과(成果)를 얻다 [성꽈]
어떤 일에서 좋은 결과를 얻다. to achieve results / 获得成果 / 成果を得る
이번 올림픽에서 한국 대표팀은 3위라는 큰 성과를 얻었다.

원조국(援助國)
명 저개발국에 돈이나 물건 등으로 도움을 주는 나라. country that gives foreign aid / 提供援助的国家 / 援助国
한국은 이제 경제적으로 어려운 나라들을 도와주는 원조국이 되었다.

원조 수혜국(援助受惠國)
다른 나라로부터 돈이나 물건 등으로 도움을 받는 저개발국. country that receives aid / 接受援助的国家 / 被援助国
한국 전쟁 직후 한국은 여러 나라로부터 도움을 받는 원조 수혜국이었다.

자부심(自負心)
명 자기 자신을 믿고 당당히 여기는 마음. self-esteem, pride / 自豪感, 自信心 / 自負心
그의 자신감 있는 태도에서 직업에 대한 자부심을 엿볼 수 있었다.

정체성(正體性)[정체썽]
명 다른 것과 구별할 수 있는 자신의 변하지 않는 본모습. identity / 身份, 本质特征 / アイデンティティー, 自己同一性
우리를 모방한 프로그램이 마구 생겨나고 있다. 다른 프로그램과 차별화하기 위해서 우리만의 정체성을 확립하는 것이 중요하다.

특기(特記)할 만하다 [특끼할]
특별히 주목할 만하다. to be noteworthy / 值得特别记录 / 特記に値する
세종대왕의 특기할 만한 업적은 한글 창제일 것이다.

• 읽기

■ 읽어 보세요

경적(警笛)

명 다른 사람이 조심하도록 큰 소리를 내는 장치. warning horn, honking device / 警笛 / 警笛

도로 한가운데서 걷고 있는 남자를 발견한 자동차들이 경적을 울려댔다.

달성(達成)하다[달썽하다]

동 목표나 계획한 것을 이루다. to achieve / 实现, 完成 / 達成する

우리 회사가 매출 100억이라는 목표를 달성할 수 있었던 것은 여러분의 노력 덕분이었습니다.

명실상부(名實相符)하다

형 이름과 실제 상황이 서로 꼭 들어맞다. to be true to the name / 名副其实 / 名実相伴う

금년 올림픽에는 100여 개국이 참가해 명실상부한 세계인의 축제라 평가를 받고 있다.

문맹률(文盲率)[문맹뉼]

명 한 나라의 인구 중 글을 읽거나 쓸 줄 모르는 사람들이 차지하는 비율. illiteracy rate / 文盲率 / 文盲率

먹고 살기가 어렵던 시절에는 학교에 갈 수 있는 사람이 별로 없었기에 문맹률이 매우 높았다.

부합(符合)하다[부하파다]

동 어떤 것이 다른 것에 잘 들어맞다. to correspond, to coincide with / 符合, 契合 / 符合する

그 여배우의 세련되고 신선한 외모가 제품의 이미지와 잘 부합하기 때문에 광고 모델로 선정되었다.

산유국(産油國)

명 원유를 생산하는 나라. oil-producing country / 产油国 / 産油国

산유국의 석유 생산 제한에 따라 국제 유가가 급등했다.

자기 평가

1. 다음 중 아는 어휘에 √ 하세요.

☐ 자부심	☐ 공존하다	☐ 귀화하다
☐ 공감하다	☐ 도약하다	☐ 취득하다
☐ 국가 위상	☐ 단일 민족	☐ 이중 국적
☐ 다문화 사회	☐ 원조 수혜국	☐ 눈부시게 발전하다

2. 알맞은 표현을 골라서 문장을 완성해 보세요.

–던 차에[차이다]　　–고도　　–(으)ㄹ 성싶다　　(비록/차라리) –(으)ㄹ지언정

1) 가 : 새로 나온 도서관 검색 기능 이용해 보셨어요?
   나 : 네, 예전에는 도서관에서 책을 찾느라 시간이 많이 걸렸는데 요즘엔 ______________________ 집에서 검색할 수 있으니까 정말 편해요.
2) 가 : 커피 한 잔 마실래?
   나 : 그래. 할 일이 많은데 자꾸 졸려서 나도 ______________________.
3) 외국인에게 소개하고 싶은 한국의 명소로 나는 제주도를 소개하고 싶다. 세계 어디에도 제주도만큼 경치가 아름다운 곳은 ______________________.
4) 사회생활을 하다 보면 정직하게 살다가 손해를 보는 경우가 많다. 하지만 나는 ______________________ 거짓되게 살지는 않을 것이다.

3. 이 단원을 공부하고 여러분이 할 수 있게 된 것에 √ 해 보세요.

☐ 어떤 주제에 대해서 자신의 관점을 가지고 글을 쓸 수 있다.
☐ 선진국의 조건에 대한 설명문을 읽고 글쓴이의 관점을 파악할 수 있다.
☐ 라디오 프로그램과 토의를 듣고 내용을 평가하거나 결정 사항을 파악할 수 있다.
☐ 토의에서 자신의 의견을 제시하고 다른 사람의 의견에 동의하거나 반대할 수 있다.

정답

2. 1) 도서관에 직접 가지 않고도 2) 마시려던 차였어 3) 없을 성싶다 4) 정직하게 살다가 손해를 볼지언정

보충 어휘

의성어 / 의태어(Ⅱ) 모음의 변화에 따라 어감이 달라지는 의성어와 의태어를 익혀 봅시다.

말랑말랑하다 젤리와 같이 보드라운 느낌. **물렁물렁**하다 매우 부드럽고 단단하지 않은 느낌.	**말똥말똥**하다 눈빛이나 정신이 생기가 있는 모양. **멀뚱멀뚱**하다 이유나 사정을 몰라서 빤히 보는 모양.
반짝반짝하다 작은 빛이 이어서 잠깐 나타났다가 사라지는 모양. **번쩍번쩍**하다 큰 빛이 이어서 잠깐 나타났다가 사라지는 모양.	**알록달록** 점이나 무늬가 여기저기 밝게 흩어져 있는 모양. **얼룩덜룩**하다 점이나 무늬가 여기저기 어둡게 흩어져 있는 모양.
짭짤하다 음식 등이 약간 짜면서 맛있다. **찝찔하다** 조금 짜면서 불쾌하다.	**도란도란**거리다 서로 정답게 약간 조용히 이야기하는 소리나 모양. **두런두런**거리다 여러 사람이 모여 이야기하는 소리나 모양('도란도란'보다 약간 큰 느낌).
깡충깡충 아이나 작은 동물이 다리를 모아 귀엽게 뛰어가는 모양. **껑충껑충** 어른이나 큰 동물이 다리를 모아 크게 뛰어가는 모양.	**졸졸** 가는 물줄기 등이 부드럽게 흐르는 소리나 모양. **줄줄** 수돗물 등이 새는 소리나 모양.
찰싹찰싹 물이나 파도 등이 단단한 물체에 마구 부딪치는 소리. **철썩철썩** 아주 많은 양의 물이나 큰 파도 등이 자꾸 단단한 물체에 부딪치는 소리.	**팔짝팔짝** 가볍게 위로 뛰어오르는 모양. **펄쩍펄쩍** 화가 나서 뛰는 모양.

연습 1 다음 그림에 어울리는 표현을 연결해 보세요.

1)

ⓐ

ⓑ

① 졸졸 ② 줄줄

2)

ⓐ

ⓑ

① 반짝반짝 ② 번쩍번쩍

보충 어휘

3)

ⓐ

ⓑ

① 깡충깡충 ② 껑충껑충

4)

ⓐ

ⓑ

① 말똥말똥 ② 멀뚱멀뚱

연습 2 다음 상황과 관련 있는 의성어와 의태어를 고르세요.

1) 소녀가 소년에게 돌을 던지고는 징검다리를 (팔짝팔짝, 펄쩍펄쩍) 건너갔다.

2) 태풍이 불어서 큰 파도가 바닷가 바위에 (찰싹찰싹, 철썩철썩) 부딪히며 흰 거품을 만들었다.

3) 딱딱했던 떡을 불에 구우니까 금방 (말랑말랑, 물렁물렁)해졌다.

4) 다이어트 한다고 계속 샐러드만 먹었더니 (짭짤한, 찝찔한) 감자칩이 먹고 싶어졌다.

5) 우리 아이는 빨갛고 노란 꽃무늬가 새겨진 (얼룩덜룩, 알록달록)한 옷을 좋아한다.

6) 오랜만에 만난 두 자매들은 사이좋게 소파에 앉아 시간 가는 줄 모르고 (도란도란, 두런두런) 이야기를 나누었다.

연습 3 다음 그림을 보고 대화를 완성해 보세요.

1) 

2) 

3) 

4) 

보충 어휘

연습 4 어울리는 표현을 골라 문장을 완성해 보세요.

말랑말랑 / 물렁물렁	찰싹찰싹 / 철썩철썩	말똥말똥 / 멀뚱멀뚱
알록달록 / 얼룩덜룩	도란도란 / 두런두런	깡충깡충 / 껑충껑충

1) 우리 할머니는 이가 빠지셔서 두부처럼 .... 음식만 잡수신다.

2) 남동생이 계속 아버지에게 반항하자 아버지는 화가 난 나머지 남동생의 등을 .... 때리셨다.

3) 제주도에 갔는데 한 할머니가 제주도 사투리로 나에게 말을 거셨다. 할머니의 말을 이해하지 못한 나는 할머니를 .... 바라볼 수밖에 없었다.

4) 비 오는 날, 길을 걸어가는데 빠르게 지나가던 버스가 흙탕물을 튀겨서 하얀 치마가 .... 더럽혀졌다.

5) 여행 마지막 날 밤에 캠프파이어를 하며 새벽이 되기까지 친구들과 .... 이야기를 나눴다.

6) TV에서 '동물의 왕국'이라는 프로그램을 보았는데 키가 큰 기린이 .... 초원을 뛰어가고 있었다.

XI 대중 매체와 문화

1 표현의 자유와 공공성

주제 대중문화와 공공성

어휘 대중문화의 표현의 자유와 규제

문법과 표현
- V-ㄴ/는답시고
- A/V-(으)ㄹ 턱이 없다

듣기
- 논평 듣고 주장 파악하기
- 찬반 토론 듣고 주장과 근거 파악하기

말하기
- 토론하기 1
(토론 시작하기, 주장하기,
근거 제시하기)

2 대중문화의 위상

주제 대중문화의 위상

어휘 대중문화의 영향력

문법과 표현
- N(으)로 말미암아
- N에 지나지 않다

읽기 설명문 읽고 인과 관계 파악하기

쓰기
- 연결 어미에 유의하며 문장 쓰기 2
- 원인과 결과를 분석하여 글 쓰기

보충 어휘 연어 I

1 표현의 자유와 공공성

주제
대중문화와 공공성

어휘
대중문화의 표현의 자유와 규제

문법과 표현
- V-ㄴ/는답시고
- A/V-(으)ㄹ 턱이 없다

듣기
- 논평 듣고 주장 파악하기
- 찬반 토론 듣고 주장과 근거 파악하기

말하기
토론하기 1
(토론 시작하기, 주장하기, 근거 제시하기)

들어가기

이야기해 보세요

1. 두 노래의 심의 결과에 대해 이야기해 보세요.

2. 심의 결과가 타당하다고 생각합니까?

어휘와 문법

읽어 보세요 track 17

LEI 아고라 SEARCH GO 질문하기

LEI 아고라 홈 | 아고라 Q&A | 토론 | 이야기 | 청원

정부의 과도한 대중문화 심의에 반대합니다

요즘 음반이나 영화에 대한 정부의 심의가 강화되고 있는데요. 저는 이러한 심의가 너무 지나치다고 생각합니다. 예를 들어 노래 가사에 술, 담배가 나온다고 해서 무조건 19금 판정을 하는 것은 표현의 자유를 제한하는 것이 아닐까요?

또 영화의 내용이 좀 선정적이거나 폭력적이라고 해서 상영이 금지되거나 제한되는 경우도 있는데 정부가 이렇게 심하게 간섭하는 것은 대중문화의 발전에 악영향을 준다고 생각합니다.

RE : [잔다르크] 저도 동감입니다. 청소년을 보호**한답시고** 이러한 심의를 하는 것 같은데 과연 효과가 있을까요?

ㄴ RE : [만복이] 맞습니다. 19금 심의 기준도 애매하기 짝이 없습니다. 똑같이 노래 가사에 술이 나왔어도 어떤 것은 그냥 통과되고 어떤 것은 19금이 되고 있잖아요.

RE : [중딩맘] 위 의견에도 일리가 있습니다. 하지만 선정적이거나 폭력을 미화한 대중가요나 영화가 청소년들에게 교육적으로 좋**을 턱이 없겠지요**. 저는 이런 심의를 아예 없애기보다는 모두가 인정할 만한 합리적이고 정확한 기준을 마련하는 것이 더 바람직하다고 봅니다.

1. 어떤 문제에 대해 토론하고 있습니까?

2. 이 문제에 대한 사람들의 생각은 어떻습니까?

어휘를 연습해 보세요

익명	모방 범죄	찬반 논란	표현의 자유	사회적 영향력
선정적이다	폭력적이다	규제하다	반박하다	심의하다
악용되다	유해하다	폭행을 당하다	조치를 취하다	반론을 제기하다
범행을 저지르다	악영향을 미치다	여론을 수렴하다	감수성이 예민하다	

1. 서로 관계있는 것끼리 연결해 보세요.

1) 모방 범죄 •	• 대중가요 심의에 대해 찬성하는 사람들과 반대하는 사람들의 의견이 분분해 결론을 내리지 못하고 있다.
2) 익명 •	• 정부는 앞으로 길거리에서 담배를 피울 경우 흡연자에게 벌금을 내도록 하겠다는 방침을 발표했다.
3) 규제하다 •	• 폭력적인 영화를 보고 나서 그대로 따라 하는 청소년들이 늘고 있어서 사회적인 문제가 되고 있다.
4) 찬반 논란 •	• 인터넷 게시판에 자신이 누구인지 밝히지 않는 것을 악용해 남을 근거 없이 비방하는 경우가 늘고 있다.

문법과 표현을 연습해 보세요

1. V-ㄴ/는답시고

- 시험 준비한답시고 책만 잔뜩 사더니 하나도 안 보는구나.
- 철수는 선배랍시고 돈도 없으면서 후배들에게 매일 밥을 사 줘요.

2. A/V-(으)ㄹ 턱이 없다

- 이십 년 동안이나 믿고 지낸 친구가 나를 속일 턱이 없어요.
- 가 : 재 민수 아냐?
  나 : 무슨 말이야? 지난달에 일본으로 유학 갔는데 한국에 있을 턱이 없잖아.

1. 다음 상황을 보고 이야기해 보세요.

   1) 도와주려고 설거지를 하다가 접시를 깨뜨림.

   2) 위로하려고 한 말에 오히려 친구가 상처를 받음.

   3) 생활비를 아끼려고 매일 삼각 김밥만 먹다가 병이 났음.

   유치원생인 딸이 엄마를 도와**준답시고** 설거지를 하다가 접시를 깨뜨리고 말았어요.

2. 다음과 같이 이야기해 보세요.

   1) 내년에 서울의 집값이 내릴까요?

   여전히 집을 구하는 사람들이 많으니까 내년이라고 해서 서울의 집값이 내릴 **턱이 없지요.**

   2) 민수가 이번 주말에 기숙사에 있을까?

   민수는 밖에서 친구들과 어울려 노는 것을 좋아하는 활발한 성격이니까…….

   3) 앞으로 환경 오염이 줄어들까요?

   세계 여러 나라가 여전히 경제 발전에 더 집중하고 있으니까…….

듣기

준비해 보세요

서울대학교 온라인 설문 조사

조사기간 : 2015. 2. 15.~2015. 3. 15.

응답 진행률 : 20% | 조사표 표지 | 가구원 | 가구

정부에 의한 인터넷 언론 규제

[설문 1] 귀하의 연령은 어떻게 되십니까?

□ 10대 □ 20대 □ 30대 □ 40대 이상

[설문 2] 귀하의 성별은 어떻게 되십니까?

□ 여자 □ 남자

[설문 3] 정부의 인터넷 언론 규제가 필요하다고 보십니까?

□ 반드시 필요하다.
□ 부분적으로 필요하다.
□ 거의 필요하지 않다.
□ 전혀 필요하지 않다.

다음

1. 무엇에 대한 설문 조사입니까?

2. [설문 3]에 대한 여러분의 생각은 어떻습니까?

들어 보세요 1 track 18

다음은 최근 일어난 사건에 대한 논평입니다. 잘 듣고 질문에 답해 보세요.

중심 내용 파악하기 1. 이 사람의 주장은 무엇입니까?

① 폭행당하는 급우에게 관심을 가져야 한다.
② 학교 폭력 방지를 위한 대책이 마련되어야 한다.
③ 학교 내에서 발생하는 폭력은 교사가 책임져야 한다.
④ 폭력 영화는 사회적 영향력이 크므로 적절한 규제가 필요하다.

세부 내용 파악하기 2. 김 군은 어떤 범행을 저질렀습니까? 그 이유는 무엇입니까?

3. 김 군은 어떻게 범행을 계획하고 실행에 옮겼습니까?

들어 보세요 2

다음은 대중문화 심의에 대한 찬반 토론입니다. 잘 듣고 질문에 답해 보세요.

중심 내용 파악하기 1. 영상 매체 심의에 대한 토론을 듣고 질문에 답해 보세요. track 19

1) 빈칸에 알맞은 말을 써 보세요.

표현의 자유　　사회적 영향력과 책임　　필요하다　　불필요하다

① 남자는 영상 매체의 ______________ 이/가 크므로 심의가 ______________ 고 생각한다.
② 여자는 영상 매체에서 ______________ 이/가 보장되어야 하므로 심의가 ______________ 고 생각한다.

주장의 근거 듣기

2) 다음은 누구의 주장에 대한 근거인지 써 보세요.

(남자) 영상 매체의 폭력적인 장면은 모방 범죄를 부추긴다.
(   ) 폭력성이 있는 사람은 폭력적인 영화를 보지 않고도 범죄를 저지른다.
(   ) 예술적 완성도를 높이기 위해 여러 가지 소재가 선택될 수 있다.
(   ) 선정적 · 폭력적인 소재와 예술적 완성도는 관련성이 깊지 않다.

2. 인터넷과 SNS 규제에 대한 토론을 듣고 질문에 답해 보세요. track 20

주장의근거 파악하기

1) 다음은 누구의 주장과 근거인지 연결해 보세요.

인터넷과 SNS에 대한 규제 찬성 •	• 남자 •	• 민주 사회 발전에 긍정적인 영향을 미칠 수 있음.
인터넷과 SNS에 대한 규제 반대 •	• 여자 •	• 잘못된 여론 형성으로 국가나 사회를 위협하는 요소가 될 수 있음.

세부 내용 파악하기

2) 인터넷과 SNS는 우리 사회에 어떤 영향을 미치고 있습니까?

긍정적인 영향	부정적인 영향

이야기해 보세요

1. 대중문화 심의에 대해 입장을 정하고 이야기해 보세요.

저는 대중문화에 대한 심의가 필요하다고 생각해요. 폭력적인 영화와 모방 범죄의 발생은 관련성이 깊기 때문에 대중 매체의 사회적 영향력을 생각해 볼 때 반드시 심의가 필요하다고 생각해요.

저는 대중문화에 대한 심의는 필요하지 않다고 생각해요. 대중 매체나 인터넷 및 SNS에서 표현의 자유가 가장 중요한 가치라고 생각하기 때문이에요.

말하기

주장과 근거를 제시해서 토론해 보세요.

준비해 보세요

1. 다음 중 토론에서 중요하다고 생각하는 것에 √ 하고 그 이유를 이야기해 보세요.

- ☐ 자신의 발언 순서와 시간을 꼭 지킨다.
- ☐ 주제와 관련 없는 이야기를 하지 않는다.
- ☐ 자신의 주장과 반론에 일관성을 유지해야 한다.
- ☐ 무조건 다른 사람보다 많이 말하도록 노력한다.
- ☐ 상대방 주장의 잘못된 점을 찾아서 끝까지 비판한다.
- ☐ 자신의 주장을 명확하게 이야기하고 충분한 근거를 제시한다.

표현을 연습해 보세요

1. 다음은 사회자가 토론의 주제를 제시할 때 쓰는 표현입니다. 신문 제목을 보고 다음 표현을 사용하여 이야기해 보세요.

〈주제 제시하기〉
- 지금부터 ~이라는 주제를 가지고 이야기해 보겠습니다.
- 이제부터 ~에 대한 토론을 시작하겠습니다.
- 그럼 이제부터 ~에 대한 토론을 진행하도록 하겠습니다.

지금부터 대중 매체 규제라는 주제를 가지고 이야기해 보겠습니다.

1) 대중 매체 규제　　2) 언론 매체의 성범죄자 신상 공개　　3) 지하철 여성 전용 칸 도입

2. 다음은 주장을 제시할 때 쓰는 표현입니다. 다음 표현을 사용하여 이야기해 보세요.

〈주장 제시하기〉
- 제가 생각하기에는 ~은 ~는 것 같습니다.
- ~에 대한 제 생각을 말씀드리자면 ~다고 생각합니다.
- 저는 ~을 해야 한다고 봅니다.

제가 생각하기에는 대중 매체를 규제하는 것**은** 청소년 보호를 위해 필요한 일**인 것 같습니다.**

대중 매체 규제**에 대한 제 생각을 말씀드리자면** 저는 이것이 표현의 자유를 침해하는 것이**라고 생각합니다.**

1) 대중 매체 규제

〈찬성〉 청소년 보호 위해 필요.
〈반대〉 표현의 자유를 침해하는 것.

2) 언론 매체의 성범죄자 신상 공개

〈찬성〉 국민의 알 권리 위해 필요.
〈반대〉 범죄자와 가족의 인권을 침해하는 것.

3) 지하철 여성 전용 칸 도입

〈찬성〉 성범죄 예방 위해 필요.
〈반대〉 남성에 대한 역차별이 될 수 있음.

3. 다음은 주장의 근거를 제시하는 표현입니다. 다음 표현을 사용하여 이야기해 보세요.

〈주장의 근거 제시하기〉
- ~에서도 알[확인할] 수 있듯이
- ~ 사례를 보더라도
- ~에 따르면[의하면]
- 제가 ~은 바에 의하면[바로는]
- 대표적인 예로 ~을 들 수 있습니다.
- ~이 ~의 필요성을 증명하고 있습니다.

19금으로 판정받은 영화가 작년 대비 30% 증가한 것**에서도 알 수 있듯이** 선정적이고 폭력적인 영화가 크게 증가하고 있으므로 대중 매체를 규제하는 것은 꼭 필요한 일이라고 생각합니다.

1) 대중 매체 규제

〈찬성 근거〉
19금 판정 영화 작년 대비 30% 증가.

〈반대 근거〉
15세 등급 판정 위해 영화 내용 편집 사례 증가.

2) 언론 매체의 성범죄자 신상 공개

〈찬성 근거〉
성범죄자 재범률 61.7%

〈반대 근거〉
범죄자 가족의 피해 사례 증가.

3) 지하철 여성 전용 칸 도입

〈찬성 근거〉
지하철 성범죄자 1년 사이 77.6% 증가.

〈반대 근거〉
외국의 경우, 여성 전용 칸을 도입했으나 지하철 성추행이 줄지 않았음.

토론해 보세요

1. 신문 기사의 일부입니다. 다음 문제에 대해 자신의 주장을 정하고 근거를 메모해 보세요.

1)

한국신문

대중 매체 심의 후 청소년 접근 금지

표현의 자유 침해 논란, 학부모 단체는 환영

2)

한국신문

군필자에게 취업 시 가산점 주기로

남성들은 환영, 여성 · 장애인 우려의 목소리

3)

한국신문

트위터나 페이스북 등 SNS 규제 예정

트위터에 허위 사실 올려 사생활 침해하는 경우 증가, 표현의 자유 침해라는 주장 엇갈려

주제 : 영화 심의

▪ 주장 : 영화 내용을 심의한 후 청소년에게 맞지 않는 것은 규제해야 한다.

〈근거〉

① 대중 매체는 청소년에게 큰 영향을 미친다는 연구 결과 나옴.

② 실제로 청소년의 모방 범죄 발생.

주제 :

▪ 주장 :

〈근거〉

①

②

2. 같은 토론 주제를 가진 팀끼리 모여서 자신의 주장과 근거를 이야기해 보고 상대 팀의 주장에 대한 반박 논거를 준비해 보세요.

> 제가 생각하기에는 영화가 대중에게 공개되기 전에 미리 내용을 확인하고 규제하는 것은 꼭 필요한 일인 것 같습니다. 청소년이 영화를 모방해 살인을 저지른 사건에서도 확인할 수 있듯이 영화가 청소년에게 미치는 영향은 아주 크기 때문입니다.

3. 사회자, 토론자로 역할을 나누어 선택한 주제에 대해 토론해 보세요.

사회자

- **토론 주제 소개**: 최근 고등학교 교실에서 한 학생이 영화의 영향을 받아 모방 범죄를 저지른 사건이 발생했는데요. 오늘은 '영화의 심의와 규제가 필요한가?'라는 주제로 이야기해 보도록 하겠습니다.
- **토론자와 토론 방식 소개**: 찬성 쪽 토론자로 (…)가 반대 측은 (…)가 토론에 참여하시겠습니다. 먼저 찬성 쪽 의견을 듣고 반대 측 의견을 듣는 순서로 토론을 진행하도록 하겠습니다.

토론자

- **주장(찬성)**: 제가 생각하기에는 영화가 대중에게 공개되기 전에 미리 내용을 확인하고 규제하는 것은 꼭 필요한 일인 것 같습니다.
- **근거**: 이번 사건에서도 확인할 수 있듯이 영화가 청소년에게 미치는 영향은 매우 큽니다. 청소년은 감수성이 예민하기 때문에 지나치게 폭력적이거나 선정적인 장면을 보면 따라 해 보고 싶은 충동을 느낄 수밖에 없습니다.
- **주장(반대)**: 영화 내용 심의에 대한 제 생각을 말씀드리자면 저는 영화의 내용을 미리 확인하고 규제하는 것은 표현의 자유를 침해하고 영화의 예술성을 떨어뜨리는 일이라고 생각합니다.
- **근거**: 같은 영화를 보고 심사 위원들끼리 서로 다른 판정을 내린 사례를 보더라도 폭력성에 대한 기준은 방송위원회의 주관적인 판단에 달려 있습니다. 이런 주관적인 기준에 따라 감독이 표현하고자 하는 가치를 판단한다면 이는 표현의 자유를 침해하는 것입니다.

어휘와 표현

1. 표현의 자유와 공공성

● 어휘

감수성(感受性)이 예민(銳敏)하다 [감수썽]
어떤 것을 민감하게 느끼다. to be sensitive by nature, to be impressionable / 敏感 / 感受性が鋭い
그는 감수성이 예민해서 작은 일에 울기도 잘하고 웃기도 잘한다.

규제(規制)하다
동 규칙을 세워 제한하다. to restrict, to control / 约束, 控制 / 規制する
정부는 서울광장과 청계천에서의 흡연을 규제하기로 했다.

모방 범죄(模倣犯罪)
어떤 것을 따라 하는 범죄. copycat crime / 模仿他人的犯罪 / 模倣犯罪
한 청소년이 추리 소설 내용대로 모방 범죄를 저질러 사람들에게 큰 충격을 주고 있다.

반론(反論)을 제기(提起)하다 [발론]
반대 의견을 내놓다. to make a counter-argument / 提出反对意见 / 反論を提起する
토론회에서 철수는 군 가산점제가 필요하다는 주장에 대해 반론을 제기했다.

반박(反駁)하다[반바카다]
동 다른 의견에 반대하는 주장을 펴다. to refute / 反驳 / 反駁する
한국의 통일이 불필요하다는 샤오밍의 주장에 민수가 타당한 근거를 들어 반박했다.

범행(犯行)을 저지르다
범죄를 저지르다. to commit crime / 作案, 犯罪 / 犯罪を犯す, 犯行に及ぶ
그 남자는 빚에 시달리다가 아이를 유괴하는 범행을 저질렀다.

사회적 영향력(社會的影響力) [영향녁]
사회에 미치는 힘. social influence / 社会影响力 / 社会的影響力
한국에서는 대통령에게 많은 권한이 집중되어 있어서 대통령의 사회적 영향력이 매우 크다.

선정적(煽情的)이다
성적 욕구를 불러일으키다. to be lascivious / 煽情的, 色情的 / 扇情的だ
10대 아이돌의 선정적인 옷차림이 문제가 되고 있다.

심의(審議)하다
동 조사하고 논의해서 결정하다. to deliberate / 审议 / 審議する
국회에서는 매년 정부의 예산안을 심의한다.

악영향(惡影響)을 미치다
나쁜 영향을 주다. to have a bad influence / 产生负面影响 / 悪影響を及ぼす
담배를 피우는 것은 건강에 악영향을 미친다.

악용(惡用)되다
동 알맞지 않게 쓰이거나 나쁜 일에 쓰이다. to abuse / 滥用, 恶意利用 / 悪用する
과학 기술이 인류의 안전을 위협하는 수단으로 악용될 수도 있다.

여론(輿論)을 수렴(收斂)하다
많은 사람들의 의견을 하나로 모아 정리하다. to collect public opinion / 征集民意, 收集舆论 / 世論を収斂する
진정한 지도자는 여론을 수렴할 줄 알아야 한다.

유해(有害)하다
형 해가 되다. to be harmful / 有害的 / 有害だ
모기나 바퀴벌레는 사람에게 유해한 곤충이다.

익명(匿名)[잉명]
명 이름을 숨김. anonymity / 匿名 / 匿名
익명으로 불우 이웃 돕기 성금 1억을 낸 사람이 있어 화제가 되고 있다.

조치(措置)를 취하다
문제를 잘 살펴서 필요한 대책을 마련하다. to take measures / 采取措施 / 措置を取る
교통사고가 났을 때 빨리 조치를 취할수록 부상자를 살릴 확률이 높아진다.

찬반 논란(贊反論難) [놀란]
의견이나 주장이 찬성과 반대로 나누어짐. argument over pros and cons of something / 赞成或反对的争论 / 賛否の論難, 賛否両論
요즘 정부의 SNS 규제에 관한 찬반 논란이 인터넷을 뜨겁게 달구고 있다.

폭력적(暴力的)이다[퐁녁쩍]
폭력을 다룬 내용이 많다. to be violent / 暴力的 / 暴力的だ
조직폭력배의 생활을 다룬 영화의 내용이 너무 폭력적이라서 상영이 금지되었다.

폭행(暴行)을 당하다 [포캥]
거칠고 심한 행동을 당하다. to be assaulted / 遭受暴行 / 暴行被害を受ける
요즘 경찰관들이 업무 중에 술취한 사람들에게 폭행을 당하는 사례가 늘고 있다.

표현(表現)의 자유(自由)

생각과 느낌을 표현할 수 있는 자유. freedom of expression / 表达的自由 / 表現の自由

예술가에게는 자신의 생각을 자유롭게 표현할 수 있도록 표현의 자유를 보장해 주어야 한다.

● 듣기

■ 들어 보세요 1

구타(毆打)

명 사람을 때리고 침. beating / 殴打 / 殴打

한 고등학생이 학교에서 친구들에게 구타를 당하고 그 충격으로 정신 병원에 입원했다.

끔찍하다[끔찌카다]

형 정도가 지나쳐 놀랍다. 어떠한 모습이나 광경이 참혹하다. to be terrible, to be horrible / 骇人听闻的, 可怕的 / むごたらしい, 身の毛のよだつ

범인은 끔찍한 살인 사건을 저지르고도 태연하게 현장을 벗어났다.

당국(當局)

명 어떤 업무를 담당하는 국가 기관. authorities / 当局 / 当局

교육 당국은 공교육을 정상화하기 위한 대책을 시급히 마련해야 한다.

여실(如實)히

부 사실과 같게 truly, clearly, as things really are / 如实地 / 如実に

그 디자이너의 작품은 전통을 지키면서도 현대적 감각을 여실히 드러낸다는 점에서 인정을 받고 있다.

유념(留念)하다

동 마음에 두고 잘 생각하다. to keep in mind / 记住, 留意 / 留意する, 心にとめる

정부는 이번 선거에 대한 국민의 우려가 크다는 것을 유념해야 한다.

■ 들어 보세요 2

공약(公約)

명 정부나 입후보자 등이 어떤 일에 대해 국민에게 약속한 것. public pledge / 公约 / 公約

선거 때마다 후보들은 국민들에게 많은 공약을 제시하지만 선거가 끝나면 누구도 지키려고 하지 않는다.

부추기다

동 감정이나 상황이 더 심해지도록 영향을 미치다. to incite, encourage / 助长 / 焚きつける, 煽動する

광고는 일반적으로 소비 심리를 부추겨 과소비를 하게 한다.

위협(威脅)하다[위혀파다]

동 힘이나 말로 겁을 주다. to threaten / 威胁 / おどす, 脅かす

강도는 빨리 돈을 내놓으라고 은행 직원을 위협했다.

● 말하기

일관성(一貫性)[일관썽]

명 태도나 방법 등에서 처음부터 끝까지 같은 성질. consistency / 一致性 / 一貫性

다른 사람의 말만 듣고 따라 하는 사람은 행동에 일관성이 없기 마련이다.

재범률(再犯律)[재범뉼]

명 다시 범죄를 저지르는 비율. second conviction rate / 重新犯罪率 / 再犯率

성범죄는 재범률이 아주 높다고 알려져 있다.

2 대중문화의 위상

주제
대중문화의 위상

어휘
대중문화의 영향력

문법과 표현
· N(으)로 말미암아
· N에 지나지 않다

읽기
· 설명문 읽고 인과 관계 파악하기

쓰기
· 연결 어미에 유의하며 문장 쓰기 2
· 원인과 결과를 분석하여 글 쓰기

들어가기

이야기해 보세요

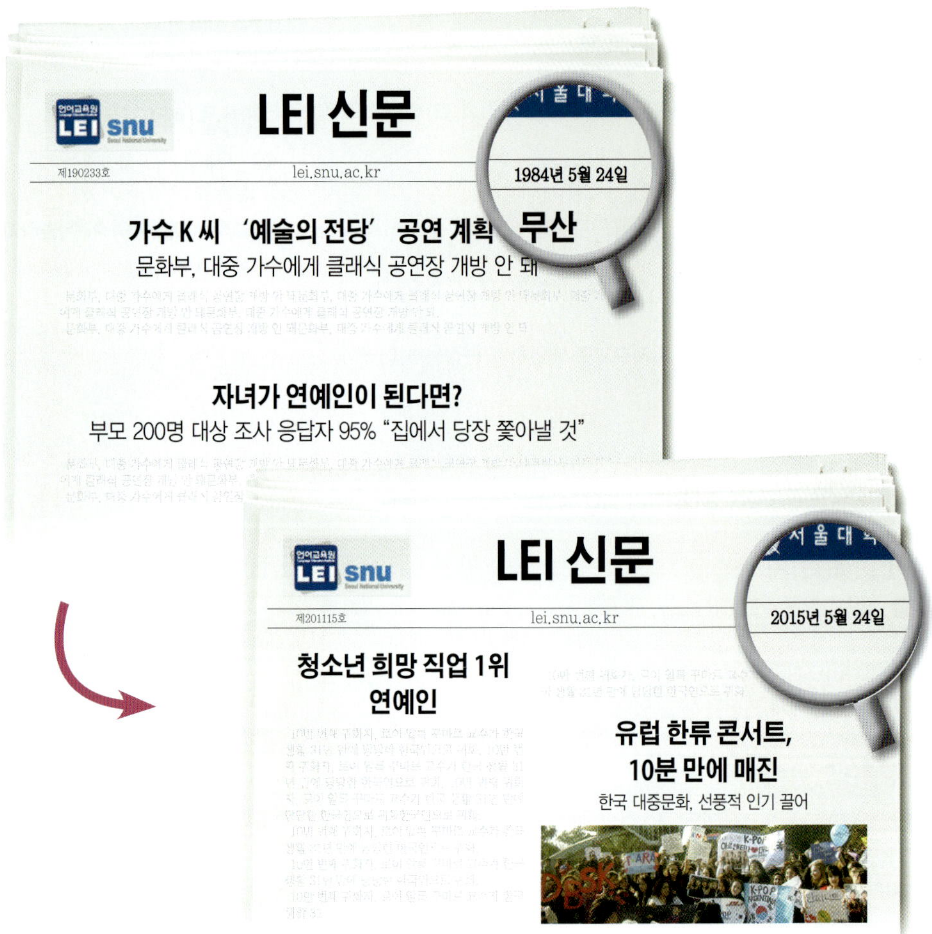
LEI 신문
제190233호 lei.snu.ac.kr
서울대학교 1984년 5월 24일
가수 K 씨 '예술의 전당' 공연 계획 무산
문화부, 대중 가수에게 클래식 공연장 개방 안 돼
자녀가 연예인이 된다면?
부모 200명 대상 조사 응답자 95% "집에서 당장 쫓아낼 것"

LEI 신문
제201115호 lei.snu.ac.kr
서울대학교 2015년 5월 24일
청소년 희망 직업 1위 연예인
유럽 한류 콘서트, 10분 만에 매진
한국 대중문화, 선풍적 인기 끌어

1. 무엇에 대한 기사입니까?

2. 이렇게 변화한 이유는 무엇이라고 생각합니까?

어휘와 문법

읽어 보세요 track 21

얼마 전 청소년을 대상으로 한 희망 직업 조사에서 연예인이 교사, 의사 등을 제치고 1위를 차지했다고 한다. 스타처럼 화려하게 살고 싶다는 것이 그 이유였다. 연예인의 이미지가 대중에게 미치는 파급력은 매우 크다. 연예인이 사용하는 제품은 선풍적인 인기를 끌고 대중들은 대중 매체로 전해지는 연예인의 화려한 삶을 보며 대리 만족을 느낀다. 이제 연예인은 모두가 선망하는 대상이 되었다.

대중 매체의 발달과 대중문화의 가치 상승**으로 말미암아** 대중문화와 이를 대표하는 연예인도 과거와는 위상이 크게 달라졌다. 과거 연예인은 광대처럼 대중에게 즐거움을 주는 존재**에 지나지 않았다**. 그러나 이제는 연예인을 무시하거나 대중문화를 저속한 것으로 여기는 사람은 거의 없다. 오페라나 오케스트라 공연만 하던 클래식 음악 전용 공연장에서 대중 가수가 공연을 하게 된 것이나 대중가요가 교과서에 실리는 사례를 보더라도 대중문화의 위상은 확실히 과거와 달라졌다.

1. 대중들에게 연예인은 어떤 존재입니까?

2. 대중문화와 연예인의 위상에 어떤 변화가 있었습니까?

어휘를 연습해 보세요

폭발적인 반응	상업적이다	획일적이다	선망하다	열광하다
저속하다	동질감을 형성하다	분위기를 조성하다	사회상을 반영하다	외면을 당하다
위상이 달라지다	파급력이 크다	선풍적인 인기를 끌다	큰 파장을 일으키다	대리 만족을 느끼다

1. 서로 관계있는 것끼리 연결해 보세요.

1) 위상이 달라지다 •	• 드라마 주인공이 열심히 노력해서 성공하는 것을 보면 저도 모르게 힘이 나요. 그리고 나쁜 사람들이 나중에 벌을 받는 것을 보면 통쾌함을 느끼게 돼요.
2) 사회상을 반영하다 •	• 과거에는 연예인을 한다고 하면 집에서 쫓겨날 정도로 부모님의 반대가 심했어요. 그런데 요즘은 자녀의 외모가 예쁘거나 노래를 잘하면 부모들이 나서서 함께 오디션을 보러 다닌대요.
3) 대리 만족을 느끼다 •	• 제가 좋아하는 한류 스타의 신곡이 발표되자마자 1위를 차지했어요. 이 노래는 아시아, 미국, 유럽에서도 발표되었는데 세계 각국에서도 이 노래에 대한 반응이 뜨거운 것 같아요.
4) 선풍적인 인기를 끌다 •	• 어제 본 영화는 다문화 가정의 아이가 겪는 어려움을 다룬 영화였어요. 국제결혼이 늘면서 다문화 가정이 늘어나는 추세라고 하던데 현재의 사회 문제를 영화에서 잘 다루고 있는 것 같아요.

문법과 표현을 연습해 보세요

1. N(으)로 말미암아

- 작은 실수로 말미암아 큰 사고가 날 수도 있으니 항상 조심해야 한다.
- 이 영화는 전쟁으로 말미암아 파괴되는 인간의 모습을 그리고 있다.

2. N에 지나지 않다

- 네가 자신의 잘못에 대해 아무리 여러 이유를 갖다 대도 그건 변명에 지나지 않는다.
- 지금은 개성 있는 작품을 만들고 있지만 그 작가의 첫 작품은 유명 작가의 것을 모방한 것에 지나지 않았다.

1. 다음을 보고 이야기해 보세요.

1) 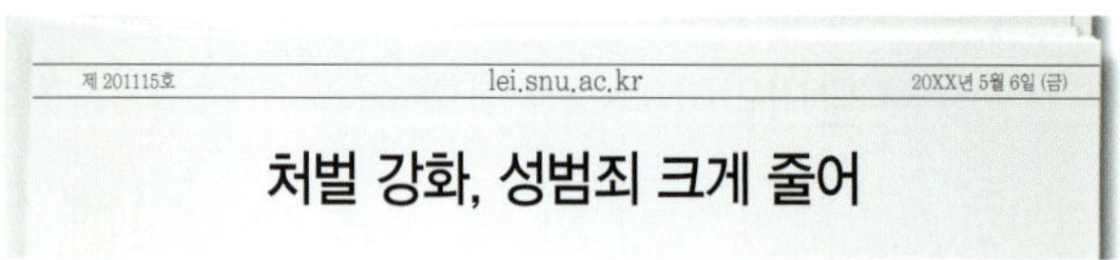
제 201115호 lei.snu.ac.kr 20XX년 5월 6일 (금)
처벌 강화, 성범죄 크게 줄어

정부의 처벌 강화로 **말미암아** 성범죄가 크게 줄었대요.

2) 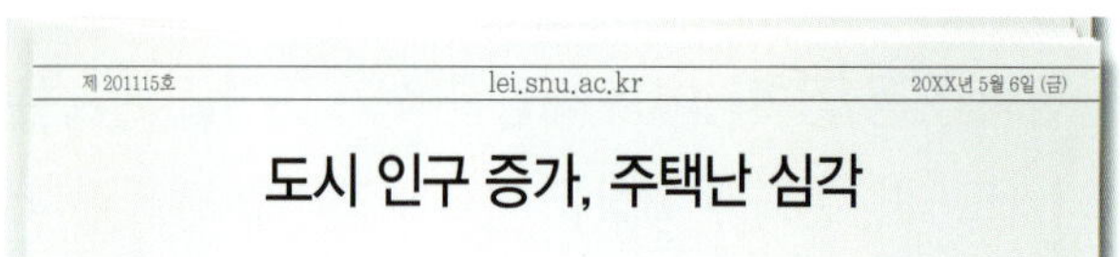
제 201115호 lei.snu.ac.kr 20XX년 5월 6일 (금)
도시 인구 증가, 주택난 심각

3) 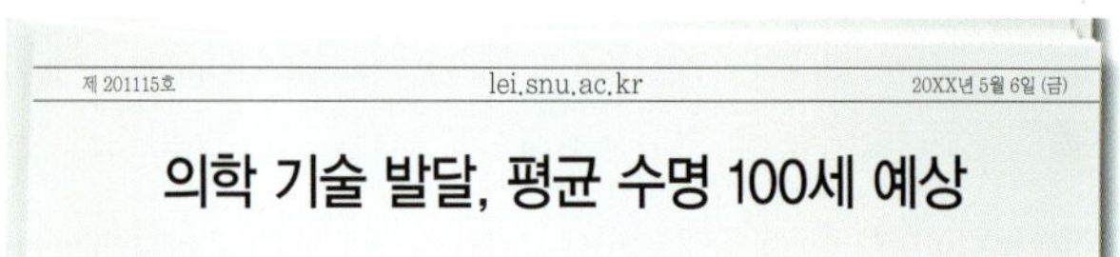
제 201115호 lei.snu.ac.kr 20XX년 5월 6일 (금)
의학 기술 발달, 평균 수명 100세 예상

2. 다음 상황을 보고 이야기해 보세요.

1) 

그런 칭찬은 예의상 한 말**에 지나지 않아요.** 어렵게 해 온 공부니까 끝까지 열심히 해 보세요.

2) 

3) 

읽기

준비해 보세요

1. 어떤 상황인지 이야기해 보세요.

2. 여러분이 좋아하는 스타는 누구입니까? 그 이유는 무엇입니까?

읽어 보세요 track 22

다음은 대중문화에 대한 설명문입니다. 글을 읽고 질문에 답해 보세요.

사람들은 왜 스타에게 열광하는가?

가 수많은 사람들이 스타가 되고 싶어 하고 또 수많은 사람들이 스타 만들기에 진력하는 것은 물론 스타가 엄청난 경제적 효과를 가진 상품이기 때문이다. 그리고 스타가 그렇게 엄청난 경제적 효과를 가질 수 있는 것은 많은 사람들이 스타를 동경하고 스타에 열광하기 때문이다. 스타를 보기 위해, 스타의 노래를 듣기 위해 기꺼이 비용을 지불하는 대중이 있기 때문이다.

나 사람들은 왜 스타에게 열광하는가? 그것은 일단 스타가 대중이 가지고 있는 어떤 욕망을 충족시켜 주는 역할을 하기 때문이다. 스크린과 TV 화면에 비친 스타는 화려하고 강하고 영웅적이며 성적 매력이 풍부하고 매력적인 인물이다. 그리고 그것은 모든 사람이 꿈꾸는 이상적 인간형이기도 하다. 사람들은 스타에 열광하는 순간 스타와 자신을 무의식적으로 동일시한다. 즉 스타는 사람들이 스스로 결여되어 있다고 느끼는 부분을 환상적으로 충족시켜 주는 대상이다. 그런 과정이 가장 전형적으로 드러나는 장르가 영화이다.

다 영화는 어떤 환상도 쉽게 먹혀들어 갈 수 있는 조건에서 수용된다. 영화는 기술적으로 완벽한 이미지를 구현한다. 게다가 화면이 크기 때문에 압도적인 이미지로 관객을 빨아들인다. 컴컴한 극장 안에서 관객은 부동자세로 숨죽인 채 영화에 집중하게 되며 자연스럽게 영화가 제공하는 이미지에 빠져든다. 이런 상황에서는 스크린에서 벌어지는 어떤 상황도 진짜처럼 받아들여진다. 영화에서 보이는 내용이 정말 그럴싸한 것인가 아닌가 하는 판단은 실제 생활의 기준을 따르지 않는다. 관객은 영화를 보는 그 순간에는 사람이 날아다니고 과거를 여행하고 유령과 대화를 나누고 로봇과 사랑에 빠지는 것을 진짜처럼 믿게 되는 것이다.

그런 식으로 영화에 빠져들면서 관객은 영화에서 보이는 주인공의 근사한 모습에 매료될 수밖에 없다. 그리고 그 순간 무의식적으로 자신을 영화 속의 주인공과 동일시하게 된다. 그렇게 매력적인 대상과 자신을 동일시하면서 사람들은 자신의 진짜 모습, 그 약하고 초라하고 별 볼일 없는 현실의 모습을 잊고 그 순간 이상적인 인간형을 간접 체험하게 되는 것이다.

라 대중음악 스타의 경우도 마찬가지이다. 화려한 무대에서 노래 부르는 스타의 모습에 열광하는 순간 대중은 그 스타가 표상하는 강력한 힘(그것은 곧 권력이다)에 스스로를 스타와 동일시한다. 그 동일시의 순간은 자신의 고달프고 초라한 현실로부터 벗어나는 해방의 순간이기도 하다.

마 결국 스타에 대한 대중의 열광은 기본적으로 스크린과 TV 화면에 비친 허구적인 이미지에 대한 것이지 ⓐ 자연인으로서의 배우나 가수에 대한 것이 아니다. 그러나 대중에게 그 둘은 하나로 간주된다. 사실 어쩌면 스타는 대중 한 사람 한 사람과 스타의 관계가 기본적으로 익명적일 수밖에 없다는 데서 가능해진다. 사람들은 스타 역시 어쩔 수 없는 한 인간, 약점과 한계를 안고 사는 한 인간일 수밖에 없다는 사실을 아주 쉽게 잊어버린다.

바 스타가 무대에서 노래 부르고 있다. 수많은 팬들이 소리를 지르고 환호하는 가운데 스타는 공연을 마치고 황급히 무대 뒤로 사라진다. 그 뒤를 한 소녀 팬이 꽃다발을 든 채 뒤쫓아 간다. 무대 뒤로 간 스타는 화장실로 들어간다. 잠시 후 용변을 마친 스타가 시원하다는 표정을 짓고 화장실을 나와 대기실로 사라진다. 꽃다발을 든 소녀는 순간 꽃을 전달하는 것조차 잊은 채 망연자실해한다.

ⓑ "아, 오빠도……."

언젠가 본 적이 있는 코미디의 한 장면이다. 물론 코미디이기는 하지만 스타에 대한 대중의 동경은 그 소녀 팬의 착각과도 같은 속성을 가지고 있는 것이다.

〈김창남, 대중문화의 이해, 2003〉

인과 관계 파악하기

1. 원인과 결과를 찾아 다음 표를 채워 보세요.

단락	원인	결과
가		스타가 엄청난 경제적 효과를 가짐.
나	스타가 대중의 욕망을 충족시켜 줌.	
다		관객들이 영화에 빠져들게 됨.

세부 내용 파악하기

2. 대중에게 비치는 스타의 모습은 어떻습니까? 모두 고르세요.

- ☐ 화려하다
- ☐ 강하다
- ☐ 약점이 있다
- ☐ 초라하다
- ☐ 영웅적이다
- ☐ 성적 매력이 풍부하다
- ☐ 이상적인 인간형이다
- ☐ 별 볼일 없다

3. 관객의 반응 중 ⓐ와 관련되지 않은 것은 무엇입니까?

① 저 가수의 고등학교 졸업 사진을 봤는데 지금과는 정말 다르더라.
② 저 가수가 지난주에 교통사고를 당했는데 많이 다쳐서 병원에 입원 중이래.
③ 저 배우는 어린 시절에 아버지가 안 계셔서 경제적으로 어렵게 지냈다고 해.
④ 저 배우는 영화에 나왔듯이 외모도 뛰어나고 성격도 좋고 다 완벽한 것 같아.

4. ⓑ에 어떤 말이 생략되었을까요? 추측해서 이야기해 보세요.

이야기해 보세요

여러분 나라에서는 대중문화의 영향력이 어느 정도입니까? 구체적인 예를 들어 이야기해 보세요.

쓰기

원인과 결과를 분석하여 글을 써 보세요.

준비해 보세요

다음 문장에서 어색한 부분을 찾아 바르게 고쳐 보세요.

1. 길을 가다가 구두가 예쁘기에 친구가 하나 샀어요.

2. 친구가 도와준 탓에 어려운 일을 쉽게 해결할 수 있었어요.

3. 제 생일에 친구가 예쁜 꽃을 사 주는 바람에 기분이 아주 좋았어요.

4. 회사에서 새로운 업무를 맡느라고 부모님께 연락을 자주 드리지 못해요.

표현을 연습해 보세요

1. 공정 무역이 등장하게 된 원인과 그 결과를 찾아 밑줄 쳐 보세요.

다국적 기업들은 저개발국에서 물건을 싸게 구입해 더 비싸게 팔아 큰 이익을 얻으려고 한다. 이로 인해 저개발국의 농민들은 생계를 유지할 수 없을 정도로 다국적 기업에 싸게 물건을 팔아야 한다. 이런 문제를 해결하기 위해 공정 무역이 등장하게 되었다. 공정 무역 수입업자는 물건을 시장 가격보다 높은 가격으로 사서 유통 과정을 줄여 소비자에게 판다. 저개발국의 농부는 이로 인해 생계를 유지할 수 있게 된다.

2. 원인을 먼저 제시하고 결과를 나중에 제시하는 표현입니다. 다음 표현을 사용하여 연습해 보세요.

- ~이다[하다]. 이로 인해[~으로 말미암아] ~이다[하다].
- ~이다[하다]. 그래서[그러므로] ~
- ~기 때문에[~이 원인이 되어] ~이다.

다국적 기업이 물건을 싸게 구입해 저개발국 농민들은 생계를 유지할 수 없었다. **이로 인해** 공정 무역이 등장하게 되었다.

1)

〈원인〉 다국적 기업이 물건을 싸게 구입해서 저개발국 농민들은 생계를 유지할 수 없음.
〈결과〉 공정 무역이 등장.

2)

〈원인〉 삶이 고달프고 초라해서 이러한 현실에서 벗어나고 싶어 함.
〈결과〉 사람들이 스타에게 열광함.

3)

〈원인〉 독신 가구 증가와 고령화로 인해 독거노인 가구가 증가함.
〈결과〉 소형 주택의 인기가 많아짐.

3. 결과를 먼저 제시하고 원인을 나중에 제시하는 표현입니다. 다음 표현을 사용하여 2의 문제를 연습해 보세요.

- ~이다[하다]. 왜냐하면 ~기 때문이다.
- ~이다[하다]. 그 까닭은 ~기 때문이다.
- ~은 것은 ~이기 때문이다.

새로운 형태의 무역인 공정 무역이 등장하였다. **왜냐하면** 다국적 기업이 물건을 싸게 구입해서 저개발국 농민들은 생계를 유지할 수 없었**기 때문이다.**

4. 원인에 대한 메모를 보고 글을 완성해 보세요.

1) 교육 대학교 남학생 정원제

____

____

____

이로 말미암아 남자 선생님의 비율을 늘리기 위해 교육 대학교에서는 한쪽 성별의 입학생 수가 정원의 75%를 넘지 못하도록 하고 있다. 결과적으로 교단의 여성화를 어느 정도는 막을 수 있게 되었으나 여학생의 입학 기회를 빼앗는 역차별이 되었다는 논란을 불러일으키게 되었다.

원인

초등학교에 여자 선생님의 비율이 높아서 성 역할에 대한 올바른 교육이 어려움.

2) 성형 수술

____

____

____

이로 인해 많은 젊은 여성들이 성형 수술을 선택하고 있다. 여성들은 자신의 내면을 가꾸고 능력을 키울 시간을 자신의 외모를 가꾸는 데에 사용하고 있다.

원인

외모를 중시하는 사회 풍조가 여성들에게 아름다움을 강요함.

5. 결과에 대한 메모를 보고 글을 완성해 보세요.

1) 길거리 흡연 금지

____

____

____

왜냐하면 많은 시민들이 길거리에서 간접흡연에 무방비로 노출되어 있**기 때문이다**. 청소년과 어린이, 임산부와 노약자 등은 면역력이 약해서 간접흡연이 치명적이다. 그뿐만 아니라 담뱃재로 인한 화상과 화재 위험도 있기 때문에 길거리 흡연에 반대하는 목소리가 점점 커지고 있다.

결과

서울시에서는 간접흡연을 막기 위한 법 제정.

2) 한국 문화와 한류

____

____

____

그 까닭은 한국에서 만든 문화 상품이 사람들에게 보편적인 즐거움과 감동을 주**기 때문이다**. 앞으로도 한류를 지속적으로 이끌어 가기 위해서는 다른 문화와 소통하고 교류할 수 있는 핵심 문화 내용이 무엇인지 파악해야 한다.

결과

한류가 세계적으로 확산되고 있음.

써 보세요

1. 하나의 주제를 골라서 인터넷으로 자료를 조사해 보세요. 그리고 원인과 결과를 메모해 보세요.

- 대중이 스타에게 열광하는 이유
- 외모 중시 풍조와 성형 수술
- 일회용품 사용과 환경 오염

〈대중이 스타에게 열광하는 이유〉

- 결과
  - 많은 사람들이 스타를 동경하고 스타에 열광함.
- 원인
  - 대중은 화려한 스타와 자신을 동일시해 자신의 욕망을 충족시키기 때문.

〈　　　　　　　〉

- 결과
- 원인

2. 같은 주제를 선택한 친구와 메모를 보며 이야기해 보세요.

3. 원인과 결과가 드러나게 글을 써 보세요.

대중이 스타에 열광하는 이유		
원인 – 결과 (결과 – 원인)	결과	대중들은 스타에 열광한다. 많은 사람들이 스타가 되고 싶어 하고 또 수많은 사람들이 스타 만들기에 힘을 들이는 것은 모두 대중이 스타에 열광하기 때문이며 이로 인해 엄청난 경제적 효과를 가져오기 때문이다.
	원인	그렇다면 사람들이 스타에 열광하는 이유는 무엇일까? 그 까닭은 대중들은 스타와 자신을 동일시하기 때문이다. 스크린이나 텔레비전에 비추어진 스타는 화려하고 강하고 영웅적이며 성적 매력이 풍부하고 매력적이다. 이러한 스타의 이미지는 모든 사람들이 꿈꾸는 이상적인 인간형이다. 사람들은 매력적인 스타와 자신을 동일시하며 나약하고 초라한 자신의 진짜 모습을 잊게 되며 이상적인 인간형을 간접 체험하게 된다.

어휘와 표현

2. 대중문화의 위상

● 어휘

대리 만족(代理滿足)을 느끼다
다른 사람의 성공에서 자신이 간접적으로 만족을 느끼다. to feel satisfaction, vicariously / 在别人的成功中获得满足感 / 擬似的な満足感を得る
현실이 힘들수록 사람들은 성공하는 드라마 주인공을 보며 대리 만족을 느끼게 된다.

동질감(同質感)을 형성(形成)하다
다른 사람과 성질이나 배경이 같다고 느끼다. to form a sense of kinship / 产生亲切感, 形成认同感 / 仲間意識(連帯感)を形成する
나는 직장에서 같은 고향 사람을 만나면 동질감을 형성하기 위해 일부러 사투리를 쓴다.

분위기(雰圍氣)를 조성(造成)하다
어떤 분위기를 만들다. to create an atmosphere / 营造……氛围 / 雰囲気を作る
우리 학교에서는 독서를 생활화하는 분위기를 조성하기 위해 책을 많이 읽은 학생에게는 한 달에 한 번씩 문화 상품권을 주기로 했다.

사회상(社會相)을 반영(反映)하다
사회의 모습이나 성격을 드러내다. to mirror society / 反映社会面貌 / 社会の姿を反映する
최근 행운을 가져다주는 휴대폰 줄이나 나쁜 일을 막아 준다는 팔찌가 유행하고 있다. 이런 물건들은 앞날을 예측하기 어려운 불안한 사회상을 반영하고 있다.

상업적(商業的)이다[상업쩍]
상품을 사고파는 일로 이익을 얻다. to be commercial / 商业性的 / 商業的だ
대부분의 광고는 상업적인 목적으로 만들어지기 때문에 대중의 취향을 고려하기 마련이다.

선망(羨望)하다
동 부러워하며 자기도 그렇게 되기를 바라다. to envy / 羡慕 / 羨望する
지금은 연예인이라는 직업을 선망하는 청소년들이 많지만 10년 전만 해도 연예인이 되려는 사람이 별로 없었다.

선풍적(旋風的)인 인기(人氣)를 끌다 [인끼]
사회에 큰 영향을 미치거나 관심을 끌 만한 인기를 얻다. to be sensationally popular / 拥有爆棚人气 / 旋風的な人気を呼ぶ
70년대 청소년들의 일상을 소재로 한 이 영화는 남녀노소를 불문하고 선풍적인 인기를 끌었다.

열광(熱狂)하다
동 너무 흥분해 미친 듯이 행동하다. to go wild with enthusiasm / 狂热的 / 熱狂する
가수 A 씨가 콘서트에서 열정적인 무대를 선보이자 팬들이 매우 열광했다.

외면(外面)을 당하다
피하거나 받아들여지지 않다. to be disregarded / 遭冷遇 / 無視される, そっぽをむかれる
실현 가능성이 낮은 복지 정책은 국민들로부터 외면을 당하기 마련이다.

위상(位相)이 달라지다
어떤 사람이나 일의 위치나 상태가 달라지다. change in status / 地位发生变化 / 地位が変化する
과거에는 한국 자동차가 서민용 차로 인식되었지만 기술 개발로 성능이 좋아짐에 따라 한국 자동차의 위상이 달라지고 있다.

저속(低俗)하다[저소카다]
형 품위가 낮고 고상하지 않다. to be vulgar / 低俗的 / 低俗だ
뉴스를 전달하는 아나운서들은 시청자들에게 뉴스에 대한 믿음을 줘야 하기 때문에 방송에서 저속한 표현을 쓰지 않도록 조심해야 한다.

큰 파장(波長)을 일으키다
어떤 일이 크게 영향을 미치다. to cause a great impact / 引发巨大影响 / 大きな影響を引き起こす
인기 연예인의 자살이 잇달아 보도되자 일반인이 이를 모방하는 등 큰 파장을 일으키고 있다.

파급력(波及力)이 크다 [파금녁]
어떤 일이 영향을 미치는 힘이 크다. to have a great influence / 影响力强大 / 波及力が大きい
트위터나 페이스북 같은 SNS가 선거에 미치는 파급력이 크다는 조사 결과가 나왔다.

폭발적(爆發的)인 반응(反應) [폭빨쩍]
굉장히 뜨거운 반응. explosive response / 热烈的, 爆炸性的反响 / 爆発的な反応
드라마에서 연예인이 이 옷을 입고 나오자 일주일 만에 매진되는 등 폭발적인 반응을 보이고 있다.

획일적(劃一的)이다[회길쩍]
다른 것과 구별되지 않고 모두 같다. to be uniform / 整齐划一的 / 画一的だ
교복을 입고 획일적인 머리 모양을 한 학생들 사이에서 빨간 코트에 긴 생머리를 한 젊은 선생님은 눈에 띌 수밖에 없었다.

● 읽기

■ 읽어 보세요

구현(具現)하다

동 어떤 사실을 구체적으로 나타내다. to realize / 具体体现，实现 / 具現する

이번에 새롭게 도입한 장애인 관련 제도는 복지 사회를 구현하는 데 꼭 필요한 제도이다.

동경(憧憬)하다

동 어떤 것을 간절히 바라며 그것만을 생각하다. to yearn for, to long for / 憧憬 / 憧れる

민수는 어릴 때부터 외국에서 공부하는 것을 동경해 왔는데 올해 드디어 그 꿈을 이루게 되었다.

동일시(同一視)하다[동일씨하다]

동 같은 것으로 여기다. to equate, to regard A with B / 等同视之 / 同一視する

엄마들은 딸의 모습을 보면서 젊은 시절 자신의 모습과 동일시하는 경향이 있다.

매료(魅了)되다

동 마음을 모두 사로잡히다. to be captivated / 倾倒 / 魅了される

처음 본 순간 그녀의 아름다움에 매료되어 한참 동안 물끄러미 쳐다보았다.

부동자세(不動姿勢)

명 움직이지 않고 똑바로 서 있는 자세. position of standing erect and still / 固定姿势 / 不動の姿勢

군대에서 훈련을 받게 된 그는 상사의 명령에 따라 오랫동안 움직이지 않고 부동자세로 서 있었다.

진력(盡力)하다[질려카다]

동 있는 힘을 다하다. to exert every effort / 尽力 / 尽力する

물가 상승으로 서민들의 생활이 어려운 이 상황에서 정부는 경제 살리기에 진력하고 있다.

충족(充足)시키다

동 넉넉해서 모자람이 없게 하다. to satisfy / 满足 / (欲求を)満たす

아이들을 정서적으로 안정된 사람으로 키우기 위해서는 우선 아이들의 욕구를 어느 정도 충족시켜 주는 것이 중요하다.

자기 평가

1. 다음 중 아는 어휘에 ✓ 하세요.

- [ ] 규제하다
- [ ] 반박하다
- [ ] 심의하다
- [ ] 악용되다
- [ ] 찬반 논란
- [ ] 획일적이다
- [ ] 표현의 자유
- [ ] 외면을 당하다
- [ ] 사회상을 반영하다
- [ ] 대리 만족을 느끼다
- [ ] 큰 파장을 일으키다
- [ ] 선풍적인 인기를 끌다

2. 알맞은 표현을 골라서 문장을 완성해 보세요.

-답시고	-(으)ㄹ 턱이 없다	(으)로 말미암아	에 지나지 않다

1) 가 : 몸살이 난 것 같아. 열도 좀 나고.
   나 : .... 잠을 제대로 안 자니 몸살이 날 만도 하지.
2) 가 : 오늘은 미나가 제시간에 올까?
   나 : 언제나 약속 시간에 10분씩 늦으니까 ....
3) 1950년부터 1953년까지 한반도에서는 6 · 25 전쟁이 벌어졌다. .... 수많은 사람들이 죽거나 부상을 당했다.
4) 학교 축제에서 기타를 연주해서 칭찬을 받았다. 다들 나에게 전문 연주자 같다고 말했지만 사실 내 연주 실력은 ....

3. 이 단원을 공부하고 여러분이 할 수 있게 된 것에 ✓ 해 보세요.

- [ ] 원인과 결과를 분석하여 글을 쓸 수 있다.
- [ ] 논평과 찬반 토론을 듣고 주장과 근거를 파악할 수 있다.
- [ ] 대중문화에 대한 설명문을 읽고 인과 관계를 파악할 수 있다.
- [ ] 주제를 소개하고 주장과 근거를 제시하면서 토론을 할 수 있다.

정답

2. 1) 공연 준비 한답시고 2) 제시간에 올 턱이 없지 3) 이 전쟁으로 말미암아 4) 초보자에 지나지 않는다

보충 어휘

연어(Ⅰ) 상황을 과장해서 표현하는 연어를 익혀 봅시다.

꽁꽁 얼다 얼음이나 몸 등이 단단히 얼다.	**끙끙 앓다** 몸이 너무 아프거나, 어려운 일이 있어서 매우 괴로워하다.
벌벌 떨다 무섭거나 두려워서 몸을 떨다.	**빙빙 돌다** 일정한 범위를 자꾸 돌다.
슬슬 피하다 남이 모르게 살짝 피하다.	**술술 풀다** 문제를 어려움 없이 해결하다.
질질 끌다 해야 되는 일이나 계획 등을 계속 미루다.	**펑펑 울다** 눈물을 많이 흘리며 크게 울다.
푹푹 찌다 온도와 습도가 높아서 심하게 덥다.	**훌훌 털다** 고민을 잊거나 먼지를 가볍게 털어 내다.

연습 1 나음 그림을 보고 연어의 의미를 찾아보세요.

1)

① 문제를 쉽게 풀다

② 문제가 어려워 고생하다

2)

① 날씨가 너무 건조하다

② 사우나에 있는 것처럼 덥다

보충 어휘

3)

① 아픈 척하다

② 아파서 괴로워하다

4)

① 어지럽다

② 몸이 가볍다

연습 2 다음 상황과 관련 있는 연어를 써 보세요.

1) 우리 집 강아지가 천둥소리가 나자 무서워하며 떨었다.

→ 벌벌 떨다

2) 영화를 보다가 너무 슬퍼서 눈물을 많이 흘리며 큰 소리로 울었다.

→

3) 그동안 나를 괴롭히던 일들을 모두 잊어버리고 새로운 마음으로 다시 시작하려고 한다.

→

4) 내일까지 숙제를 끝내야 하지만 하기 싫어서 자꾸 미루고 있다.

→

5) 부장님이 오늘 기분이 나쁘신지 작은 일에도 화를 내신다. 직원들은 부장님의 기분을 살피면서 부장님의 눈치를 보면서 피해 다녔다.

→

6) 날씨가 너무 추워서 호수가 너무 단단하게 얼었다.

→

연습 3 다음 그림을 보고 대화를 완성해 보세요.

1)

2)

3)

4)

보충 어휘

연습 4 어울리는 표현을 골라 대화를 완성해 보세요.

벌벌 떨다　　펑펑 울다　　푹푹 찌다　　술술 풀다　　빙빙 돌다　　끙끙 앓다

1) 가 : 혼자 유학을 가는데 잘할 수 있을까?
   나 : 무슨 일이 생기면 혼자서 ____________지 말고 주위 사람들한테 도와 달라고 해.

2) 가 : '귀신의 집' 어땠어? 재미있었어?
   나 : 말도 마. 너무 무서워서 ____________다가 나왔어. 다시는 안 갈 거야.

3) 가 : 1시간 전에 도착한다더니 왜 이렇게 늦었어?
   나 : 길을 잃어서 같은 곳을 ____________다가 간신히 찾아온 거야. 너무 화내지 마.

4) 가 : 어려운 문제도 ____________는 걸 보니 공부를 많이 했나 보구나.
   나 : 응. 일주일 전부터 열심히 준비했어.

5) 가 : 날씨가 정말 ____________.
   나 : 이렇게 더울수록 건강 관리에 신경 써야 돼.

6) 가 : 왜 그렇게 ____________? 무슨 일 있어?
   나 : 갑자기 돌아가신 엄마 생각이 나서 그래.

XII 과학과 생활

1 환경과 대체 에너지

주제 환경과 에너지

어휘 환경 보호와 대체 에너지

문법과 표현
- A/V-기로서니
- V-아/어 주십사 (하고)

듣기
- 라디오 대담 듣고 내용 파악하기
- 토론 듣고 찬반 의견 파악하기

말하기 토론하기 2 (동의하기, 반박하기)

2 생활 속 과학 이야기

주제 과학과 생활

어휘 자연 현상과 관련된 과학 용어

문법과 표현
- N인지라
- V-자니

읽기
- 칼럼 읽고 내용 요약하기
- 설명문 읽고 읽은 내용 적용하기

쓰기
- 어휘에 유의하여 문장 쓰기 2
- 요약하는 글 쓰기

보충 어휘 관용어 Ⅳ

1 환경과 대체 에너지

주제
환경과 에너지

어휘
환경 보호와 대체 에너지

문법과 표현
· A/V-기로서니
· V-아/어 주십사 (하고)

듣기
· 라디오 대담 듣고 내용 파악하기
· 토론 듣고 찬반 의견 파악하기

말하기
토론하기 2
(동의하기, 반박하기)

들어가기

이야기해 보세요

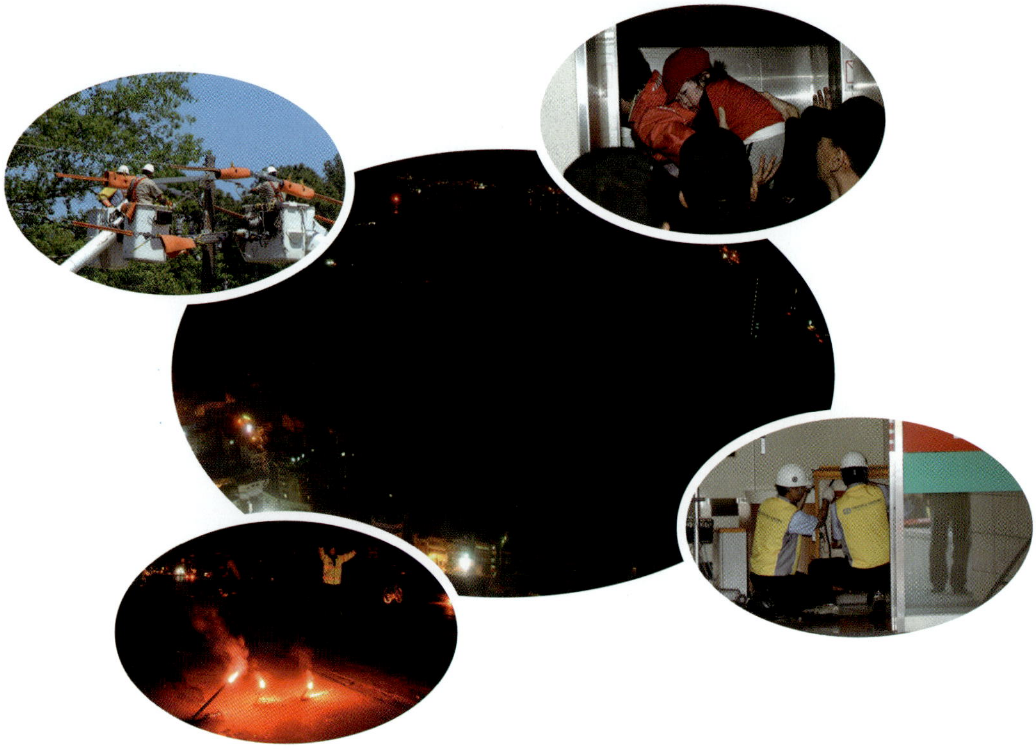

1. 무슨 일이 생겼습니까? 사람들이 어떤 어려움을 겪고 있습니까?

2. 왜 이런 일이 생겼다고 생각합니까?

어휘와 문법

읽어 보세요 track 23

〈원자력 발전소 건립〉 공청회

| 일시 : 2014년 6월 16일 오후 2시
| 주최 : ㈜한국수력원자력
| 후원 : 지식경제부

초청의 말씀

안녕하십니까? 신록이 날로 짙어 가는 계절에 두루 평안하시길 빕니다. ㈜한국수력원자력은 전력량 부족과 여름철 불안정한 전기 수급 문제를 해결하기 위해 새 원자력 발전소를 건립하려는 계획을 추진해 왔습니다.

그러나 지역 주민들께서는 아무리 에너지 개발이 절실하**기로서니** 주민 안전보다 중요한 것은 아니므로 발전소 건설에 동의하기 어렵다는 의견을 제기하신 바 있습니다.

이에 따라 ㈜한국수력원자력에서는 지난 3년간 〈원자력 발전소의 경제성과 안전성 조사〉를 수행했으며 이번 공청회를 통해 그 결과를 발표할 예정입니다.

바쁘시더라도 부디 참석하시어 원자력 발전소 건립에 대한 지역 주민 여러분의 관심을 보**여 주십사** 부탁드립니다. 감사합니다.

2014년 5월 20일 (주)한국수력원자력 사장 서경식

1. 무엇에 대한 공청회입니까?

2. 지역 주민들은 무엇을 걱정하고 있는 것 같습니까?

어휘를 연습해 보세요

단전 / 정전　석유 / 석탄　화석 연료　대체 에너지　핵폐기물
온실가스　이산화탄소　이상 기후　원자력 발전소 / 원전　지구 온난화
경제적이다　방사능이 누출되다　방사능에 오염되다　탄소 가스를 배출하다
수력 / 화력 / 원자력 / 풍력 / 조력 / 태양광

1. 서로 관계있는 것끼리 연결해 보세요.

1) 이상 기후 •	• 석탄과 석유, 천연가스와 같은 연료는 그 양이 무한하지 않기 때문에 언젠가는 고갈되고 말 것입니다.
2) 온실가스 •	• 여름인데도 갑자기 눈이 내려서 농작물 피해가 심각합니다.
3) 화석 연료 •	• 석유가 고갈되기 전에 새로운 에너지를 찾으려는 노력을 하고 있습니다. 태양열이나 바람, 파도 등을 이용한 에너지 개발이 진행 중입니다.
4) 대체 에너지 •	• 여러 국가에서 이산화탄소와 메탄, 프레온 가스의 배출량을 줄이기 위해 노력하고 있습니다.

문법과 표현을 연습해 보세요

1. A/V-기로서니
- 아무리 바쁘기로서니 부모님 생신에 전화할 시간도 없어요?
- 신입 사원이 실수를 좀 했기로서니 너무 심하게 화를 내는 거 아니에요?

2. V-아/어 주십사 (하고)
- 연말 모임에 참석해 주십사 연락을 드립니다.
- 이번 공청회에 늦지 않게 도착해 주십사 하고 안내 메일을 드립니다.

1. 다음과 같이 이야기해 보세요.

1) 아직도 사형 제도가 유지되고 있습니다. 이에 대해 어떻게 생각하십니까?

아무리 흉악한 범죄를 저질렀**기로서니** 사람의 생명까지 빼앗을 권리가 우리에게 있습니까? 사형 제도는 하루 빨리 폐지되어야 한다고 생각합니다.

2) 법원에서 성범죄자의 신상을 공개하기로 결정했습니다. 이번 결정에 대해 어떻게 생각하십니까?

____________________ 신상을 공개하는 것은 너무 심하지 않은가요? 사람이라면 누구나 인권을 존중받을 권리가 있습니다.

3) 군 가산점제를 부활시켜야 한다는 주장이 제기되고 있습니다. 이에 대해 어떻게 생각하십니까?

2. 다음 메모를 보고 이야기해 보세요.

1) 잠시 외출 중입니다. 용건이 있으신 분은 휴대 전화로 연락 주세요.

2) 폭우로 인해 회의가 취소되었습니다. 회의 날짜가 다시 잡힐 때까지 기다려 주십시오.

3) 원고 마감일은 다음 주 월요일입니다. 기한을 꼭 지켜 주십시오.

잠시 외출 중입니다. 용건이 있으신 분은 휴대 전화로 연락**해 주십사** 부탁드립니다.

듣기

준비해 보세요

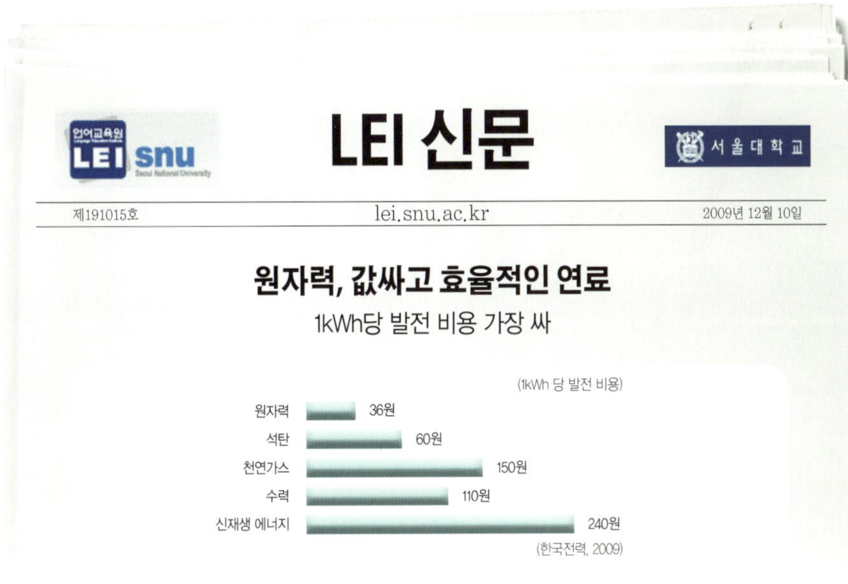

LEI 신문

언어교육원 LEI snu | 서울대학교

제191015호 lei.snu.ac.kr 2009년 12월 10일

원자력, 값싸고 효율적인 연료

1kWh당 발전 비용 가장 싸

(1kWh 당 발전 비용)

원자력	36원
석탄	60원
천연가스	150원
수력	110원
신재생 에너지	240원

(한국전력, 2009)

LEI 신문

언어교육원 LEI snu | 서울대학교

제201118호 lei.snu.ac.kr 2015년 4월 26일

체르노빌 원전 사고 29주년

체르노빌은 여전히 죽음의 땅

1. 무엇에 대한 기사입니까?

2. 이 기사를 보고 원자력에 대해 어떤 생각이 듭니까?

🎧 들어 보세요 1 track 24

다음은 환경 문제에 대한 라디오 대담입니다. 잘 듣고 질문에 답해 보세요.

중심 내용 파악하기

1. 무엇에 대해 이야기하고 있습니까?

① 화석 연료의 필요성　　② 지구 온난화의 심각성
③ 온실가스의 문제와 감축 방법　　④ 대체 에너지 개발의 필요성과 방법

세부 내용 파악하기

2. 왜 온실가스를 지구 온난화의 주범이라고 합니까?

3. 온실가스가 증가한 원인은 무엇입니까?

들어 보세요 2 track 25

다음은 에너지에 대한 찬반 토론입니다. 잘 듣고 질문에 답해 보세요.

발표 제목 붙이기

1. 무엇에 대한 토론입니까?

세부 내용 파악하기

2. 원자력 발전의 경제성에 대한 찬성 측과 반대 측 의견은 어떻습니까?

찬성 •
반대 •

- 적은 연료와 비용으로 많은 에너지를 생산할 수 있다.
- 발전소 폐쇄 비용이 많이 든다.
- 발전 과정에서 비용이 적게 들어서 경제성이 높다.
- 발전소 유지 비용과 핵폐기물 처리 비용을 고려하면 경제적이지 않다.

3. 원자력 발전의 안전성에 대한 찬성 측과 반대 측 의견은 어떻습니까?

찬성 •
반대 •

- 원전에서 사고가 날 확률은 아주 낮고 관리를 잘하면 사고 발생률이 더 낮아진다.
- 원전은 온실가스를 배출하지 않을 뿐만 아니라 주변 생태계에 영향을 주지도 않는다.
- 체르노빌 원전 사고처럼 원전은 한번 사고가 나면 피해가 매우 심각하다.
- 발전 과정뿐만 아니라 핵폐기물을 처리하는 과정에서도 안전을 보장할 수 없다.

이야기해 보세요

1. 온실가스를 줄이기 위해 생활 속에서 실천할 수 있는 방법은 무엇입니까?

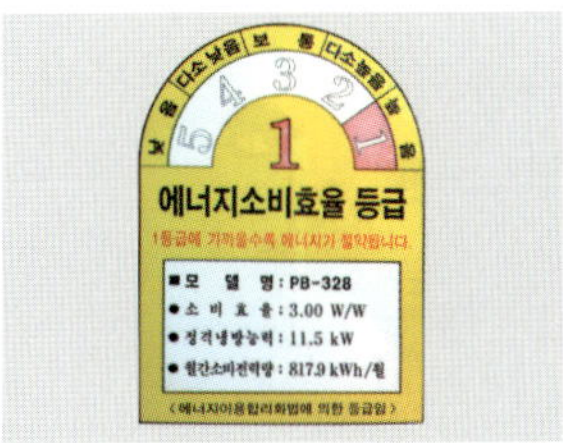

말하기

다른 사람의 의견에 동의하거나 반박하면서 토론해 보세요.

준비해 보세요

토론에서 다른 사람의 의견에 동의하거나 반박할 때 어떻게 표현하는지 이야기해 보세요.

표현을 연습해 보세요

1. 다음은 다른 사람의 의견에 동의할 때 쓰는 표현입니다. 다음 표현을 사용하여 이야기해 보세요.

〈동의하기〉
- ~다는 의견에 전적으로 동의합니다.
- 저도 같은 입장[생각 / 의견]입니다.
- 제가 말씀드리고자 하는 것도 바로 그 점입니다.

범죄를 예방하기 위해서는 흉악범 신상 공개가 필요합니다.

저도 흉악범의 신상 정보를 공개해야 한**다는 의견에 전적으로 동의합니다.**

1) 흉악범 신상 공개

범죄 예방 위해 흉악범의 신상 공개가 필요합니다.

2) 성형 수술 규제 반대

미를 추구하는 것은 인간의 본성이기 때문에 성형 수술을 규제해서는 안 됩니다.

3) 원전 폐기

핵폐기물 처리 문제가 발생하므로 원전을 폐기해야 합니다.

2. 다음은 다른 사람의 의견을 반박할 때 쓰는 표현입니다. 다음 표현을 사용하여 이야기해 보세요.

〈반박하기〉

- 제 의견은 좀 다릅니다[저는 좀 다른 생각을 가지고 있습니다].
- 일리가 있기는 하지만 ~다는 점에서는 문제가 있습니다.
- 저는 그렇게 생각하지 않습니다.
- 제 생각에는 반드시 ~는 것 같지는 않습니다.
- 한편으로는 그럴 수도 있겠지만 ~다는 점에서는 받아들이기가 어렵습니다.

범죄를 예방하기 위해서는 흉악범 신상 공개가 필요합니다.

범죄를 예방하기 위해서 흉악범 신상 공개가 필요하다고 하셨는데요. **제 의견은 좀 다릅니다.** 아무리 범죄자라고 해도 인권은 존중되어야 한다고 생각합니다.

1) 흉악범 신상 공개

범죄 예방.

아무리 범죄자라고 해도 그들의 인권도 존중받아야 함.

2) 성형 수술 규제 반대

미를 추구하는 것은 인간의 본성.

성형 수술의 부작용, 외모 중시 풍조를 심화시킴.

3) 원전 폐기

핵폐기물의 처리 문제.

더 효율적인 대체 에너지가 아직 개발되지 않았음.

토론해 보세요

1. 다음의 주제 중 토론하고 싶은 주제를 한 가지 골라 입장을 정하고 근거를 메모해 보세요.

원전 건설	성형 수술 규제	군 가산점제 재도입
원전이 꼭 필요한가?	성형 수술을 규제해야 하는가?	군 가산점제를 부활시켜야 하는가?

주제 : 원자력 발전소 건설

- 입장 : 찬성

〈근거〉

① 적은 원료로 많은 에너지를 생산해 경제적임.

② 온실가스 발생 적어 환경적인 면에서 좋음.

③ 관리 철저히 하면 사고 위험률 낮음.

주제 : ____________________

- 입장 :

〈근거〉

①

②

③

2. 같은 입장을 가진 친구들과 모여서 주장의 근거를 이야기해 보고 예상되는 반론에 대해 준비해 보세요.

예상 반론

- 원자력 발전소 사고에서도 알 수 있듯이 안전을 보장할 수 없다.
- ______________________
- ______________________

→

반론에 대한 의견 제시

- 원전 사고가 날 확률은 백만분의 일에 불과하다. 안전 관리를 더 잘하면 된다.
- ______________________
- ______________________

3. 자신의 입장을 정해 선택한 주제에 대해 토론해 보세요.

토론자		
	의견 제시 (찬성 입장)	A : 저는 원자력 발전소를 지금보다 더 늘려야 한다고 봅니다. 원자력 발전은 발전 과정의 비용을 절약할 수 있어서 저렴하게 (…)
	동의 (찬성 입장)	B : 저도 원자력 발전소를 늘려야 한다는 의견에 전적으로 동의합니다. 환경적인 면을 고려할 때 (…)
	반박 (반대 입장)	C : 원자력 발전이 온실가스를 배출하지 않아 환경 보호에 좋고 또한 경제적이라고 말씀하셨는데요. 제 생각에는 반드시 그런 것 같지는 않습니다. (…)

어휘와 표현

1. 환경과 대체 에너지

● 어휘

경제적(經濟的)이다

투자하는 노력, 시간, 돈에 비해 이득이 크다. to be economical / 经济的, 划算的 / 経済的だ

물건을 살 때는 경제적인 선택을 해야 한다. 디자인보다는 그 물건이 실용적인지를 고려해서 골라야 한다.

단전(斷電)

명 전기를 끊음. suspension of power supply / 断电 / 休電

회사 사정이 어려워서 3개월 동안 전기세를 내지 못해 단전이 되었다.

대체(代替) 에너지(energy)

석유, 석탄과 같은 연료를 대신할 에너지. alternative energy / 替代能源 / 代替エネルギー

환경 오염이 심각해지고 석유와 석탄이 점점 고갈되는 가운데 이를 대신할 대체 에너지의 개발에 관심이 높다.

방사능(放射能)에 오염(汚染)되다

방사성 먼지나 방사성 물질에 접촉해 해를 입다. to be contaminated by radioactivity / 受辐射污染 / 放射能(放射性物質)に汚染される

지진으로 인해 원자력 발전소가 폭발하면서 도시 전체가 방사능에 오염되었다.

방사능(放射能)이 누출(漏出)되다

방사선이 밖으로 새어 나오다. to have radiation leakage / 辐射泄露 / 放射能(放射性物質)が漏れる

원자력 발전소를 건설할 때 외부로 방사능이 누출되지 않도록 해야 한다.

석유(石油)

명 지하에서 나오는 검은 기름. petroleum / 石油 / 石油

중동 지역은 석유가 많이 나는 지역이다.

석탄(石炭)

명 지하에서 나오는 검은 광물. coal / 煤炭 / 石炭

석유와 도시가스가 가정용 난방 연료로 보급되면서 연탄의 원료였던 석탄은 점점 사라지게 되었다.

수력(水力)

명 물이 높은 곳에서 떨어질 때 발생하는 에너지. hydropower / 水能 / 水力

강 주변에 댐을 건설해 수력 발전소를 세웠다.

온실(溫室)가스(gas)

명 이산화탄소(CO_2), 메탄(CH_4), 프레온(CFC) 등과 같이 공기 중에 있으면서 땅에서 복사되는 에너지를 흡수해 온실 효과를 일으키는 기체. greenhouse gas / 温室气体 / 温室効果ガス

정부는 대형 건물이나 공공 기관들의 온실가스 배출량을 줄이도록 했다.

원자력(原子力)

명 원자핵의 붕괴나 핵반응으로 발생하는 에너지. nuclear power / 原子能 / 原子力

원자력은 평화적으로 이용되기도 하고 무기 제조와 같이 악용되기도 한다.

원자력 발전소(原子力發電所) / 원전 [발쩐소]

원자력 에너지를 이용해 발전기를 돌려 전력을 생산하는 시설. nuclear power plant / 核电站 / 原子力発電所

지역에 원자력 발전소를 건설하겠다는 시장의 결정에 해당 지역 주민들이 강력하게 반발했다.

이산화탄소(二酸化炭素)

명 탄소와 산소 화합물. CO_2 carbon dioxide / 二氧化碳 / 二酸化炭素

콜라, 사이다와 같은 탄산음료에는 이산화탄소가 많이 녹아 있다.

이상 기후(異狀氣候)

기온이나 강수량 등이 정상적인 상태를 벗어난 기후. abnomal climate / 气候异常 / 異常気象

사막에 비가 많이 내리거나 열대 지역에 눈이 내리는 등 이상 기후 현상이 자주 나타나고 있다.

정전(停電)

명 전기가 일시적으로 끊어짐. power failure / 停电 / 停電

갑작스런 정전으로 지하철이 멈추는 사고가 발생했다.

조력(潮力)

명 밀물과 썰물의 차이로 발생하는 에너지. tidal power / 潮汐能 / 潮力

밀물과 썰물의 차이가 큰 서해는 조력 발전소를 세우기에 적합하다.

지구 온난화(地球溫暖化)

지구가 점차 따뜻해지는 현상. global warming / 温室效应, 全球变暖 / 地球温暖化

이산화탄소가 증가하면 지구 온난화가 더 가속화된다.

탄소(炭素) 가스(gas)를 배출(排出)하다

탄소 가스를 밖으로 내보내다. to emit carbon gas / 排放温室气体 / 炭酸ガスを排出する

정부는 환경 오염을 막기 위해 일정량 이상의 탄소 가스를 배출하는 기업에 벌금을 부과하기로 했다.

태양광(太陽光)

명 태양에서 발생하는 에너지. sunlight / 太阳光 / 太陽光

최근 태양광 전지로 달리는 자동차가 개발되었다.

풍력(風力)[풍녁]

명 바람이 불 때 발생하는 에너지. wind power / 风能 / 風力

풍차는 풍력을 이용해 곡식을 가루로 만들거나 낮은 곳의 물을 높은 곳으로 끌어올리는 기구이다.

핵폐기물(核廢棄物)

명 원자력 발전에 쓰고 난 후에 남은 방사능 물질. nuclear waste / 核废料 / 核廃棄物

원자력 발전소가 많아지면서 거기에서 나오는 핵폐기물의 처리 문제가 심각해졌다.

화력(火力)

명 석탄 등이 탈 때 발생하는 에너지. thermal power / 热能 / 火力

석탄이나 석유를 이용한 화력 발전은 탄소 가스를 많이 배출한다.

화석 연료(化石燃料)[화성녈료]

탄소를 포함하고 있는 석탄, 석유, 천연가스와 같은 자원. fossil fuel / 化石燃料 / 化石燃料

산업이 발전하면서 석유, 천연가스와 같은 화석 연료의 수입은 계속 증가하고 있다.

● 듣기

■ 들어 보세요 1

감축(減縮)

명 양이나 수를 줄임. reduction / 缩减, 減少 / 縮小, 減らすこと

재정난이 심각해지자 정부는 야당이 제시한 예산 감축에 동의했다.

주범(主犯)

명 나쁜 결과의 주된 원인. main culprit, main cause of a problem or defect / 主犯 / 主犯

칼로리만 높고 영양은 부족한 패스트푸드가 고혈압이나 당뇨병과 같은 성인병의 주범이라고 알려져 있다.

지표(地表)

명 지구의 표면. the surface of the earth / 地表 / 地表

여름에는 강한 햇빛으로 인해 지표의 온도가 매우 높아지게 된다.

해수면 상승(海水面上昇)

극지방의 얼음이 녹아 바다의 높이가 높아지는 현상. sea level rise / 海平面上升 / 海水面上昇

지구가 점점 따뜻해지면서 북극이나 남극의 얼음이 녹아 해수면 상승 문제가 심각해지고 있다.

■ 들어 보세요 2

무턱대고[무턱때고]

부 잘 생각하거나 따져 보지 않고. without any plan, thoughtlessly / 轻率地, 不经过思考地 / むやみに, 見境無く

프린트를 할 때는 무턱대고 인쇄부터 하지 말고 미리 보기를 해서 종이의 낭비를 줄여야 한다.

생태계(生態系)

명 어느 환경 안에서 살아가는 생물 집단과 그 생물들을 통제하는 요인을 포함하는 복합 체계. ecosystem / 生态系统 / 生態系

바다를 땅으로 만드는 것은 농사지을 땅을 넓혀 경제 발전에 도움을 주기도 하지만 바다 주변의 생태계를 파괴할 위험도 있다.

폐쇄(閉鎖)하다

동 어떤 기관이나 시설을 닫거나 없애다. to close, to shut down / 封闭, 关闭 / 閉鎖する

본사에서는 계속해서 적자를 내고 있는 지점을 폐쇄하기로 결정했다.

2 생활 속 과학 이야기

주제
과학과 생활

어휘
자연 현상과 관련된 과학 용어

문법과 표현
- N인지라
- V-자니

읽기
- 칼럼 읽고 내용 요약하기
- 설명문 읽고 읽은 내용 적용하기

쓰기
- 어휘에 유의하여 문장 쓰기 2
- 요약하는 글 쓰기

들어가기

이야기해 보세요

1. 이러한 현상이 생기는 이유는 무엇입니까?

   굴절　　원심력　　중력　　관성

2. 우리 주변에서 일어나는 일 중 과학적 설명이 가능한 예를 찾아보세요.

어휘와 문법

읽어 보세요 track 26

뜨거운 여름날 강원도 산골에서 친구와 캠핑을 하고 있는데 갑자기 빗소리가 들렸다. 소나기였다. 십 분 정도 마구 쏟아지더니 곧 하늘이 맑아졌다. 그리고는 산속에 무지개 하나가 걸려 있었다. 직접 무지개를 보는 것이 처음**인지라** 참 신비로웠다. 그런데 무지개를 보고 있**자니** 갑자기 궁금한 게 생겼다. 무지개는 왜 생기는 것일까? 어떻게 빨강부터 보라까지 다양한 색깔이 나타나는 것일까?

나는 집에 돌아오자마자 백과사전에서 무지개의 원리를 찾아보았다. 무지개는 태양 광선이 공기 중의 물방울 안에서 반사되고 굴절되어 나타나는 현상이다. 학교에서 배운 과학은 어렵게만 느껴졌는데 일상에서 과학을 경험하게 되니 정말 흥미로웠다.

1. 캠핑을 가서 무슨 일이 있었습니까?

2. 무지개는 왜 나타납니까?

어휘를 연습해 보세요

관성	중력	구심력 / 원심력	밀도	파동	대기
수증기	고체 / 액체 / 기체	월식 / 일식	포화 상태	굴절되다	반사되다
분산되다	승화하다	직진하다	흡수하다	열전도율이 높다 / 낮다	

1. 알맞은 말을 넣어 보세요.

1) 

물이 끓으면 하얀 연기 같은 것이 보입니다. 이것은 물이 기체 상태가 된 것으로 ______(이)라고 부릅니다.

2) 

쇠로 만든 냄비나 젓가락은 쉽게 뜨거워집니다. 이것은 쇠가 ______기 때문입니다.

3) 

낮에 갑자기 깜깜해지는 경우가 있습니다. 이것은 달이 해를 가려서 ______이/가 일어났기 때문입니다.

문법과 표현을 연습해 보세요

1. N인지라

· 나도 한국 생활이 처음인지라 처음 만난 사람을 어떻게 불러야 할지 잘 모르겠다.
· 아무리 나이가 많이 들었다고 해도 어머니도 여자인지라 꽃다발을 받고 무척 좋아하셨다.

2. V-자니

· 어린 자식을 두고 출근하자니 발이 떨어지지 않았다.
· 혼자 빈집을 지키고 있자니 자꾸만 무서운 생각이 든다.

1. 다음과 같이 이야기해 보세요.

   1) 한국 회사가 만든 스마트폰이 유럽에서 날개 돋친 듯이 팔리고 있어요.

한국 스마트폰이 세계 최고**인지라** 그럴 수밖에 없지요.

   2) 요즘 부모들이 아이들 교육에 신경을 정말 많이 쓰는 것 같아요.

   3) 어제 내과에 갔는데 환자가 너무 많아서 두 시간이나 기다렸어요.

2. 다음 상황을 보고 이야기해 보세요.

   1) 맛있는 음식을 먹을 때 고향에 계신 부모님 생각이 났음.

   2) 한국어로 된 소설책을 혼자 읽고 이해하기가 힘들었음.

   3) 환율이 올라 집에서 보내 주시는 용돈만으로 생활하기가 어려웠음.

맛있는 음식을 혼자 먹**자니** 고향에 계신 부모님 생각이 나서 왈칵 눈물이 쏟아졌다.

읽기

준비해 보세요

1. 이것은 무엇일까요?

2. 어떤 용도로 이용되고 있습니까?

읽어 보세요 1 track 27

다음은 과학 상식에 대한 칼럼입니다. 글을 읽고 질문에 답해 보세요.

퇴근길에 집에 그냥 가자니 왠지 섭섭해서 동네 아이스크림 가게에 들르게 되었다. 아내와 아이들이 좋아하는 아이스크림을 골라 포장을 부탁했다. 점원이 집까지 얼마나 걸리느냐고 묻길래 10분 정도면 집에 도착한다고 대답했다. '가지고 가는 동안 녹지 않게 포장해 주려는구나.'라고 생각하며 점원이 포장해 준 아이스크림을 들고 나왔다.

집에 도착하자 네 살 된 아들이 기뻐하며 아이스크림 포장을 뜯었는데 갑자기 손이 아프다며 울기 시작했다. 놀라서 보니 아이스크림이 녹는 것을 방지하기 위해 넣은 드라이아이스를 아이가 맨손으로 잡은 것이었다. 아이의 상처는 그리 심하지는 않았지만 상처 난 손을 보니 속이 상했다.

드라이아이스란 ⓐ 기체 이산화탄소를 영하 80도의 저온에서 압축시켜 만든 고체 이산화탄소이다. 드라이아이스는 물의 고체 상태인 얼음보다 가볍다. 냉장 포장에 얼음을 사용하면 얼음이 녹아 제품을 상하게 하거나 물이 흘러 불편하다. 그러나 드라이아이스는 이런 문제가 없어 냉장 포장에 많이 사용된다. 이산화탄소는 1기압에서는 액체 상태로 존재하지 않고 고체와 기체로만 존재하므로 녹아서 ⓑ 액체가 되지 않고 바로 기체로 승화하기 때문이다. 그래서 드라이아이스, 즉 마른 얼음이라고 불리는 것이다. 드라이아이스에서 승화한 기체는 가까이에 있는 공기를 급격히 냉각시켜 냉장 효과를 낸다.

드라이아이스는 섭씨 영하 80도인데도 실제로 만지면 그다지 차게 느껴지지 않는다. 그 이유는 열전도가 낮은 이산화탄소 기체가 드라이아이스와 손가락 사이에 생기기 때문이다. 그러나 차게 느껴지지 않는다고 하더라도 표면은 영하의 온도인지라 드라이아이스를 꽉 잡으면 동상을 입을 수도 있으므로 각별히 조심해야 한다.

내용 요약하기 1. 글을 요약하기 위해 필요한 내용을 ⓐ~ⓔ에서 찾아 넣으세요.

특징 •		• ⓐ
정의 •		• ⓑ
용도 •		• ⓒ
		• ⓓ
		• ⓔ

ⓒ드라이아이스는 음식물을 저온으로 유지시켜 주기 때문에 음식물의 보관에도 이용된다. 이산화탄소 기체는 미생물의 발생을 방지해서 부패를 막아 주거니와 곰팡이가 생기는 것도 막는다. 드라이아이스에서 승화하는 이산화탄소 기체가 보관 용기 내에 꽉 차면 산소를 필요로 하는 미생물이나 벌레들이 살 수 없기 때문이다.

ⓓ드라이아이스는 결혼식장이나 가수들의 콘서트장에서 환상적인 분위기를 자아내는 데도 이용된다. 결혼식이 끝난 후 신랑과 신부가 퇴장할 때 음악과 함께 바닥에 깔리거나 가수들의 무대를 장식하는 데 이용되는 하얀 연기가 바로 그것이다. 이 연기는 드라이아이스가 승화열(고체가 기체로 변할 때 필요한 열)을 흡수하는 과정에서 주변 공기의 수증기를 액화시키면서 생긴 것이다.

ⓔ드라이아이스는 불을 끄는 데에도 효과적이다. 불이 났을 때 드라이아이스 조각을 던져 넣으면 승화한 이산화탄소 가스가 불을 덮고 공기를 차단해 불을 끄는 데 도움을 준다. 이와 같이 우리가 아이스크림 포장용으로만 무심코 사용하던 드라이아이스는 그 용도가 매우 다양하다.

세부 내용 파악하기

2. 드라이아이스를 맨손으로 만지게 되면 어떻게 됩니까? 그 이유는 무엇입니까?

3. 드라이아이스에서 발생하는 하얀 연기는 무엇입니까?

4. 드라이아이스가 불을 끄는 데 도움이 되는 이유는 무엇입니까?

읽어 보세요 2 track 28

다음은 과학 상식에 대한 설명문입니다. 글을 읽고 질문에 답해 보세요.

소음은 왜 밤에 더 크게 들릴까?

우리는 매일 수많은 소리를 들으면서 살아간다. 그 소리 중에는 듣고 싶은 소리도 있지만 그렇지 않은 소음도 섞여 있기 마련이다. 소리는 밤과 낮에 따라 다르게 들리는데 같은 크기의 소리라도 밤에 더 잘 들린다. ___ⓐ___ 밤에는 자동차의 소음이나 밖에서 아이들이 떠드는 소리도 더 시끄럽다고 느낄 때가 많다.

같은 크기의 소리라도 왜 밤에 더 크게 들리는 것일까? 그것은 공기의 온도와 밀도 차이 때문이다. 공기는 온도가 높을수록 입자의 운동이 활발해 밀도가 낮아지고 온도가 낮을수록 입자의 운동이 활발하지 못해 밀도가 높아진다. 낮에는 태양열로 인해 지표면의 온도가 높아져 지표면 근처의 공기 밀도가 낮고 상대적으로 차가운 상공은 공기의 밀도가 높다. ___ⓑ___ 해가 지는 밤에는 지표면이 식게 되므로 지표면 근처의 공기 밀도가 높아지고 지표면보다 따뜻한 상공은 공기 밀도가 낮아지게 된다.

공기의 온도와 밀도는 소리의 속도에 영향을 미치게 된다. ___ⓒ___ 온도가 높아져 밀도가 낮아지면 소리의 속도가 빨라지게 되고, 온도가 낮아져 밀도가 높아지면 소리의 속도가 느려지게 된다. 만약 지표면 근처와 상공의 온도가 차이가 나면 소리의 굴절이 일어나게 된다. 낮에는 지표면이 상공보다 온도가 높아 지표면의 소리의 속도가 빠르므로 소리가 위쪽으로 굴절된다. 그래서 낮에는 소리가 잘 들리지 않는다. 밤에는 지표면이 상공보다 온도가 낮아 속도가 느리므로 소리가 아래쪽으로 굴절된다. 그래서 밤에는 낮보다 주변의 소리가 더 잘 들리게 되는 것이다. 한국 속담에 "낮말은 새가 듣고 밤말은 쥐가 듣는다."는 말이 있다. 이것도 소리의 굴절로 설명될 수 있다. 즉 ___ⓓ___.

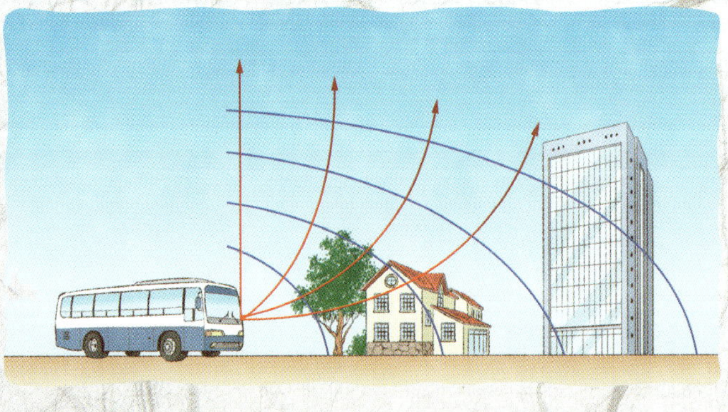

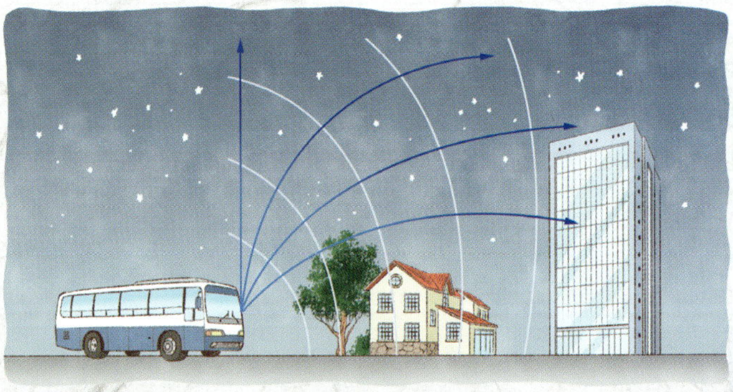

중심 내용 파악하기 1. 빈칸에 알맞은 말을 넣어 보세요.

밤에 자동차의 소음이 더 크게 들리는 이유는 ______________의 차이로 인한 소리의 굴절 현상 때문이다.

① 공기의 온도와 밀도 ② 공기의 입자 크기 ③ 지표면과 태양열

2. a ~ c 에 알맞은 말을 넣어 보세요.

즉 반면에 그런데도 예를 들면

세부 내용 파악하기 3. 그림을 보고 d 에 들어갈 내용을 말해 보세요.

이야기해 보세요

1. 우리 생활 속에서 볼 수 있는 과학의 원리에 대해 이야기해 보세요.

- 왜 주전자나 냄비의 손잡이는 플라스틱으로 되어 있을까?
- 왜 스키장에 가면 얼굴이 더 쉽게 탈까?
- 왜 심한 커브 길에서 사고가 자주 날까?
- 왜 높은 산에 올라가면 숨쉬기가 어려울까?

주전자나 냄비는 열전도율이 높은 알루미늄이나 쇠로 되어 있는데 손잡이 부분은 뜨겁지 않도록 열전도율이 낮은 플라스틱으로 만들어요.

쓰기

글을 읽고 핵심적인 내용을 찾아 요약해 보세요.

준비해 보세요

다음 문장에서 어색한 부분을 찾아 바르게 고쳐 보세요.

1. 나는 비가 올 때 지붕에서 나오는 소리를 좋아한다.
2. 나는 앞으로 중국과 한국의 문화 교류를 위해 자기 일생을 바치겠다.
3. 민수는 용기가 있다. 또는 다른 사람을 잘 도와주는 착한 성격을 가졌다.
4. 그녀의 열심히 살아가는 모습을 보고 아무 일이나 해낼 수 있다는 용기가 샘솟았다.

표현을 연습해 보세요

1. 다음은 문장을 요약하는 방법입니다. 다음과 같이 한 문장으로 요약해 보세요.

- 이어 주는 말, 수식하는 말, 중요하지 않은 말이나 반복되는 내용은 빼고 문장 구성에 필요한 기본적인 내용만 남긴다.

사람들은 왜 스타에 열광하는가? 무엇보다도 중요한 이유는 사람들은 스스로 부족하다고 느끼는 부분을 보완하고자 하는데 스타가 대중이 가지고 있는 이런 욕망을 충족시켜 주는 역할을 하기 때문이다.

사람들은 왜 스타에 열광하는가? 왜 ~는가? = 이유
··· 사람들이 스타에 열광하는 이유는 ~기 때문이다.

사람들은 스스로 부족하다고 느끼는 부분을 보완하고자 한다 = 이런 욕망
··· 대중의 욕망을 충족시켜 주는 역할

▷ 사람들이 스타에 열광하는 이유는 스타가 대중의 욕망을 충족시켜 주는 역할을 하기 때문이다.

1) 같은 크기의 소리라도 왜 밤에 더 크게 들리는 것일까? 그것은 공기의 온도와 밀도 차이 때문이다. 밤에는 지표면과 상공의 온도와 밀도 차이로 인해 소리가 지표면 쪽으로 굴절되므로 더 멀리까지 소리가 전달될 수 있다.

▷ ____

____.

▪ 자세하게 부연 설명이 된 경우 중심 내용을 바탕으로 하나의 문장으로 정리한다.

예술 치료의 가장 큰 특징은 자신의 내면을 들여다보며 표현하는 데 예술이 매개체가 된다는 것이다. 이를테면 그림을 그리거나 몸을 움직이면서 자신의 감정을 표현할 수 있고 이런 과정을 통해 스트레스가 완화되고 마음이 정화될 수 있다.

예술 치료의 특징, 자신의 감정을 표현하는 데 예술이 매개체가 됨. ⋯▸ 중심 내용

이를테면 (예를 들면, 다시 말하면, 즉 ⋯) ⋯▸ 부연 설명

▷ 예술 치료의 특징은 자신의 감정을 표현하는 데 예술이 매개체가 된다는 것이다.

2) 소리는 밤과 낮에 따라 다르게 들리는데 같은 크기의 소리라도 밤에 더 잘 들린다. 예를 들어 밤에는 자동차의 소음이나 밖에서 아이들이 떠드는 소리가 낮보다 더 시끄럽다고 느낄 때가 많다.

▷ ______________________________

______________________________.

2. 다음은 설명하는 글과 주장하는 글을 요약할 때 중심이 되는 내용입니다. 밑줄 친 중심 내용을 바탕으로 요약문을 만들어 보세요.

〈설명하는 글을 요약할 때〉

- 설명하려고 하는 대상을 찾아 요약한다.
- 새로 나온 용어의 정의를 찾아 요약한다.
- 부연 설명이나 예시는 요약하지 않는다.

1) 사회생활을 하면서 가끔씩 무엇이 **차별이고** 무엇이 **차별이 아닌지(설명 대상)** 고민하게 될 때가 있다. 남녀 화장실을 따로 만들었다면 서로의 신체적 차이를 인정한 것으로 화장실을 따로 씀으로써 특별한 이득이나 손해를 보지 않으므로 차별이 아니다. 그러나 차이가 나는 것을 이유로 기회를 주지 않는다면 특별히 손해를 보거나 이득을 보는 사람이 있으므로 이것은 차별이다. 예를 들어 능력에는 차이가 없지만 여자라는 이유로 취직이나 승진을 제한한다면 차별이 되는 것이다.

➜ 차이를 인정해 다른 대우를 했을 때 특별한 이득이나 손해를 보지 않으면 차별이 아니지만 차이가 나는 것을 이유로 특별히 손해를 보거나 이득을 보는 사람이 생긴다면 이것은 차별이다.

2) 또 다른 선진국의 조건으로 국제 연합 개발 계획(UNDP)에서 매년 발표하는 인간개발지수를 참고할 만하다. 인간개발지수란 각 국가의 국가별 실질 국민 소득, 교육 수준, 문맹률, 평균 수명 등 여러 가지 인간의 삶과 관련된 지표를 조사해 각국의 발전 정도를 평가한 것이다. 이를테면 문맹률이 낮고 교육 수준이 높다는 것은 자신의 능력을 개발할 가능성이 높고 그만큼 많은 기회를 갖게 되어 행복을 누릴 가능성이 높아질 수 있음을 나타낸다. 또한 평균 수명이 높다는 것은 해당 국가의 의료 기술이 발달했고 국민이 건강에 대해 높은 관심을 갖고 있음을 의미하는 것이다.

→ ______________________________ .

〈주장하는 글을 요약할 때〉

- 문제 제기한 부분을 찾아 요약한다.
- 주장과 근거를 찾아 요약한다.
- 주장을 뒷받침하기 위해 인용된 자료의 수치나 예시는 요약하지 않는다.

1) 원자력 발전이 경제적이라고 주장하는 사람들이 많지만(**문제 제기**) 과연 그럴까? 물론 발전 과정에서는 비용이 적게 들지만 발전 시설 건설과 유지, 사용 후 핵폐기물 처리 비용을 고려한다면(**근거**) 경제적이라고 말할 수 있는지 의문이다. 수명이 다한 원전 1기를 폐쇄하는 데 최소 3000억 원이 든다는 연구 결과도 있는데 이런 비용까지 고려한다면 원전은 결코 경제적이지 않다(**주장**).

→ 원전이 경제적이라고 주장하지만 발전소 건설, 유지 비용과 핵폐기물 처리 비용을 고려하면 원전은 경제적이지 않다.

2) 초등학교 교사의 대다수가 여자 선생님이라서 학생들에게 성 역할의 고정 관념을 심어 줄 수 있다는 점에서 교육 대학교에서 신입생 선발 시에 남학생 할당제를 실시하고 있다. 즉 교육 대학교 입학생의 30%를 남학생으로 선발하는 것인데 이것은 여학생들의 입학 기회를 빼앗는 역차별이 될 수 있다. 그러므로 교육 대학 입시에서 남학생 할당제는 폐지되어야 한다.

→ ______________________________ .

3. 다음 글에서 중심이 되는 내용에 밑줄을 쳐 보고 요약문을 써 보세요.

1) 전 세계적으로 공정 무역에 대한 관심이 높아지는 가운데 한국에서도 공정 무역 제품이 소개되고 있다. 국내 한 식품 회사는 이달 초 커피 전문점 사업을 새롭게 시작하면서 드립 커피를 제외한 모든 커피 음료에 공정 무역 커피 원두를 쓰고 있다. 가까운 곳에 커피 전문점을 두고도 일부러 찾는 사람들이 있을 만큼 소비자들의 반응도 좋다고 한다. 그러나 스위스에서 공정 무역 바나나가 시장의 50%를 차지하는 것과 비교하면 국내의 움직임은 아직 미미한 수준에 불과하다.

____

____

____

____

____.

2) 군 가산점 제도는 장애인과 여성, 군대에 갈 수 없는 남자들에게 차별적인 제도이다. 장애가 있거나 시력이 나쁘거나 체중이 지나치게 많이 나가는 사람은 군대에 가고 싶어도 갈 수 없다. 군 가산점 제도가 부활되면 자신의 의지와 상관없이 군대에 가지 못한 사람들은 공무원 시험 등 입사 시험을 볼 때 차별을 받게 된다. 누구나 공평한 기회를 가질 권리가 있는데 군대에 가지 않았다는 이유로 차별하는 것은 공정하지 않다. 따라서 군 가산점 제도가 부활되어서는 안 된다.

____

____

____

____

____.

써 보세요

1. 드라이아이스에 대해 설명한 글입니다. 중심 문장에 밑줄을 치고 이것을 바탕으로 요약문을 써 보세요.

드라이아이스란 기체 이산화탄소를 영하 80도의 저온에서 압축시켜 만든 고체 이산화탄소이다. 드라이아이스는 물의 고체인 얼음보다는 가벼워서 냉장 포장에 많이 사용된다. 냉장 포장에 얼음을 사용하면 얼음이 녹아 물로 액화되면서 제품을 상하게 하거나 물이 흘러 불편하게 된다. 그러나 드라이아이스는 이런 문제가 없다. 이산화탄소는 1기압에서는 액체 상태로 존재하지 않고 고체와 기체로만 존재하므로 녹아서 액체가 되지 않고 바로 기체로 승화하기 때문이다. 그렇기 때문에 드라이아이스, 즉 마른 얼음이라고 불리는 것이다. 드라이아이스에서 승화한 기체는 가까이에 있는 공기를 급격히 냉각시키며 냉장 효과를 낸다.

↓

드라이아이스란 기체 이산화탄소를 저온에서 압축시켜 만든 고체 이산화탄소로 ______

______

______

______

______.

드라이아이스는 음식물을 저온으로 유지할 수 있게 할 뿐만 아니라 미생물의 발생을 방지해서 부패를 막아 주거니와 곰팡이가 생기는 것을 막는다. 드라이아이스에서 승화하는 이산화탄소 기체로 꽉 차면 산소를 필요로 하는 미생물이나 벌레들도 그곳에서 살 수 없기 때문이다.

↓

______

______

______

______

______.

드라이아이스는 결혼식장이나 가수들의 콘서트장에서 환상적인 분위기를 자아내는 데도 이용된다. 결혼식이 끝난 후 신랑과 신부가 퇴장할 때 음악과 함께 바닥에 깔리거나 가수들의 무대를 장식하는 데 이용되는 하얀 연기가 바로 그것이다. 이 연기는 드라이아이스가 승화열을 흡수하는 과정에서 주변 공기의 수증기를 액화시키면서 생긴 것이다.

↓

____

____

____

____

____.

드라이아이스는 불을 끄는 데에도 효과적이다. 일반적으로 물질이 타려면 공기, 즉 산소가 필요하다. 불붙은 기름에다 드라이아이스 조각을 던져 넣으면 승화한 이산화탄소 가스가 불을 덮고 공기를 차단해 불을 끄는 데 도움을 준다.

↓

____

____

____

____

____.

어휘와 표현

2. 생활 속 과학 이야기

● 어휘

고체(固體)
명 나무, 돌 등과 같이 일정한 모양과 부피가 있는 물질의 상태. solid / 固体 / 固体
상온에서 고체 상태인 지방으로는 버터와 마가린이 있다.

관성(慣性)
명 움직이던 물체는 계속 움직이려 하고 정지하고 있던 물체는 계속 정지해 있으려는 성질. inertia / 惯性 / 慣性
버스가 갑자기 출발할 때 몸이 뒤로 쏠리는 것은 관성 때문이다.

구심력(求心力)[구심녁]
명 원운동을 하는 물체에 작용하는 원의 중심으로 향하는 힘. 중심으로 모이는 힘. centripetal force / 向心力 / 求心力
전문가들은 이번 선거에서 패배한 이유를 정당의 구심력 약화에서 찾고 있다.

굴절(屈折)되다[굴쩔되다]
동 휘어서 꺾이다. to be refracted / 屈折, 折射 / 屈折する
수영장 안에서는 빛이 굴절되어서 평소보다 다리가 짧고 굵어 보인다.

기체(氣體)
명 공기, 산소 등과 같이 일정한 모양과 부피를 갖지 않는 물질의 상태. gas / 气体 / 気体
그 개그맨은 풍선에 들어있던 헬륨(Helium) 기체를 마시고 재미있는 목소리를 냈다.

대기(大氣)
명 지구를 둘러싸고 있는 공기. air, atmosphere / 大气 / 大気
공장의 매연과 자동차의 배기가스로 인해 대기 오염이 날로 악화되고 있다.

밀도(密度)[밀또]
명 공간에 어떤 것이 빽빽한 정도. density / 密度 / 密度
서울은 인구 밀도가 높아서 주택 문제나 교통난이 심각하다.

반사(反射)되다
동 한 방향으로 나가던 빛이나 소리 등이 반대로 방향이 바뀌다. to be reflect / 反射 / 反射する
타지마할은 건물 자체도 아름답지만 해가 지는 시간에 수로에 반사된 모습이 신비롭기 이를 데 없다.

분산(分散)되다
동 갈라져 흩어지다. to be dispersed, to be decentralized / 分散, 散开 / 分散する
서울 주변에 위성 도시를 만든 덕분에 서울에 집중되었던 인구가 어느 정도 분산되었다.

수증기(水蒸氣)
명 기체 상태의 물. steam, vapor / 水蒸气 / 水蒸気
사우나에 들어갔더니 수증기 때문에 앞이 뿌옇게 보였다.

승화(昇華)하다
동 드라이아이스나 나프탈렌과 같이 고체가 곧바로 기체로 변하는 현상. to sublimate / 升华 / 昇華する
드라이아이스는 액체가 되지 않고 바로 고체 상태에서 기체로 승화하는 성질을 가졌다.

액체(液體)
명 물과 같이 일정한 부피는 가졌으나 일정한 형태를 가지지 못한 물질의 상태. liquid / 液体 / 液体
물에 잘 섞이는 액체 세제가 인기를 끌고 있다.

열전도율(熱傳導率)이 낮다
물체에 열이 잘 전달되지 않는다. to have low thermal conductivity / 热传导率低 / 熱伝導率が低い
플라스틱은 열전도율이 낮아서 손잡이로 많이 이용된다.

열전도율(熱傳導率)이 높다 [놉따]
물체에 열이 잘 전달된다. to have high thermal conductivity / 热传导率高 / 熱伝導率が高い
양은 냄비는 열전도율이 높아서 라면을 빨리 끓일 수 있다.

원심력(遠心力)[원심녁]
명 원운동을 하는 물체에 작용하는 원의 바깥으로 나아가려는 힘. centrifugal force / 离心力 / 遠心力
급커브 길에서 속도를 줄이지 않으면 원심력 때문에 도로 밖으로 튕겨 나갈 수 있다.

월식(月蝕)[월씩]
명 달이 지구의 그림자에 가려 전부나 일부가 보이지 않는 현상. lunar eclipse / 月食 / 月蝕
동생은 월식을 관찰하려고 밤늦게까지 잠을 자지 않았다.

일식(日蝕)[일씩]
명 달이 태양의 일부나 전부를 가리는 현상. solar eclipse / 日食 / 日蝕
일식을 맨눈으로 관찰하면 시력이 손상될 수 있다.

중력(重力)[중녁]

명 지구 중심으로부터 물체를 끌어당기는 힘. gravity / 重力 / 重力
높은 곳에서 공을 손에서 놓으면 아래로 떨어지는 것은 중력이 작용했기 때문이다.

직진(直進)하다[직찐하다]

동 앞으로 곧게 나아가다. to go straight ahead / 直行, 直射 / 直進する
두 번째 교차로에서 직진한 후에 좌회전하면 서점이 보일 거예요.

파동(波動)

명 음파, 빛과 같은 것이 둘레로 퍼져 나가는 현상. wave / 波动 / 波動, 波
콘서트에서 스피커 앞에 앉았는데 소리의 파동이 너무 커서 몸이 뒤로 밀리는 것 같았다.

포화 상태(飽和 狀態)

더 이상 수용할 수 없이 가득 찬 상태. saturated condition / 饱和状态 / 飽和状態
휴가철을 맞아 주요 관광지의 숙박 시설이 포화 상태가 되었다.

흡수(吸收)하다[흡쑤하다]

동 냄새나 물 등을 빨아들이다. to absorb / 吸收 / 吸収する
냉장고에 커피 가루나 식빵을 넣어 두면 음식 냄새를 흡수한다.

읽기

읽어 보세요 1

동상(凍傷)

명 심한 추위로 피부가 상처를 입는 일. frostbite / 冻伤 / 凍傷
김민호 씨는 손과 발에 동상을 입었음에도 불구하고 남극 탐험을 계속했다.

무심(無心)코

부 아무 의도나 생각 없이. without intention, thoughtlessly / 无意地 / 何気なく, 思わず, うっかり
무심코 한 말이 친구에게 상처를 줬다.

방지(防止)하다

동 어떠한 일이나 현상이 일어나지 못하도록 막다. to prevent / 防止, 防备 / 防止する
지구 온난화를 방지하기 위해서는 프레온 가스와 탄소 가스 배출을 규제해야 한다.

용기(容器)

명 물건을 담는 그릇. container / 容器 / 容器
환경을 보호하기 위해서는 종이 접시나 종이컵과 같은 일회용 용기의 사용을 줄여야 한다.

차단(遮斷)하다

동 막거나 끊어서 통하지 못하게 하다. to block / 切断, 阻隔 / 遮断する
커튼은 장식 효과도 있지만 햇빛이나 소음을 차단하는 효과도 있다.

읽어 보세요 2

상공(上空)

명 높은 하늘. sky (especially of higher a ltitude) / 空中, 上空 / 上空
서울 상공에 수천 마리의 새 떼가 나타나 시민들을 놀라게 했다.

입자(粒子)[입짜]

명 물질을 구성하는 아주 작은 물체. particle / 粒子 / 粒子
경포대 해수욕장의 모래는 입자가 작아서 피부에 닿는 느낌이 보드랍다.

자기 평가

1. 다음 중 아는 어휘에 √ 하세요.

□ 관성	□ 승화하다	□ 핵폐기물
□ 반사되다	□ 온실가스	□ 직진하다
□ 분산되다	□ 포화 상태	□ 지구 온난화
□ 대체 에너지	□ 원자력 발전소 / 원전	□ 방사능이 누출되다

2. 알맞은 표현을 골라서 문장을 완성해 보세요.

-기로서니　　-아/어 주십사 (하고)　　-자니　　인지라

1) 가 : 생활고에 시달리던 20대 엄마가 아이를 고아원 앞에 버렸대요.
   나 : 아무리 .... 아이를 버려서야 되겠어요? 어떻게 해서든 책임을 져야 지요.
2) 가 : 어젯밤에 집에 아무도 없어서 무섭지 않았어?
   나 : 그래. .... 좀 무섭더라.
3) 외국 유학을 가는 데 추천서가 필요해서 오랜만에 교수님을 찾아뵙고 .... 부탁드렸다.
4) 채소를 싫어하는 아이들도 자신이 직접 만든 .... 비빔밥을 정말 잘 먹었다.

3. 이 단원을 공부하고 여러분이 할 수 있게 된 것에 √ 해 보세요.

□ 글을 읽고 핵심적인 내용을 찾아 요약할 수 있다.
□ 다른 사람의 의견에 동의하거나 반박하면서 토론할 수 있다.
□ 과학 상식에 대한 칼럼과 설명문을 읽고 내용을 요약하거나 내용을 적용할 수 있다.
□ 라디오 대담을 듣고 내용을 파악할 수 있으며 토론을 듣고 찬반 의견을 파악할 수 있다.

정답

2. 1) 생활이 힘들기로서니 2) 혼자 집에 있자니 3) 추천서를 써 주십사 4) 음식인지라

보충 어휘

관용어(Ⅳ) 한국 문화와 사회를 이해하는 데 도움이 되는 관용어를 익혀 봅시다.

돼지 목에 진주 맞지 않거나 어울리지 않음, 혹은 가치를 모르는 사람에게 아무 소용이 없음.	**꿔다 놓은 보릿자루** 여럿이 모여 웃고 떠드는 가운데 혼자 조용히 앉아 있는 사람.
눈엣가시 몹시 밉거나 마음에 들지 않아서 눈에 거슬리는 사람.	**닭똥 같은 눈물** 뚝뚝 떨어지는 눈물.
물과 기름 성격이 너무 달라서 함께 어울리지 못하는 상태.	**빙산의 일각** 어떠한 큰 사건이나 일의 일부만 드러난 상태.
새 발의 피 일이 아주 하찮거나 양이 아주 적음.	**새빨간 거짓말** 전혀 근거 없는 거짓말.
엎질러진 물 이미 일어난 일이라 되돌릴 수 없음.	**옥에 티** 아주 좋은 것에 있는 사소한 문제점.

연습 1 다음 상황과 어울리는 관용어를 찾아보세요.

1)

① 닭똥 같은 눈물
② 돼지 목에 진주

2)

① 새빨간 거짓말
② 꿔다 놓은 보릿자루

보충 어휘

3)

① 옥에 티

② 엎질러진 물

4)

① 눈엣가시

② 새 발의 피

연습 2 다음 상황과 관련 있는 관용어를 써 보세요.

1) 내 동생은 아직 어려서 글자를 읽을 줄 모른다. 그런 동생에게 재미있는 이야기 책을 사 주더라도 필요 없을 것이다.

→ 돼지 목에 진주

2) 김복남 씨는 돈을 빌려주면 일주일 후 2배로 주겠다고 속여 사람들에게 돈을 뜯어냈다.

→

3) 김 과장님은 꼼꼼하시고 완벽하게 일 처리를 하신다. 반면 박 과장님은 추진력이 있어 무슨 일이든 빨리 처리하신다. 두 분은 이번 프로젝트를 함께 하게 되었는데 성격이 전혀 달라 결과가 어떨지 걱정이다.

→

4) A 중학교에서 학교 폭력으로 학생 5명이 구속되었다. 경찰 관계자는 이번 사건은 밝혀지지 않은 많은 학교 폭력의 극히 일부일 것이라고 말했다.

→

5) 뮤지컬 배우가 되고 싶어서 이번에 오디션을 봤는데 준비한 것에 비해 결과가 좋지 않았다. 이미 끝난 일을 후회해 봤자 아무 소용이 없으니 다음에 열심히 해야겠다.

→

6) 시누이는 언제나 나를 마음에 들어 하지 않는다. 내가 하는 일마다 트집을 잡고 혹시 잘못하는 일은 없나 하고 늘 감시한다.

→

연습 3 다음을 보고 대화를 완성해 보세요.

1)

2)

3)

4)

보충 어휘

연습 4 어울리는 표현을 골라 문장을 완성해 보세요.

물과 기름	돼지 목에 진주	꿔다 놓은 보릿자루
빙산의 일각	닭똥 같은 눈물	새빨간 거짓말

1) 200년 전에 만든 조선 백자 항아리를 며느리에게 선물했다. ....라더니 유물의 가치도 모르고 연필꽂이로 사용하고 있었다.

2) 평소 뛰어난 연기력을 인정받은 배우 서미나 씨는 감독의 큐 사인이 떨어지자마자 연기에 몰입해 ....을/를 흘렸다.

3) 멋진 무대를 보여 주었던 그룹 '가나다'가 해체를 선언해 충격을 주고 있습니다. 이 그룹의 주요 해체 이유는 A 씨와 B 씨의 성격 문제인 것으로 드러났습니다. 두 사람은 3년 전 활동 당시부터 ....같이 서로 어울리지 못했다고 합니다.

4) 경찰이 연쇄 살인범을 잡아 조사를 진행 중이다. 그는 다섯 건의 살인 사건을 자백했지만 경찰은 그것은 ....에 불과할 것이라고 판단하고 있다.

5) 남한은 쌀이나 옥수수로 대북 원조를 해 주려고 하지만 북한은 곡물 대신 돈으로 지원해 줄 것을 요구하고 있습니다. 또한 북한은 이 돈을 무기 구입 등으로 절대 사용하지 않을 것이라며 ....을/를 하고 있습니다.

6) 삼촌은 마흔이 넘도록 결혼을 못 했어요. 외모면 외모, 직업이면 직업 어느 것 하나 빠지는 게 없는데 맘에 드는 여자 앞에만 가면 말도 못 하고 눈도 마주치지 못해요. 선보러 나가서 매번 ....처럼 가만히 있으니 여자가 좋아할 턱이 없지요.

XIII 한국 사회의 문제

1 대학 교육의 정체성

주제 대학 교육관

어휘 교육의 목적과 내용

문법과 표현
- V-(으)ㄴ 끝에
- 어디 N뿐인가(요)?

듣기
- 뉴스 듣고 요지 파악하기
- 토론 듣고 인과 관계 파악하기

말하기
- 토론하기 3
  (의견 확인하기, 정리 및 요약하기)

2 인구와 사회 문제

주제 인구와 사회

어휘 인구 변화와 사회 문제

문법과 표현
- V-느니만 못하다
- V-아/어 봤자[봤댔자]

읽기 사설 읽고 개요 파악하기

쓰기
- 피동과 사동 표현에 유의하여 문장 쓰기
- 주장하는 글 쓰기 3
  (개요 작성하여 글 쓰기)

보충 어휘 혼동하기 쉬운 말 I

1 대학 교육의 정체성

주제
대학 교육관

어휘
교육의 목적과 내용

문법과 표현
· V-(으)ㄴ 끝에
· 어디 N뿐인가(요)?

듣기
· 뉴스 듣고 요지 파악하기
· 토론 듣고 인과 관계 파악하기

말하기
토론하기 3
(의견 확인하기, 정리 및 요약하기)

들어가기

이야기해 보세요

1. 두 대학의 신입생 모집 광고에 어떤 차이가 있습니까?

2. 여러분이 대학을 간다면 어느 대학을 선택하겠습니까? 그 이유는 무엇입니까?

어휘와 문법

읽어 보세요 track 29

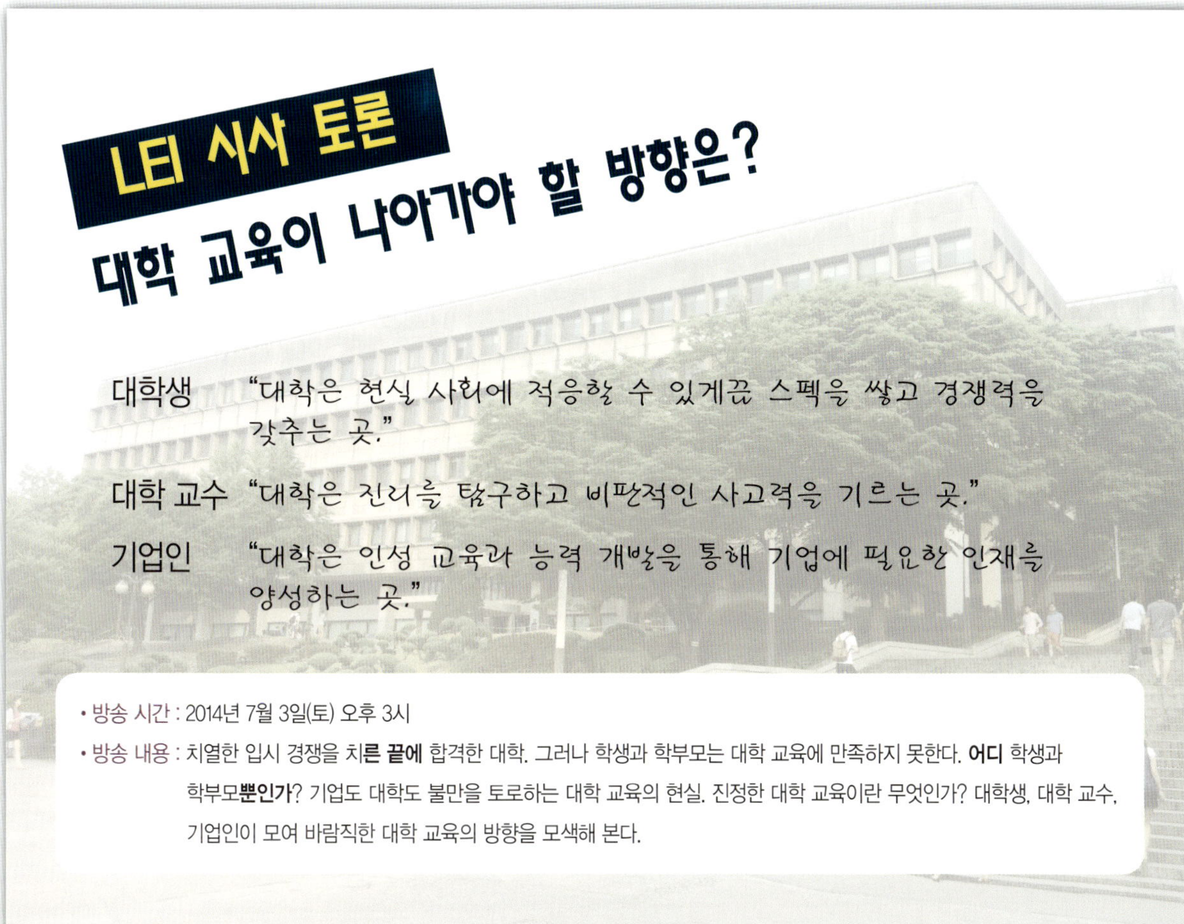

1. 토론의 주제는 무엇입니까?

2. 토론회에 참석하는 사람들은 대학 교육에서 무엇이 중요하다고 생각합니까?
   - 대학생 :
   - 대학 교수 :
   - 기업인 :

어휘를 연습해 보세요

가치관	창의력	인성 교육	사원 연수	실무 능력	취업률
부실하다	채용하다	경쟁력을 갖추다	사고력을 기르다	스펙을 쌓다	인재를 양성하다
지식을 습득하다	진리를 탐구하다	전문성을 갖추다			

1. 서로 관계있는 것끼리 연결해 보세요.

1) 인성 교육 •	• 우리 대학에서는 미래 환경 전문가를 키우기 위해 해당 학과에 진학하는 대학생에게 장학금을 지원하고 각종 교육 프로그램을 제공하고 있습니다.
2) 실무 능력 •	• 저는 좋은 학점을 받으려고 애쓰고 있어요. 또 앞으로 좋은 직장에 취업하기 위해서는 학점뿐만 아니라 어학 점수를 높이고 자격증을 따는 것도 중요하다고 생각해요.
3) 사고력을 기르다 •	• 우리 회사에서는 신입 사원을 채용할 때 이론적인 지식보다는 실제 업무를 처리하는 능력을 높이 평가합니다. 아무리 지식이 많아도 그것을 업무에 적용하지 못한다면 아무 소용이 없기 때문입니다.
4) 스펙을 쌓다 •	• 우리 학교에서는 학생들에게 좋은 성적을 받는 것보다 바른 마음을 갖고 무엇이 옳은 것인지를 알며 사람들과 원만한 관계를 유지하는 것이 더 중요하다고 교육하고 있습니다.
5) 인재를 양성하다 •	• 저는 아이가 질문을 하면 답을 바로 알려 주기보다는 어떻게 생각하는지, 왜 그렇게 생각하게 되었는지를 물어봐요. 아이가 문제에 대해 다양한 측면에서 생각해 보도록 하기 위해서지요.

문법과 표현을 연습해 보세요

1. V-(으)ㄴ 끝에

- 앞으로의 진로에 대해 결정을 하지 못하다가 고민한 끝에 유학을 가기로 했습니다.
- 한밤중에 낯선 시골길을 두 시간 넘게 걸은 끝에 겨우 마을을 찾을 수 있었습니다.

2. 어디 N뿐인가(요)?

- 군 가산점제는 군대에 가지 않는 여자에게 차별이 된다. 어디 여자뿐인가? 장애인이나 군대에 가지 못하는 남자들에게도 차별로 작용할 수 있다.
- 영화는 청소년들에게 큰 영향을 미칩니다.
  – 어디 영화뿐인가요? 드라마, 노래 같은 대중 매체의 영향력도 무시할 수 없지요.

1. 신문 제목을 보고 이야기해 보세요.

1)

포기하지 않고 다섯 번째 도전, 신기술 개발 성공

2)

일주일을 찾아 헤매다 잃어버린 아이 찾아

3)

인기 가수 K 씨, 유학 간 첫사랑 10년 동안 기다려 드디어 결혼

포기하지 않고 도전**한 끝에** 신기술 개발에 성공할 수 있었어요.

2. 다음과 같이 이야기해 보세요.

1)

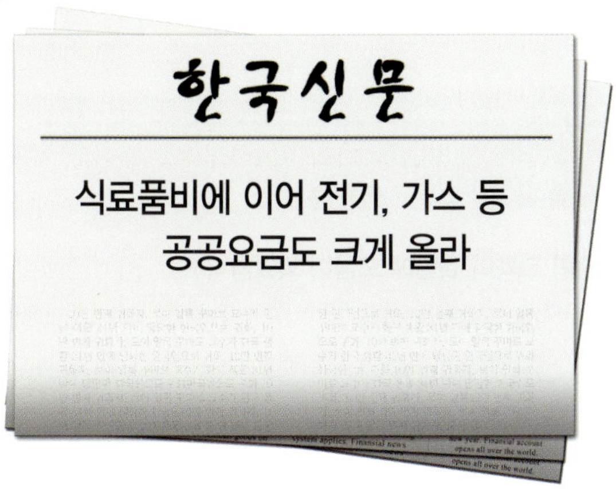
한국신문

식료품비에 이어 전기, 가스 등 공공요금도 크게 올라

식료품비가 올라서 생활비가 너무 많이 들어요.

어디 식료품비**뿐인가요**? 공공요금도 인상돼서 서민들의 삶이 더 힘들어졌어요.

2)

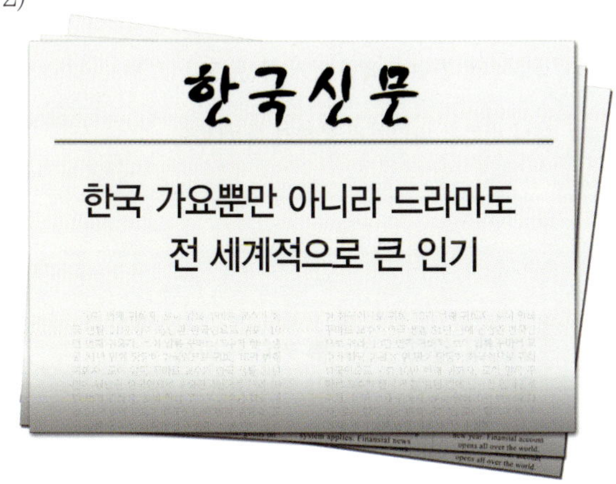
한국신문

한국 가요뿐만 아니라 드라마도 전 세계적으로 큰 인기

한국 가요가 전 세계에서 큰 인기를 끌고 있군요.

3)

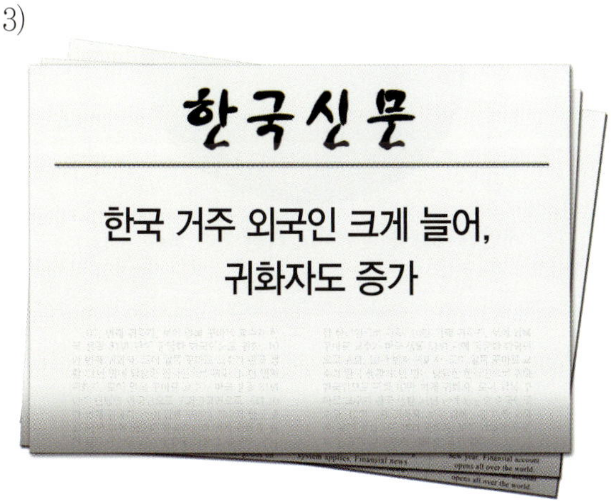
한국신문

한국 거주 외국인 크게 늘어, 귀화자도 증가

한국에 사는 외국인이 크게 증가했어요.

듣기

준비해 보세요

< 졸업생 대상 > (단위 : %)

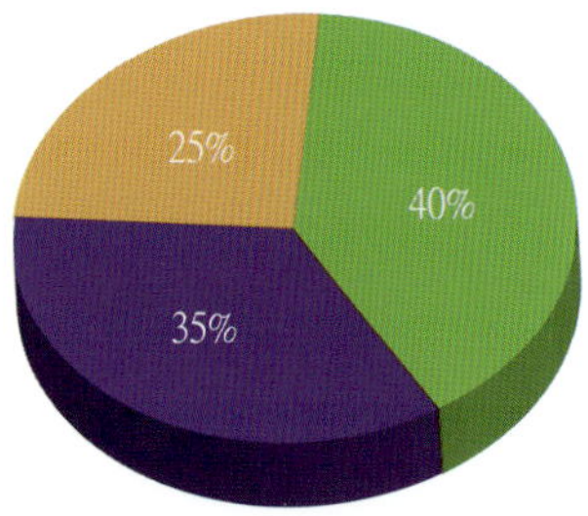

대학 교육이 취업에 도움이 되었습니까?

- 도움이 되었다(40%)
- 그저 그렇다(35%)
- 도움이 되지 않았다(25%)

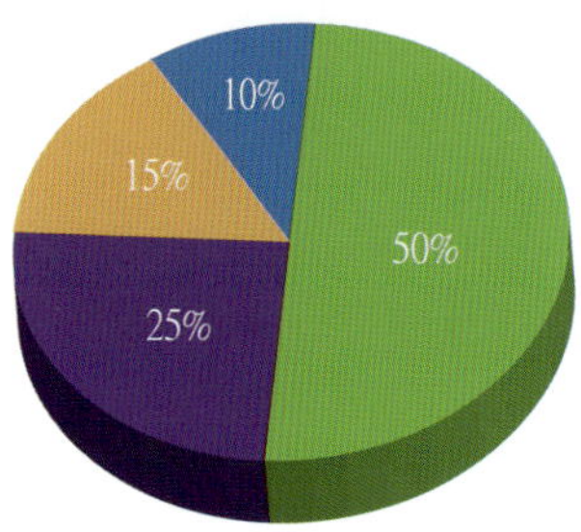

대학 교육이 취업에 도움이 되지 않았다고 생각하는 이유는 무엇입니까?

- 이론 중심적이기 때문(50%)
- 전공이 취업 분야와 다르기 때문(25%)
- 직무 수행 관련 교육이 없기 때문(15%)
- 사회 변화를 따라가지 못하기 때문(10%)

< 기업인 대상 > (단위 : %)

한국의 교육이 기업에 필요한 인재를 키워 내고 있다고 생각하십니까?

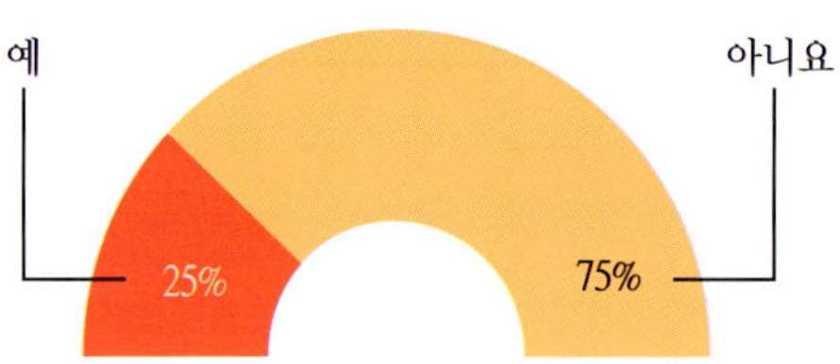

기업이 원하는 인재를 키우기 위해 어떤 교육이 강화돼야 합니까?

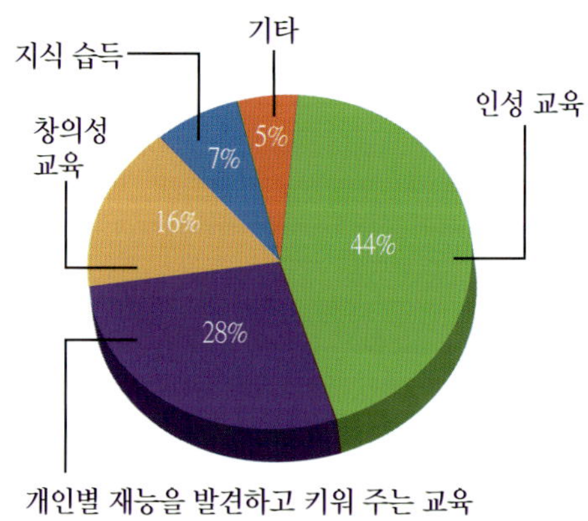

1. 무엇에 대해 조사했습니까?

2. 같은 질문에 대해 여러분은 어떻게 응답하겠습니까?

들어 보세요 1 track 30

다음은 대학 교육 문제에 관한 뉴스입니다. 잘 듣고 질문에 답해 보세요.

중심 내용 파악하기

1. 무엇에 대해 보도하고 있습니까?

세부 내용 파악하기

2. 들은 내용과 <u>다른</u> 것은 무엇입니까?

① 대학 교육이 취업에 도움이 되었다고 생각하는 응답자는 과반수이다.

② 대학 졸업생을 대상으로 대학 교육이 취업에 도움을 주었는가를 조사했다.

③ 응답자들은 대학의 이론 중심적인 교육이 취업에 도움이 되지 못한다고 생각한다.

④ 전공과 취업 분야가 다르거나 직무 수행 관련 교육이 없어서 대학 교육에 만족하지 못하는 경우도 있었다.

3. 이 뉴스에서 언급된 대학생들의 스펙은 무엇입니까? 모두 고르세요.

☐ 학점 ☐ 외모 ☐ 자격증 ☐ 군대 경험

☐ 동아리 ☐ 어학 능력 ☐ 봉사 활동 ☐ 해외 연수

들어 보세요 2 track 31

대학 교육에 대한 토론입니다. 잘 듣고 질문에 답해 보세요.

중심 내용 파악하기

1. 토론의 주제는 무엇입니까?

   ① 취업난과 학력 차별　　② 대학 교육의 정체성　　③ 대학생들의 진로 선택

인과 관계 파악하기

2. 두 사람은 대학 교육 문제의 원인과 결과를 어떻게 보고 있습니까?

	원인	결과
여자		현재 대학생들이 스펙 쌓기에만 열중함.
남자		

세부 내용 파악하기

3. 다음은 누구의 주장인지 √ 하세요.

주 장	여자	남자
▪ 대학은 지식을 습득하고 진리를 탐구하는 학문 연구 기관이다.		
▪ 대학에서 학생들의 실력을 키우고 인성 교육을 해야 한다.		
▪ 대학은 사회에서 경쟁력을 갖춘 인재를 길러 내는 곳이 되어야 한다.		
▪ 기업에서 필요한 기술은 신입 사원 교육을 통해서 기업이 가르쳐야 한다.		
▪ 대학은 가치관과 인생의 목표를 설정하는 매우 중요한 곳이다.		

이야기해 보세요

여러분 나라의 대학 교육에서 중요시하는 것은 무엇입니까?

실무 능력 교육　　인성 교육　　창의력 교육　　전공 지식 교육

말하기

의견을 확인하거나 정리, 요약하면서 토론해 보세요.

준비해 보세요

의견을 간단하게 정리하여 말해 보세요.

1. 대학은 이론만을 탐구하는 곳이 아닙니다. 대학은 사회가 원하는 인재를 양성해야 합니다. 졸업 후 진출하게 될 사회에서 경쟁력을 갖춘 인재를 길러 내는 곳이어야 합니다.

대학은 사회에 필요한 인재를 길러 내는 곳이어야 합니다.

2. 지금의 대학 교육은 많은 문제점을 가지고 있습니다. 특히 독창성과 창의력을 가진 인재를 길러 내지 못한다는 점이 가장 큰 문제입니다. 대학은 독창성과 창의력 교육은 하지 않고 지식만을 전달하는 기관이 되어 버렸습니다.

표현을 연습해 보세요

1. 다음은 다른 사람의 의견을 확인할 때 쓰는 표현입니다. 다음 표현을 사용하여 이야기해 보세요.

〈상대방 의견 확인하기〉
- 즉, ~다는 말씀이시죠?
- 그러니까(결국) ~다는 말씀이지요?
- ~다고 말씀하셨는데, 이것을 ~으로 받아들여도 되겠습니까?

대학이란 곳은 직업 교육을 하는 곳이 아니라 진리를 탐구하는 곳이 되어야 한다고 봅니다.

즉, 대학에서 진리를 탐구하는 교육을 해야 한**다는 말씀이시죠?**

1) 대학이란 곳은 직업 교육을 하는 곳이 아니라 진리를 탐구하는 곳이 되어야 한다고 봅니다.

2) 군대에 다녀왔다고 해서 혜택을 주는 것은 불합리하다고 봅니다.

3) 영화나 드라마에 대한 규제는 표현의 자유를 침해합니다.

2. 다음은 의견을 요약하거나 정리할 때 쓰는 표현입니다. 다음 표현을 사용하여 이야기해 보세요.

〈요약, 정리하기〉

- 한마디로 말씀드리자면 ~다는 것으로[~다 이렇게] 요약할 수 있습니다[~다고 정리할 수 있습니다].
- 지금까지의 논의는 ~다는 것으로[~다 이렇게] 정리해 볼 수 있겠습니다.

한마디로 말하자면 대학이 직업 교육도 담당해야 한**다는 것으로 요약할 수 있습니다.**

1) 대학은 사회와 기업에 필요한 인재를 양성하는 곳입니다. 대학이 직업 교육을 소홀히 해서는 안 됩니다.

2) 다국적 기업은 저개발국의 값싼 노동력과 농산물을 착취하고 있습니다. 저개발국 농민들을 보호하기 위해서 공정 무역이 필요합니다.

3) 석탄과 석유와 같은 화석 연료는 고갈되어 가고 있습니다. 지금처럼 화석 연료에 의존하는 생활은 얼마 남지 않았습니다. 대체 에너지 개발이 시급합니다.

토론해 보세요 clip 4

1. 다음 중 관심 있는 주제를 선택해 자신의 입장을 정해 보세요.

대학 교육의 목적은 무엇인가?	□ 대학 교육의 목적은 사회와 기업이 필요로 하는 인재를 양성하는 것이다. □ 대학 교육의 목적은 다양한 경험과 폭넓은 사고로 학생들이 가치관을 정립하게 하는 것이다.
학교에서 체벌이 필요한가?	□ 아이의 올바른 가치관 정립을 위해서 체벌은 필요하다. □ 아이의 인격 형성에 나쁜 영향을 미칠 수 있으므로 체벌을 금지해야 한다.
사형 제도는 폐지되어야 하는가?	□ 사형 제도는 인간의 존엄성과 인권에 위배되는 형벌이다. □ 사형 제도는 범죄를 예방하고 범죄율을 낮추는 데에 효과적이다.

2. 같은 주제를 선택한 친구와 의견을 나누면서 근거를 보충해 보세요.

> 어느 기관이든 기관의 목적에 충실해야 합니다. 대학은 올바른 가치관 정립과 학문 탐구의 장이지 취업을 위한 장소가 아닙니다. 대학에서 기업에 맞는 인재를 기르라는 것은 대학 목적과 취지에도 맞지 않습니다.

> 저도 같은 생각이에요. 대학 4년은 자신의 전공 탐구에 바쳐도 부족한 시간입니다. 직업 교육을 희망하는 사람은 전문계고나 전문 대학으로 진학했어야 했습니다.

3. 사회자, 토론자로 역할을 나누어 선택한 주제에 대해 토론해 보세요.

토론자		
	의견 제시 (찬성 입장)	저는 대학이 진리 탐구보다 사회에 필요한 인재를 양성해야 한다고 봅니다. 기업을 대상으로 한 조사 결과에서도 확인할 수 있듯이 (…)
	반론 I (반대 입장)	즉 대학 교육에서 직업 교육이 반드시 필요하다는 말씀이시죠? 저는 생각이 조금 다른데요. 학생들은 취업 준비보다는 대학에서 자유롭게 공부하고 진리를 탐구할 수 있는 기회를 가져야 한다고 봅니다.
	반론 II (찬성 입장)	물론 대학에서는 일차적으로 학문을 탐구해야 하지만 학생들의 졸업 후 사회 진출도 고려해야 합니다. 대학은 사회가 필요로 하는 인재를 기를 책임이 있고, 실습 및 현장 학습 위주의 교육을 통해 업무 능력을 길러 주는 역할을 해야만 합니다. 한마디로 말씀드리자면 대학은 바른 인성과 창의력을 가진 우리 사회의 인재를 길러 내야 한다는 것으로 요약할 수 있습니다.
	반론 III (반대 입장)	대학이 직업 교육을 함께 해야 한다는 의견에 동의하지 않습니다. 대학은 연구 기관이지 취업 기관이 아닙니다.

어휘와 표현

1. 대학 교육의 정체성

● 어휘

가치관(價値觀)

명 인간이 세계나 사물을 보는 입장이나 시각. one's values / 价值观 / 価値観

집안일은 여자가 해야 한다는 남성 중심적인 가치관이 아직도 사라지지 않고 있다.

경쟁력(競爭力)을 갖추다 [경쟁녁]

상대와 경쟁해 이길 수 있는 힘을 갖고 있다. to have competitiveness / 有竞争力 / 競争力を備える

우리 회사 제품은 성능이 뛰어날 뿐만 아니라 가격도 비싸지 않아서 어느 회사의 제품과 비교해 봐도 경쟁력을 갖추고 있다.

부실(不實)하다

형 충실하지 않고 모자라다. to be unsatisfactory, to be insufficient / 不充实, 有不足的地方 / 手抜きだ, 不誠実だ

새로 나온 요리책은 겉표지는 화려하지만 내용이 부실해서 그런지 인기가 없다.

사고력(思考力)을 기르다

사물의 이치를 생각하고 깨닫는 힘을 키우다. to develop the ability to think / 培养思维能力 / 思考力を育てる

우리 학교에서는 학생들의 사고력을 기르기 위해 신문과 책을 읽게 하고 이를 바탕으로 토론 수업을 하고 있다.

사원 연수(社員硏修) [사원년수]

직원을 대상으로 업무 능력을 키우기 위해 하는 교육. training program for employees / 职员进修 / 社員研修

올해 우리 회사의 신입 사원 연수를 내일부터 열흘 동안 실시할 예정이다.

스펙을 쌓다 [싸타]

직업을 구하기 위해 학력, 학점, 자격증과 같은 조건을 갖추다. to gain job qualifications, such as a good GPA, diploma, license, etc./ 为求职而努力获得学历, 学分, 资格证书等 / スペックを積み上げる(就職のため学歴, 成績, 資格等の条件を良くする)

요즘 대학생들은 전공 공부보다는 취업에 필요한 좋은 학점, 어학 점수, 자격증 등 스펙을 쌓기 위해 열심히 노력하는 것 같다.

실무 능력(實務能力) [능녁]

실제로 업무를 해내는 능력. practical business skills / 处理实际业务的能力 / 実務能力

평사원 출신인 우리 회사 사장님은 경험이 풍부하고 실무 능력이 뛰어나다는 평가를 받고 있다.

인성 교육(人性敎育)

좋은 인품을 갖추도록하는 교육. character development (education of) / 人格教育, 品德培养 / 道徳教育

학생들에게 성적만을 강조하고 인성 교육을 하지 않는다면 자기만 잘되려고 하는 이기적인 사람이 될 것이다.

인재(人材)를 양성(養成)하다

능력 있는 사람으로 키우다. to cultivate a talented individual / 培养人才 / 人材を養成する

우리 대학에서는 사회에 필요한 인재를 양성하기 위해 노력하고 있다.

전문성(專門性)을 갖추다 [전문썽]

어떤 분야에 대한 깊이 있는 지식과 경험을 갖다. to possess expertise / 具备专业性 / 専門性を備える

어떤 분야에서 성공하려면 뛰어난 실력과 전문성을 갖추는 것이 중요하다.

지식(知識)을 습득(習得)하다 [습뜨카다]

교육이나 경험 등을 통해 지식을 배우고 익히다. to gain knowledge / 获取知识 / 知識を習得する

우리 병원에서는 예비 부모들을 대상으로 〈1일 부모 교실〉을 열어 육아에 대한 기본적인 지식을 습득할 수 있도록 돕고 있다.

진리(眞理)를 탐구(探究)하다 [질리]

보편적인 원리나 지식을 깊이 연구하다. to seek the truth / 探究真理 / 真理を探求する

대학은 이익이나 목적을 따지지 않고 진리를 탐구하는 곳이다.

창의력(創意力)[창의력/창이력]

명 새로운 생각을 해내는 능력. creativity / 创意 / 創造力

우리 회사는 교과서적 지식을 가진 사람보다 창의력을 가진 사람을 필요로 합니다.

채용(採用)하다

동 사람을 뽑아서 쓰다. to employ / 录用 / 採用する

신문을 읽다가 대기업에서 주부 사원을 채용한다는 광고를 보게 되었다.

취업률(就業率)[취엄뉼]

명 전체 인원 중 취업한 사람의 비율. employment rate / 就业率 / 就業率

대학 졸업자 중 여성보다 남성의 취업률이 더 높은 편이다.

● 듣기

■ 들어 보세요 1

인사(人事)

명 직원을 뽑거나 그만두게 하거나 평가하는 일. human resources affairs / 人事 / 人事

박 부장은 회사에서 인사를 담당하고 있어서 사람을 잘 다루고 평가할 수 있다.

치열(熾烈)하다

형 기운이 불같이 심하다. to be fierce / 激烈的 / 熾烈だ

한국은 대학 입시 경쟁이 매우 치열해 고등학교 3학년이 되면 힘들게 지낸다.

험난(險難)하다

형 매우 고생스럽다. to be rough and difficult / 艰险，艰难 / 険しく苦しい

자기 분야에서 최고가 되는 길은 매우 험난하므로 끈기를 가지고 노력하지 않으면 안 된다.

● 말하기

사형(死刑)

명 범인의 목숨을 빼앗는 형벌. death penalty / 死刑 / 死刑

끔찍한 살인과 성폭행을 저지른 범인에게 사형이 선고되었다.

체벌(體罰)

명 잘못된 행동을 고쳐 주려고 학생이나 자녀에게 신체적인 고통을 줌. corporal punishment / 体罚 / 体罰

일부 학부모들은 교사의 체벌이 학생 지도에 필요하다고 생각한다.

2

주제
인구와 사회

어휘
인구 변화와 사회 문제

문법과 표현
- V-느니만 못하다
- V-아/어 봤자[봤댔자]

읽기
사설 읽고 개요 파악하기

쓰기
- 피동과 사동 표현에 유의하여 문장 쓰기
- 주장하는 글 쓰기 3 (개요 작성하여 글 쓰기)

인구와 사회 문제

들어가기

이야기해 보세요

1. 한국 인구에서 노인 인구의 비중은 어떻습니까?

2. 앞으로 한국 사회에는 어떤 문제가 예상됩니까?

어휘와 문법

읽어 보세요 track 32

명사와의 만남

당신의 미래는 안녕하십니까? 고령화로 보는 우리 사회의 미래

강연회

명사와의 만남 다섯 번째 시간입니다. 이번 수요일에 서울노인연대 서재덕 대표를 모시고 〈고령화와 미래 사회〉라는 주제로 강연회를 열게 되었습니다.

서울대학교 사회복지학과 교수를 지낸 서 대표는 정부가 새롭게 내놓은 노인 복지 정책은 안 하**느니만 못한** 정책이며 그러한 정책을 실행**해 봤자** 예산 부족으로 오래가지 못할 것이라고 강력히 비판해 왔습니다.

이번 강연회에서는 노동 생산성 감소, 고령 인구의 의료비 급증 등 고령화에 따른 사회 문제를 소개하고 바람직한 노인 복지 정책도 제안할 예정입니다. 많은 참여 바랍니다.

일시 2015년 7월 5일 일요일
장소 푸른숲 빌딩 3층 회의실
참여 선착순 마감. 댓글로 이름을 남겨 주세요.

☐ 오늘은 이 창을 열지 않습니다. ☒

1. 무엇에 대한 강연회입니까?

2. 이 강연회의 강사는 어떤 제안을 할 예정입니까?

어휘를 연습해 보세요

출산율	저출산	평균 수명	고령화 사회	복지 정책	복지 제도
노동력	생산성	연금	실버산업	경로 우대	노후 대책
부양하다	퇴직하다	일자리가 줄어들다	출산을 장려하다	생계를 꾸려 나가다	정년을 연장하다

1. 서로 관계있는 것끼리 연결해 보세요.

1) 실버산업	•	• 노인들의 인구가 증가하면서 건강 용품, 요양 시설 등과 같이 노년층을 대상으로 하는 산업이 발달하고 있어요.
2) 저출산	•	• 인구에서 노인이 차지하는 비율이 14% 이상이 되면서 노인을 위한 다양한 복지 정책이 세워져야 한다는 목소리가 커지고 있습니다.
3) 경로 우대	•	• 저는 꽃을 좋아해서 퇴직 후에 작은 꽃집을 하려고 돈을 모으고 있습니다. 꽃집을 운영하면 퇴직 후에 심심하지도 않고 돈도 벌 수 있으니까요.
4) 고령화 사회	•	• 최근 젊은 부부들이 아이를 낳지 않거나 하나만 낳아 인구가 감소하고 있어서 큰일이에요.
5) 노후 대책	•	• 만 65세 이상의 노인들에게는 박물관이나 고궁과 같은 공공시설의 입장료, 대중교통 요금 등이 할인되거나 무료입니다.

문법과 표현을 연습해 보세요

1. V-느니만 못하다

· 진심이 없는 사과는 아예 안 하느니만 못하다.
· 맛없는 음식을 먹는 것은 굶느니만 못하다.

2. V-아/어 봤자[봤댔자]

· 외국인이 사투리를 알아들어 봤자 얼마나 이해하겠어요?
· 시험이 내일인데 오늘 밤부터 열심히 공부해 봤댔자 좋은 성적을 받을 리 만무하다.

1. 신문 제목을 보고 이야기해 보세요.

1)

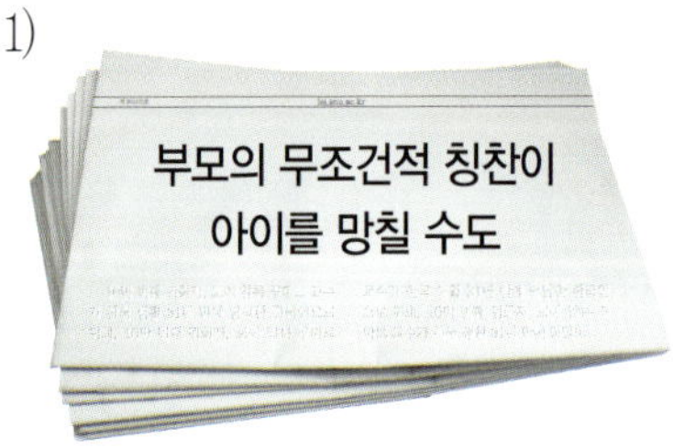

2)

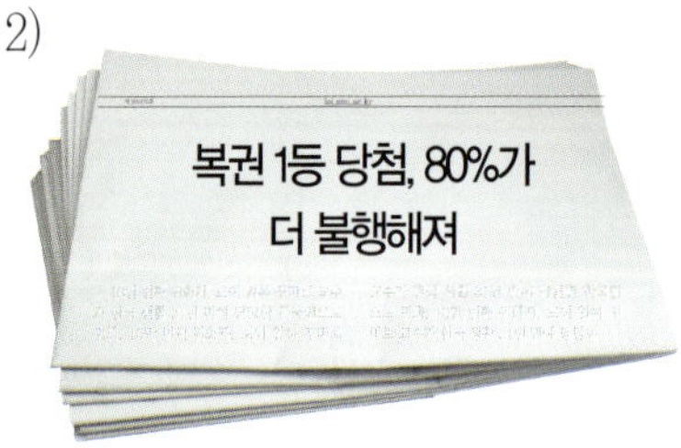

3)

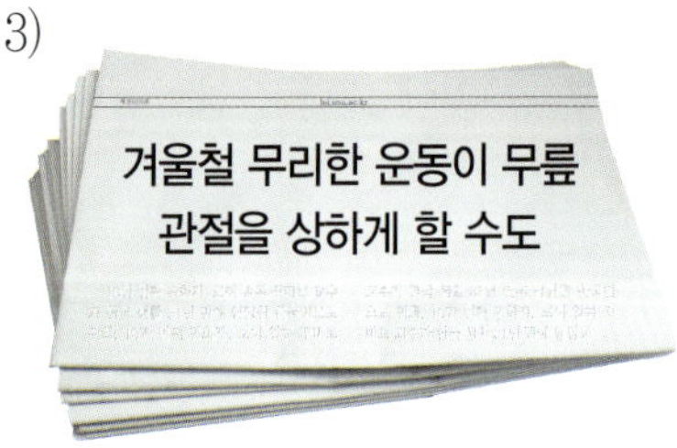

칭찬이 아이에게 언제나 좋은 것은 아닙니다. 무조건적인 칭찬은 안 하**느니만 못합니다.**

2. 다음 상황을 보고 이야기해 보세요.

1) "외국인이 한국어를 잘한다고 해도……."

외국인이 한국말을 잘**해 봤자** 얼마나 잘하겠느냐고 하던 심사 위원들이 참가자들의 한국어 실력에 깜짝 놀랐습니다.

2) "공사가 빨리 끝난다고 해도 예산 낭비……."

3) "아이가 많이 먹는다고 해도 어른보다는……."

읽기

준비해 보세요

1. 무엇에 대한 기사입니까?

2. 이 기사에 대한 여러분의 생각은 어떻습니까?

읽어 보세요 track 33

다음은 고령화 사회에 대한 사설입니다. 글을 읽고 질문에 답해 보세요.

가 대한민국이 급속도로 고령화 사회로 바뀌고 있다. 한국은 2026년에 인구의 20%가 65세 이상인 초고령 사회가 될 것으로 예상된다. 급속한 인구 변화만큼 국가의 재정 부담이 가속화되고 국가 경쟁력도 떨어질 수밖에 없다. 국가의 재정 부담을 줄이려면 노인들이 스스로 살아갈 수 있도록 일할 기회를 주어야 하는데 현실은 그렇지가 않다.

나 기업의 정년을 조사한 결과에 따르면 95.3%의 기업에 정년 제도가 있고 평균 정년은 56.8세라고 한다. 퇴직자들 대부분이 노후를 국민연금에 의존하고 있는데 한국의 상당수 근로자는 연금 지급 개시 연령인 60세 이전에 정년을 맞는다. 또한 한국의 남녀 평균 수명은 80세 전후이니 정년 후 20년을 일 없이 연금으로만 지내야 하는 것이다. 평균 수명이 늘어나 충분히 일할 수 있는 나이임에도 불구하고 노동력을 활용할 수 없다는 것은 큰 국가적 손실이다. 미래에 저출산으로 인구가 줄어들어 노동력이 부족해질 것을 고려한다면 정년을 연장하는 것은 고령화 사회에 꼭 필요한 일이다.

다 그러나 기업들은 인건비 부담과 인사 적체를 이유로 정년 연장을 꺼리고 있다. 인건비 증가 문제는 임금 피크제로 해결할 수 있다. 임금 피크제란 경력이 일정 기간을 넘으면 임금 인상을 제한하는 것이다. 또한 일정 연령이 되면 임원을 맡지 않는 것으로 인사 적체 문제도 충분히 해결할 수 있다.

만약 정년 연장을 하게 되면 신규 인력 채용이 줄어 젊은이들의 일자리가 감소할 것이라는 우려의 목소리도 있다. 그러나 정년을 몇 년 연장해 봤자 젊은 층의 일자리가 줄어드는 것은 고작 2~3년뿐으로 장기적인 관점에서 보면 신규 채용에 영향을 주지는 않을 것이다. 정년 연장의 혜택을 받은 사람들도 2~3년 후에는 퇴직을 하게 되고 그러면 다시 새로운 일자리가 젊은 층에게 돌아가기 때문이다.

라 고령화 · 저출산 시대의 가장 효과적인 해결책은 은퇴 속도를 늦추는 것이다. 정년을 연장하게 되면 국가는 노인층에 들이는 복지 비용을 줄일 수 있고 세금을 더 걷어 재원을 마련할 수 있게 된다. 근로자는 자신의 힘으로 생계를 꾸려 나갈 수 있으며 기업은 숙련된 경력 사원을 별도의 교육 없이 활용할 수 있다는 장점이 있다. 젊은 층이 노인 인구를 부양하는 부담도 감소할 것이다.

마 급속도로 고령화가 진행되는 현 상황에서 아직도 충분히 일할 수 있는 노인층을 연금 생활자로 만드는 것은 비효율적이다. 정부의 부족한 노인 수당 지급은 노인층에게 일자리를 제공하느니만 못한 일이다. 확실하게 정년을 보장하고 노후를 좀 더 생산적으로 보낼 수 있게 해 주는 것이 고령화 사회를 대비하는 지혜가 될 것이다.

개요 파악하기

1. 다음은 이 글의 개요입니다. 알맞은 내용을 연결해 보세요.

가 문제 상황	• •	한국 기업의 평균 정년은 57세로 노동력을 활용하기 위해 정년 연장이 필요함.
나 자신의 입장 제시	• •	일자리 제공보다 좋은 복지는 없으므로 정년 연장을 통해 고령화 사회를 대비해야 함.
다 반대 입장 반박	• •	고령화 사회가 되면 국가의 재정 부담이 늘어나므로 노인이 스스로 생활할 수 있도록 일자리를 보장해야 함.
라 자신의 주장과 근거 제시	• •	정년을 연장하면 복지 비용과 노인 부양 부담이 감소하고 기업은 숙련된 노동력을 제공받을 수 있음.
마 제언	• •	인건비 부담과 인사 적체, 신규 채용 감소를 우려하고 있지만 임금 피크제와 임원의 연령 제한 등으로 해결할 수 있음.

중심 내용 파악하기

2. 글쓴이가 주장하는 것은 무엇입니까?

① 임금을 인상해야 한다.
② 정년을 연장해야 한다.
③ 청년 실업 문제를 해결해야 한다.
④ 연금 개시 연령을 연장해야 한다.

세부 내용 파악하기

3. 글쓴이의 주장에 대한 근거는 무엇입니까? 모두 고르세요.

- ☐ 인건비가 증가한다.
- ☐ 신규 인력 채용이 줄어든다.
- ☐ 복지 비용 지출을 줄일 수 있다.
- ☐ 젊은 층의 노인 인구 부양 부담이 감소한다.

4. 정년 연장에 대해 반대하는 사람들의 주장과 이에 대한 글쓴이의 반론은 무엇입니까?

- 기업
- 젊은 층

이야기해 보세요

1. 여러분 나라의 인구는 몇 명입니까? 인구와 관련된 정책에는 어떤 것이 있습니까?

2. 여러분 나라 사람들의 평균 정년은 몇 살입니까? 여러분은 정년 연장에 대해 어떻게 생각합니까?

쓰기

개요를 작성하여 주장하는 글을 써 보세요.

준비해 보세요

다음 문장에서 어색한 부분을 찾아 바르게 고쳐 보세요.

1. 저는 저녁을 조금 먹고 자면 항상 밤에 배가 고파서 깨웠어요.

2. 내 동생은 영수증을 한 달 동안 모여서 월말에 한꺼번에 처리한다.

3. 이 화초는 물을 자주 주지 않으면 금방 말라질 테니 신경 써서 관리하세요.

4. 좋은 경치를 보면 기분도 좋고 스트레스도 푸니까 주말에 같이 여행 가기로 했어요.

연습해 보세요

1. 다음 개요를 보고 관계있는 것끼리 연결한 후 주장하는 글의 서론, 본론, 결론에는 어떤 내용이 들어가는지 이야기해 보세요.

〈개요〉	〈내용〉
1. **서론** 1) 전기 사용량이 늘어나면서 에너지 위기가 다가오고 있다.	문제 상황
2) 앞으로 원자력 발전을 늘려야 한다.	나의 입장
2. **본론** 1) 원자력 발전이 위험하다는 주장이 있지만 관리만 잘하면 안전에는 위험이 없다.	제언
2) 원자력 발전은 발전 과정의 비용을 절약할 수 있어서 매우 경제적이고 효율적이다.	나의 주장과 근거 제시
3. **결론** 원자력 발전은 에너지 문제를 해결할 수 있는 최선의 방법이다.	반대 입장 근거 비판

2. 다음 개요를 보고 빈칸의 내용을 예상하여 이야기해 보세요.

1)

1. **서론**

문제 상황 외모만을 중시하는 사회가 되었다.

나의 입장 사람을 평가할 때 외모보다는 실력을 더 중시해야 한다.

2)

1. **서론**

문제 상황 환경 오염이 심각해지고 있다.

나의 입장 ______________________________.

3)

1. **서론**

문제 상황 저출산, 고령화 문제가 심각해지고 있다.

나의 입장 ______________________________.

3. 다음 개요를 보고 빈칸의 내용을 예상하여 이야기해 보세요.

1)

2. **본론**

반대 입장 근거 비판 외모도 경쟁력이라는 말이 있지만 외모로 사람을 평가하는 것은 외모 중시 풍조를 부추기고 비합리적이다.

나의 주장과 근거 제시 외모가 아닌 실력으로 사람을 평가하게 되면 사람이 공평한 기회를 가질 수 있게 된다.

2)

2. **본론**

반대 입장 근거 비판 환경 보호를 위해서는 국가적인 정책이 가장 중요하다는 주장이 있지만 개개인의 생활 습관을 고치지 않고서는 환경 오염 문제를 해결할 수 없다.

나의 주장과 근거 제시 ______________________________.

3)

2. **본론**

반대 입장 근거 비판 출산 문제는 개인의 의식을 바꾸는 운동이 더 필요하다는 의견도 있는데 현실적인 정부 정책이 없으면 큰 효과가 없다.

나의 주장과 근거 제시 ______________________________.

4. 결론의 내용을 예상하여 이야기해 보세요.

1) 3. **결론**

(제언) 외모보다 실력과 내면을 중시하는 사회를 만들어야 한다.

2) 3. **결론**

(제언) ______________________________.

3) 3. **결론**

(제언) ______________________________.

써 보세요

1. 주장하는 글을 쓰려고 합니다. 아래에서 주제를 골라 자신의 의견을 이야기해 보세요.

제 201115호 20XX년 5월 6일 (금)

경로 우대인가, 지나친 복지 제도인가?

65세 이상의 많은 노인들이 무료로 지하철을 이용하게 됨에 따라 지하철 운영의 적자 상태가 계속되고 있다. 계속해서 이 제도를 운영하는 것이 바람직한가 하는 문제가 논란이 되고 있다.

제 201115호 20XX년 5월 6일 (금)

교육적 체벌은 가능한가?

학교 폭력, 집단 따돌림 문제 등이 심각해지면서 학교에서 교육적인 체벌이 허용되어야 한다는 의견이 제기되고 있다. 교육적인 의미의 체벌은 가능할지, 가능하다면 그 기준은 어떻게 정할지가 논란이 되고 있다.

제 201115호 20XX년 5월 6일 (금)

폭력 영화와 모방 범죄의 상관성은?

폭력 영화는 단순히 영화로 끝나는가? 아니면 범죄로 이어질 수 있는가? 폭력 영화와 모방 범죄의 상관성에 대한 논란이 끊임없이 제기되고 있다.

2. 서론, 본론, 결론으로 나누어 개요를 작성해 보세요.

개요

1. **서론**
   1) 전기 사용량이 늘어나고 있다.
   2) 앞으로 원자력 발전을 늘려야 한다.

2. **본론**
   1) 원자력 발전이 위험하다는 주장이 있지만 관리만 잘하면 안전에는 위험이 없다.
   2) 원자력 발전은 발전 과정의 비용을 절약할 수 있어서 매우 경제적이고 효율적이다.

3. **결론**
   원자력 발전은 에너지 문제를 풀 수 있는 최선의 방법이다.

개요

1. **서론**

2. **본론**

3. **결론**

3. 위의 개요를 보고 주장하는 글을 써 보세요.

주제			
주제	서론	문제 상황 나의 입장	각종 전자 제품의 보급과 산업의 발달로 전기 사용량이 늘어나면서 에너지 부족 문제가 심각해지고 있으며 이는 국가적 위기로 인식되고 있다. 많은 에너지를 저렴한 비용으로 생산할 수 있는 원자력 발전소를 늘려야 한다.
	본론	반대 입장 근거 비판	핵폐기물 처리나 관리 문제를 들어 원자력 발전이 위험하다는 주장이 있지만 미리 대비하고 관리만 잘하면 안전하다고 본다.
		나의 주장과 근거 제시	원자력 발전은 수력이나 화력 발전보다 훨씬 저렴하다. 즉 발전 과정의 비용을 절약할 수 있어서 매우 경제적이고 효율적이다.
	결론	제언	원자력 발전은 이 시대의 에너지 문제를 풀 수 있는 최선의 방법이다.

어휘와 표현

2. 인구와 사회 문제

● 어휘

경로 우대(敬老優待) [경노우대]
노인을 잘 대우함. respectful treatment of elders / 优待老人，敬老 / 敬老優待
노인들은 미술관이나 박물관에서 경로 우대로 요금을 할인받을 수 있다.

고령화 사회(高齡化社會)
노인 인구의 비율이 전체 인구 비율에서 7%를 차지하는 사회. aging society / 老龄化社会 / 高齢化社会
고령화 사회에서는 노동 생산성의 감소와 복지비의 상승 등의 문제가 나타난다.

노동력(勞動力)[노동녁]
명 어떤 것을 만들어 내는 인간의 정신적, 육체적 능력과 힘. labor force / 劳动力 / 労働力
1970년대 한국은 값싸고 풍부한 노동력으로 경제 발전을 이룰 수 있었다.

노후 대책(老後對策)
나이가 들었을 때를 대비하기 위한 방법. retirement plan / 应对老年生活的对策 / 老後対策
대부분의 장년층이 노후 대책을 세우지 못하고 퇴직을 맞는 경우가 많다.

복지 정책(福祉政策) [복찌]
건강하고 행복한 생활을 할 수 있도록 정부나 사회가 사람들을 돕는 방법이나 수단. welfare policy / 福利政策 / 福祉政策
정부는 가난한 사람들에게 골고루 혜택이 돌아가도록 새로운 복지 정책을 내놓았다.

복지 제도(福祉制度) [복찌]
건강하고 행복한 생활을 할 수 있도록 돕는 정부나 사회의 규칙이나 법률. welfare system / 福利制度 / 福祉制度
북유럽 국가들은 복지 제도가 잘 되어 있지만 그 복지 제도를 유지하기 위해 국민들에게 높은 세금을 부과한다.

부양(扶養)하다
동 스스로 생활할 수 없는 사람을 돌보다. to support / 抚养，赡养 / 扶養する
한국의 전통 사회에서는 장남은 부모를 부양할 의무가 있었다.

생계(生計)를 꾸려 나가다
삶을 이어 나가다. to make a living / 营生 / 生計を営む
아버지가 돌아가시자 어머니는 식당 일로 어렵게 생계를 꾸려 나가셨다.

생산성(生産性)[생산썽]
명 생산의 효율성. productivity / 生产率，生产效益 / 生産性
대기업에서는 근로자의 일할 의욕과 생산성을 높이기 위해 성과급 제도를 실시하고 있다.

실버산업(silver産業)
명 노인을 위한 상품을 만들거나 판매하거나 의료, 복지 시설을 세우는 등의 산업. industry aimed for the aged / 银发产业，以老年人为服务对象的产业 / シルバー産業
고령화 사회가 되면 노인을 대상으로 하는 실버산업이 발전할 것이다.

연금(年金)
명 정부나 회사에서 개인의 퇴직 후를 대비하기 위해 주는 돈. pension / 退休金，养老金 / 年金
국가 경제가 어려워지면서 정부가 연금을 줄이겠다고 발표하자 국민들이 거세게 반발했다.

일자리가 줄어들다 [일짜리]
일할 수 있는 직업의 수가 줄다. to decline in the number of jobs / 就业岗位减少 / 職(就職口)が減る
경제가 어려워지자 일자리가 줄어들어 서민들이 생계를 유지하기가 어려워졌다.

저출산(底出産)[저출싼]
명 일정 수준보다 아이를 적게 낳음. low birthrate / 低出生率 / 低出生率
1950년대에는 가임 여성 한 명당 5명의 아이를 낳았으나 최근에는 1.3명으로 크게 줄어 저출산 문제가 심각하다.

정년(停年)을 연장(延長)하다
직장에서 직원이 퇴직하도록 정해져 있는 나이를 늦추다. to extend the retirement age / 延长退休年龄 / 定年(停年)を延長する
한 공기업이 65세까지 정년을 연장하기로 하자 노동계는 환영했다.

출산율(出産率)[출싼뉼]
명 아기를 낳는 비율. birthrate / 生育率 / 出産率
한국 전쟁 이후 출산율이 급등해 베이비 붐이 일어나기도 하였다.

출산(出産)을 장려(奬勵)하다 [출싼] [장녀하다]
아이를 낳도록 권하거나 북돋다. to encourage women/families to have children / 鼓励生育 / 出産を奨励する
정부는 출산을 장려하기 위해서 출산 비용과 보육비를 적극적으로 지원하고 있다.

퇴직(退職)하다[퇴지카다]
동 회사를 그만두다. to retire, to resign / 退休，辞职 / 退職する
아버지는 퇴직하신 후에 조그마한 가게를 운영할 계획이다.

평균 수명(平均壽命)

사람들이 평균적으로 사는 기간. average life span / 平均寿命 / 平均寿命

생활이 편리해지고 의학이 발달하면서 평균 수명이 늘고 있다.

● 읽기

■ 읽어 보세요

국민연금(國民年金)[궁민년금]

명 나이가 들어 퇴직하거나 질병으로 인해 소득이 없을 때를 대비해 매달 소득의 일부분을 내고 노후에 그 돈을 매달 받는 한국의 연금 제도. National Pension / 为了应对因退休或因疾病而没有收入来源的情况，将每月收入的一部分作为养老资金的韩国制度 / 国民年金

소득이 일정하지 않은 사람들은 매달 돈을 내는 것에 부담을 느끼기 때문에 국민연금에 가입하기가 쉽지 않다.

숙련(熟練)되다[숭년되다]

동 어떤 일을 반복적으로 해서 몸에 익숙하게 되다. to become skilled / 熟练的 / 熟練する

처음에는 익숙하지 않아서 실수도 하겠지만 일단 숙련되면 어렵지 않게 할 수 있다.

인사 적체(人事積滯)

어떤 조직에서 승진할 사람은 많은데 자리가 적어서 승진을 못 하고 있는 현상 또는 그러한 상태. personnel congestion, a situation where employees can't get promoted because there are too many candidates / 人数多于职位从而导致无法升职的现象 / 人事滞積(ポスト不足で昇進すべき人ができない状態)

우리 회사에서는 인사 적체 현상을 막기 위해 일정 시간이 지나도 승진을 못 하는 직원들에게 사직을 권하기로 결정했다.

임금 피크제(賃金 peak制)

일정 연령이 된 근로자의 임금을 줄이는 대신 정년까지 고용을 보장하는 제도. wage peak system, a system that caps the wage of employees after they reach a certain age in return for job security / 薪资递减制 / 賃金ピーク制

임금 피크제가 도입되면서 퇴직하지 않고 일을 계속할 수 있는 고령자들이 늘어나고 있다.

재정(財政)

명 정부의 과세와 행정 비용 등과 관련된 모든 경제 활동. finances / 财政 / 財政

복지 비용이 증가하면서 국가의 재정 부담이 증가하고 있다.

자기 평가

1. 다음 중 아는 어휘에 √ 하세요.

☐ 정년	☐ 양육비	☐ 취업률
☐ 퇴직하다	☐ 채용하다	☐ 노후 대책
☐ 육아 휴직	☐ 스펙을 쌓다	☐ 고령화 사회
☐ 경쟁력을 갖추다	☐ 사고력을 기르다	☐ 인재를 양성하다

2. 알맞은 표현을 골라서 문장을 완성해 보세요.

어디 뿐인가(요)?　　-(으)ㄴ 끝에　　-아/어 봤자[봤댔자]　　-느니만 못하다

1) 가 : 가을이라 날씨가 좋아서 산에 등산객이 많았어요.
   나 : ....? 오늘 놀이공원에도 사람들이 많았어요.

2) 가 : 줄리앙 씨, 내년에도 한국에 있을 거예요? 요즘 고민 중이라면서요?
   나 : 네, ... 내년에도 한국에서 공부를 계속하기로 했어요.

3) 한국어능력시험을 앞두고 몇 주 동안 아파서 공부를 하지 못했다. 내일이 시험인데 .... 별 소용이 없을 것 같아서 마음을 비우고 편히 시험을 보기로 했다.

4) 엄마는 성격이 꼼꼼해서 내가 설거지를 대충 하는 것을 싫어하신다. 그렇게 대충 하는 것은 ....고 생각하신다.

3. 이 단원을 공부하고 여러분이 할 수 있게 된 것에 √ 해 보세요.

- ☐ 개요를 작성하여 주장하는 글을 쓸 수 있다.
- ☐ 의견을 확인하거나 정리, 요약하면서 토론할 수 있다.
- ☐ 고령화 사회에 대한 사설을 읽고 주장을 파악할 수 있다.
- ☐ 대학 교육에 관한 뉴스와 토론을 듣고 요지와 인과 관계를 파악할 수 있다.

정답

2. 1) 어디 등산객뿐인가요 2) 오랫동안 고민한 끝에 3) 지금 공부해 봤자 4) 안 하느니만 못하다

보충 어휘

혼동하기 쉬운 말(Ⅰ) 의미가 비슷하면서도 다르게 쓰이는 말들을 익혀 봅시다.

마련하다
기회나 자리, 모임 등을 갖게 하다.

준비하다
식사, 시험 등 곧 있을 일에 대해 구체적인 행동으로 대비하다.

사용하다
도구나 물건, 언어 등을 쓰다.

이용하다
지하철이나 도서관 등의 시설을 쓰다.

기르다
어떤 습관을 가지게 하다. 손톱, 머리, 수염 등을 길게 하다. 동식물이나 사람을 자라게 하다. 능력이나 어떤 마음을 가지게 하다.

키우다
능력이나 어떤 마음을 가지게 하다. 동식물이나 사람을 자라게 하다.

얇다
옷, 고기 등의 두께가 두껍지 않다. ↔ 두껍다.

가늘다
발목, 허리, 실 등 긴 물체의 굵기나 너비가 좁다. ↔ 굵다.

연기하다
어떤 모임이나 일의 기한을 뒤로 하다.

미루다
해야 할 일을 나중으로 넘기거나 남에게 넘기다.

중지하다
하던 일을 중간에서 그만두다.

정지하다
자동차 등과 같이 움직이던 것이 범추다.

은은하다
빛, 소리, 향기 등이 강하지 않고 약하고 부드럽다.

희미하다
빛, 소리, 기억 등이 분명하지 않고 흐릿하다.

다루다
기계나 악기를 잘 사용하다. 어떤 것을 취급하다. 글이나 영화 등에서 어떤 것을 소재로 삼다.

처리하다
일이나 사건 등을 정리하여 마무리를 짓다.

서럽다
분하고 억울하면서 마음이 아프다.

슬프다
죽음이나 이별 등으로 마음이 아프고 괴롭다.

아쉽다
필요할 때 없거나 모자라서 안타깝고 미련이 남다.

섭섭하다
기대했던 것과 달라 마음이 서운하다.

보충 어휘

연습 1 다음 상황과 어울리는 표현을 찾아보세요.

1)

① 미루지
② 연기하지

2)

① 은은해서
② 희미해서

3)

① 중지해서
② 정지해서

4)

① 얇게
② 가늘게

연습 2 다음 상황과 관련 있는 표현을 고르세요.

1) 민수가 여자 친구가 없는 나를 위해 소개팅 자리를 (마련했다 / 준비했다).

2) 오늘이 내 생일인데 가장 친한 친구가 선물을 안 줘서 (아쉽다 / 섭섭하다).

3) 남자와 같은 일을 하고도 여자라는 이유로 월급을 적게 받으니 매우 (서럽다 / 슬프다).

4) 이 신문 기사는 어제 일어난 살인 사건을 자세히 (다루고 있다 / 처리하고 있다).

5) 나는 오늘부터 일찍 자고 일찍 일어나는 습관을 (기르려고 한다 / 키우려고 한다).

6) 서울대학교 셔틀버스는 서울대 재학생은 물론 일반인도 누구나 무료로 (이용할 / 사용할) 수 있다.

연습 3 다음 그림을 보고 대화를 완성해 보세요.

1)

2)

3)

4)

보충 어휘

연습 4 어울리는 표현을 골라 문장을 완성해 보세요.

서럽다 / 슬프다	기르다 / 키우다	중지하다 / 정지하다
은은하다 / 희미하다	다루다 / 처리하다	연기하다 / 미루다

1) 계획 없이 돈을 써 버렸더니 금방 용돈이 바닥났다. 그래서 이제부터는 돈을 쓸 때에는 계획을 세워 바르게 쓰는 습관을 .... 한다.

2) 나는 형이랑 같이 자취를 하고 있는데 청소를 돌아가며 하기로 했다. 하지만 형은 자꾸 청소를 나에게 ....

3) 나는 여동생과 함께 놀이공원에 놀러 갔다. 자이로드롭을 타려고 기다렸는데 고장이 났는지 갑자기 공중에서 .... 바람에 탈 수 없게 됐다.

4) 생일 선물로 받은 장미 한 다발을 거실에 꽂아 놓았다. 몇 시간이 지나자 .... 향기가 집안에 가득 퍼졌다.

5) 나는 주말 저녁에 가족들과 함께 집에서 쉬고 있었다. 갑자기 회사에서 급한 연락이 왔는데 한 시간 이내로 일을 .... 달라고 해서 아주 난감했다.

6) 〈로미오와 줄리엣〉은 세계적으로 알려진 남녀 간의 .... 사랑 이야기이다.

XIV 한국의 정치와 경제

1 한국의 정치와 민주화

주제 한국 민주주의의 발달

어휘 독재와 민주화 운동

문법과 표현
- V-(으)랴 V-(으)랴
- V-(으)ㄹ세라

듣기
- 대화 듣고 사건 정리하기
- 뉴스 듣고 내용 파악하기

말하기 인터뷰하고 결과 논의하기

2 한국의 경제와 성장 과정

주제 한국의 경제 발전

어휘 빈곤과 경제 발전 과정

문법과 표현
- N을/를 불문하고
- V-(으)ㄴ/는 이상

읽기 설명문 읽고 시대별로 주요 사건 요약하기

쓰기
- '때문에'와 '기 때문에'에 유의하며 쓰기
- 서사적 과정 쓰기

보충 어휘 혼동하기 쉬운 말 Ⅱ

1 한국의 정치와 민주화

주제
한국 민주주의의 발달

어휘
독재와 민주화 운동

문법과 표현
· V-(으)랴 V-(으)랴
· V-(으)ㄹ세라

듣기
· 대화 듣고 사건 정리하기
· 뉴스 듣고 내용 파악하기

말하기
인터뷰하고 결과 논의하기

들어가기

이야기해 보세요

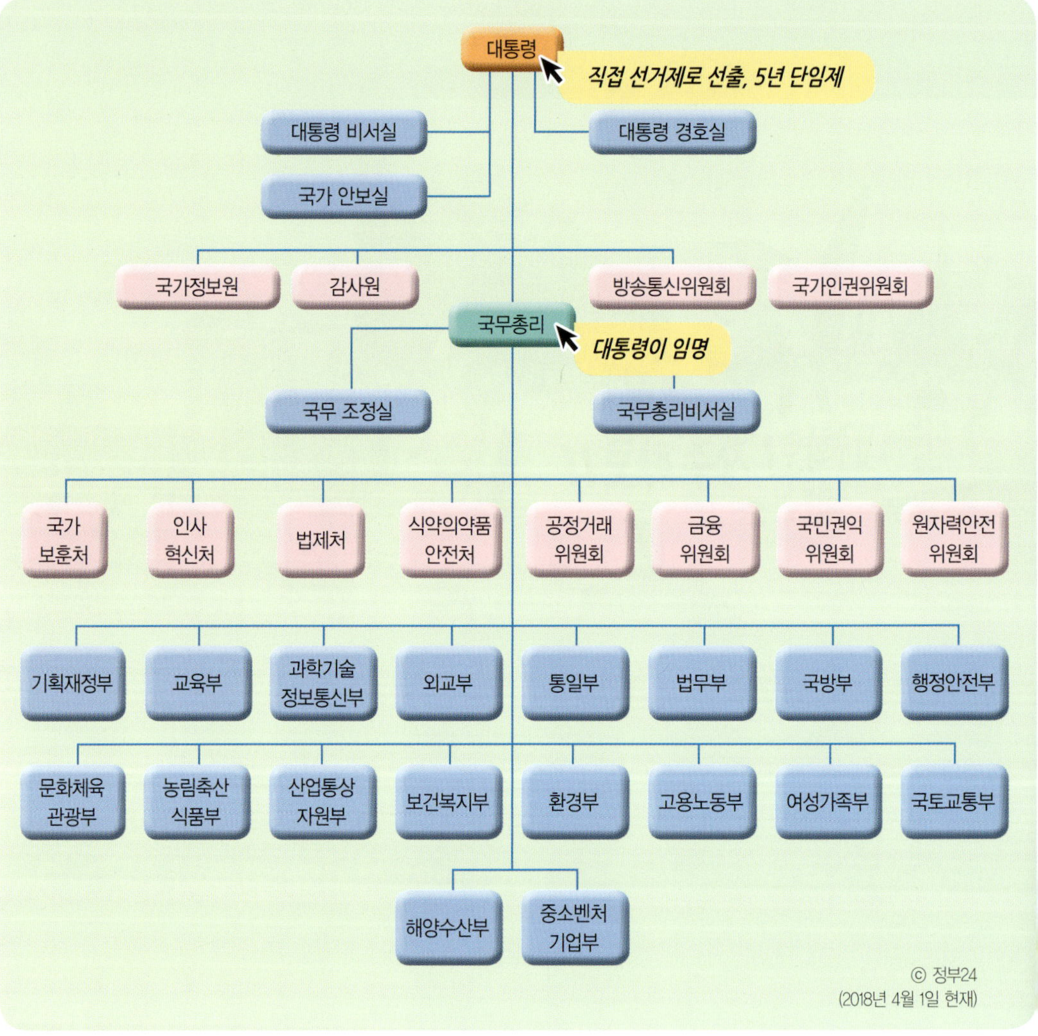

1. 한국의 대통령 선출 방법, 임기에 대해 말해 보세요.

2. 여러분 나라의 정치 제도(대통령제, 의원 내각제)에 대해 소개해 보세요.

어휘와 문법

읽어 보세요 track 34

대한민국 역대 대통령

1~3대 이승만
재임 1948. 07.~1960. 04.
정무 공무원, 독립운동가

4대 윤보선
재임 1960. 08.~1962. 03.
정무 공무원, 국회 의원

5~9대 박정희
재임 1963. 12.~1979. 10.
정무 공무원, 군인

10대 최규하
재임 1979. 12.~1980. 08.
정무 공무원

11, 12대 전두환
재임 1980. 09.~1988. 02.
정무 공무원, 군인

13대 노태우
재임 1988. 02.~1993. 02.
정무 공무원, 군인

14대 김영삼
재임 1993. 02.~1998. 02.
정무 공무원, 국회 의원

15대 김대중
재임 1998. 02.~2003. 02.
정무 공무원, 정치인

16대 노무현
재임 2003. 02.~2008. 02.
정무 공무원, 변호사

17대 이명박
재임 2008. 02.~2013. 02.
기업가, 정치인

18대 박근혜
재임 2013. 02.~2017. 03.
정치인

19대 문재인
재임 2017 05. 10.~

RE : 박정희 대통령이야말로 한국 경제를 발전시키고 국민들에게 희망과 꿈을 안겨 준 진정한 대통령입니다. 그 당시는 먹고 살**라** 가난 속에서도 자식 공부시키**랴** 얼마나 힘든 시기였습니까? 박정희 대통령이 없었다면 한국이 지금과 같은 경제 발전을 이루지 못했을 것입니다.

RE : 그때는 남에게 뒤**질세라** 앞만 보고 달리던 시기였지요. 박 대통령이 집권한 시기에 경제는 발전되었지만 인권과 자유는 그만큼 억압받았다는 생각이 드는군요.

완료 인터넷 100%

1. 박정희 전 대통령은 어떤 평가를 받고 있습니까?

- 긍정적 평가

- 부정적 평가

어휘를 연습해 보세요

임기	자질	혁명	독재자	장기 집권
간접 선거 / 직접 선거	민주화 운동	물러나다	개헌하다	검열하다
고문하다	선출되다	지배하다	취임하다	시위하다 / 데모하다
언론을 통제하다	쿠데타를 일으키다	부정을 저지르다	정권을 연장하다	정권을 잡다 / 집권하다

1. 서로 관계있는 것끼리 연결해 보세요.

1) 집권하다 •		• 어제 우리 반 반장 선거가 있었어요. 공부도 잘하고 성격도 좋아 인기가 많은 민수를 반장으로 뽑았어요.
2) 선출하다 •		• 이번 선거에서 자유국민당에서 대통령이 나왔어요. 자유국민당에서 정권을 잡게 되면 물가나 부동산 가격이 안정될까요?
3) 취임하다 •		• 동물보호협회에서 시청 앞 서울 광장에 모여서 모피 코트 판매에 반대하는 운동을 벌이고 있어요.
4) 시위하다 •		• 다음 달에는 새로운 대통령이 5년 동안의 대통령 임기를 시작할 예정이에요.

문법과 표현을 연습해 보세요

1. V-(으)랴 V-(으)랴

· 철수는 아르바이트하랴 공부하랴 힘든 상황에서도 꿈을 포기하지 않고 열심히 살았다.

· 두 달 전부터 작은 식당을 여신 어머니는 주말이면 주문 받으랴 음식 만들랴 정신없이 바쁘시다.

2. V-(으)ㄹ세라

· 민수는 누가 볼세라 은행에서 찾은 돈을 옷 속에 감추었다.

· 시상식에 참석한 여배우들은 치마를 밟을세라 조심조심 입장하기 시작했다.

1. 다음을 보고 이야기해 보세요.

1) 한류 스타 A 씨는 일본에서 콘서트와 영화 촬영 등으로 바쁘게 지내고 있습니다.

2) 아이들이 영어 학원은 물론 미술 학원까지 다니는 등 과도한 사교육에 시달리고 있습니다.

3) 맞벌이를 하는 여성들은 집안일과 회사 일로 쉴 틈이 없습니다.

한류 스타 A 씨는 일본에서 콘서트 하**랴** 영화 촬영하**랴** 바쁜 일정을 보내고 있대요.

2. 신문 표제를 보고 이야기해 보세요.

1)

호랑이 엄마가 대세, 경쟁에서 뒤질까 봐 인자함보다는 엄격함 택해

2)

20년 경력 형사, 범인 놓칠까 봐 근무 중 밤새 화장실도 안 가

3)

오페라 가수 정은성 씨, 감기 걸릴까 봐 더운 여름에도 따뜻한 물만 마셔

호랑이 엄마들은 아이가 경쟁에 뒤**질세라** 엄격한 교육을 시킨다고 합니다.

듣기

준비해 보세요

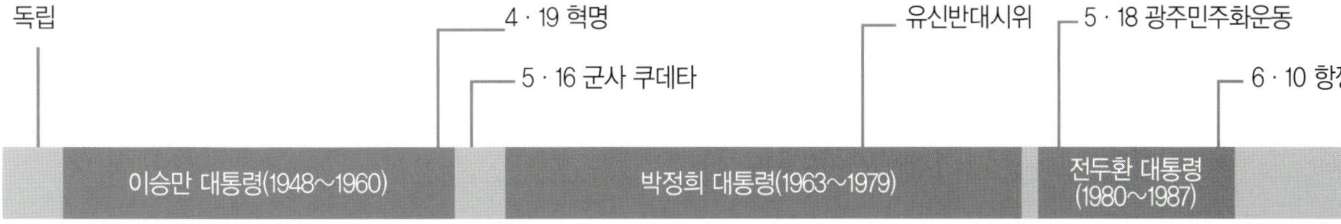

1. 가장 오래 집권한 대통령은 누구입니까?

2. 그동안 어떤 일들이 있었습니까?

들어 보세요 1 track 35

다음은 한국의 정치에 대한 대화입니다. 잘 듣고 질문에 답해 보세요.

중심 내용 파악하기 1. 무엇에 대해 이야기하고 있습니까?

① 한국의 선거 방법　② 한국의 정치 제도
③ 4 · 19 혁명의 의의　④ 한국의 민주화 과정

세부 내용 파악하기 2. 각 대통령과 관계된 설명을 모두 고르세요.

ㄱ. 10년 이상 장기 집권했다.
ㄴ. 경제를 발전시켰다는 평가를 받는다.
ㄷ. 정권을 연장하기 위해 헌법을 개정했다.
ㄹ. 민주화를 요구하는 시위를 무력으로 진압했다.
ㅁ. 군인 출신으로 쿠데타를 일으켜 정권을 잡았다.

이승만 대통령 ________________

박정희 대통령 ________________

전두환 대통령 ________________

3. 다음 중 사건의 성격이 다른 것은 무엇입니까?

① 4 · 19 혁명　② 6 · 10 항쟁
③ 5 · 16 군사 쿠데타　④ 5 · 18 광주민주화운동

듣고 사건 정리하기 4. 다음 사건에 대해 간단히 이야기해 보세요.

1960년	1972년	1987년
4 · 19 혁명	유신 헌법	6 · 10 항쟁

들어 보세요 2 track 36

다음은 뉴스의 일부분입니다. 잘 듣고 질문에 답해 보세요.

중심 내용 파악하기 1. 무엇에 대한 인터뷰입니까?

세부 내용 파악하기 2. 학생들이 지도자의 자질이라고 응답한 것을 모두 고르세요.

- ☐ 국민과 소통하는 능력
- ☐ 애국심
- ☐ 지식
- ☐ 공정성
- ☐ 리더십
- ☐ 융통성

3. 학생들이 지도자가 경계해야 할 점이라고 응답한 것을 모두 고르세요.

- ☐ 자신만 옳다고 생각하는 것
- ☐ 여러 사람의 의견을 경청하는 것
- ☐ 자신에게 반대하는 사람들도 포용하는 것
- ☐ 자신을 지지하는 사람들에게 유리한 정책을 만드는 것

이야기해 보세요

1. 여러분 나라에서 있었던 정치적으로 큰 사건에 대해 소개해 보세요.

2. 여러분이 알고 있는 정치인 중 지도자의 자질을 갖춘 사람이 있습니까? 친구들에게 소개해 보세요.

말하기

인터뷰를 하고 그 결과에 대해 논의해 보세요.

준비해 보세요

1. 무엇에 대해 인터뷰를 하고 있습니까? 여러분은 어떻게 대답하겠습니까?

표현을 연습해 보세요

1. 다음은 인터뷰를 요청할 때 쓰는 표현입니다. 다음 표현을 사용하여 이야기해 보세요.

〈인터뷰를 요청할 때〉

- 저는 ~입니다. ~에 대해서 인터뷰를 하고 싶은데, 부탁드려도 될까요?
- 괜찮으시다면 ~에 대한 인터뷰를 해도 될까요?
- ~에 대한 인터뷰를 실시하고 있는데요, 괜찮으시면 잠깐 시간 내 주실 수 있으신지요?

저는 언어교육원에서 한국어를 공부하고 있는 스티븐이라고 **합니다.** 바람직한 지도자상**에 대해서 인터뷰를 하고 싶은데, 부탁드려도 될까요?**

1) 인터뷰 내용 : 바람직한 지도자상

2) 인터뷰 내용 : 진로 선택의 기준

3) 인터뷰 내용 : 한국어 학습 방법

2. 다음은 인터뷰를 할 때 쓰는 표현입니다. 다음 표현을 사용하여 이야기해 보세요.

〈인터뷰를 할 때〉

- ~에 대해서 어떻게 생각하십니까?
- ~에 대해 어떻게 보시는지요?
- ~에 대한 생각은[의견은] 어떠신지요?
- ~다는 말씀이시죠?
- ~다는 말씀으로 이해해도 될까요?

지도자의 자질**에 대해서 어떻게 생각하십니까?**

지도자는 다른 생각을 가지고 있는 사람들의 의견을 존중할 수 있어야 합니다. (···)

지도자의 자질로서 포용력이 중요하**다는 말씀이시죠?**

1)

지도자의 자질은?

다른 생각을 가지고 있는 사람들의 의견을 존중할 수 있어야 한다. (···)

2)

남북 관계는?

지금은 긴장 관계이지만 앞으로 조금씩 북한이 개방되지 않을까 생각한다. (···)

3)

유교 문화의 영향력은?

유교 문화는 한국인의 의식과 생활 방식에 많은 영향을 미쳤다. (···)

3. 다음은 인터뷰를 마칠 때 쓰는 표현입니다. 다음 표현을 사용하여 이야기해 보세요.

〈인터뷰를 마칠 때〉

- 바쁘실 텐데 끝까지 친절하게 말씀해 주셔서 대단히 감사합니다.
- 많이 분주하신데도 인터뷰에 응해 주셔서 정말 감사합니다.
- 여러 가지 질문에 성의껏 답변해 주셔서 정말 감사드립니다.

김 선생님, 많이 **바쁘실 텐데 끝까지 친절하게 말씀해 주셔서 대단히 감사합니다.**

1) 인터뷰 대상 : 김 선생님

2) 인터뷰 대상 : 최미숙 씨

3) 인터뷰 대상 : 박 교수님

이야기해 보세요

1. 다음 주제에 대해 인터뷰 질문을 만들어 보세요.

주제 : 바람직한 지도자상

〈예상 질문〉

1. 지도자에게 필요한 자질은 무엇인가?
2. 현재 지도자를 어떻게 평가하는가?
3. 지도자는 어떤 것을 경계해야 하는가?

주제 : 바람직한 지도자상

● 인터뷰 대상 : 서울대 학생

〈질문 내용〉

① 지도자에게 필요한 자질은 무엇인가?

② 현재 지도자를 어떻게 평가하는가?

③ 지도자는 어떤 것을 경계해야 하는가?

주제 :

● 인터뷰 대상 : ____________________

〈질문 내용〉

①

②

③

2. 실제로 인터뷰를 해 보세요.

3. 인터뷰 결과를 정리하고 '바람직한 지도자상'에 대해 친구들과 이야기해 보세요.

제가 생각하기에 한 나라의 최고 지도자가 갖춰야 할 자질은 다음과 같이 세 가지가 있습니다.

우선, 리더로서 카리스마가 있어야 합니다. 카리스마가 있어야 국민들이 따라가고 싶어 하고 자기 나라가 앞으로 더 발전하고 좋아진다는 것을 믿으며 정부가 정한 정책을 잘 지지해 열심히 일할 것입니다. 카리스마가 있는 사람이 최고의 지도자가 된다면 나라 안 분위기가 좋게 변할 수도 있습니다.

둘째, 한 나라의 최고 지도자가 되고 싶으면 자기를 희생할 각오가 필요합니다. 가족과 같이 지내는 시간이나 생활을 여유 있게 누릴 기회가 없어지는 것은 물론이고 많은 사람들로부터 오해를 받는 경우도 있을 것입니다. 나라를 발전시키다 보면 모든 국민의 이익을 보호할 수 없고 나라의 장기적인 발전을 위해서 대부분의 국민들의 단기적인 이익을 침해할 수도 있습니다. 이런 경우에 지도자가 심하게 비판을 받습니다. 그런데 자기를 희생할 각오를 가지고 있으면 나라를 위해 억울해도 자기가 올바르다고 생각하는 정책을 계속 밀고 나갈 수 있습니다. 이렇게 해야 나라가 빨리 발전할 수 있습니다.

마지막으로, 자기 나라에 맞는 결단을 내리기 위해 풍부한 지식을 가져야 합니다. 자기가 올바르다고 생각한 정책을 끝까지 실천해 가는 결심만 있고 판단을 잘못해서 나라의 발전에 좋지 않은 정책을 실시한다면 큰일입니다. 지식이 있어야 나라의 상황을 정확하게 파악하고 올바른 결정을 내릴 수 있습니다.

(위영, 중국, 2012년 봄학기 6급)

어휘와 표현

1. 한국의 정치와 민주화

● 어휘

간접 선거(間接選擧)
일반 유권자가 특정 수의 중간 선거인을 뽑고 그 중간 선거인이 대표자를 뽑는 제도. indirect election / 间接选举 / 間接選挙
인구가 많고 영토가 넓은 나라에서는 간접 선거 제도를 채택하기도 한다.

개헌(改憲)하다
동 헌법을 고쳐서 다시 정하다. to amend the constitution / 修改宪法 / 改憲する
과거에 일부 정당에서 대통령제에서 의원 내각제로 개헌하자는 주장이 일기도 했다.

검열(檢閱)하다
동 언론이나 출판물 등의 내용을 미리 조사해 통제하다. to censor / 审查 / 検閲する
군사 독재 시절에는 예술과 창작 활동도 검열하고 제한했다.

고문(拷問)하다
동 어떤 사람이 숨기고 있는 것을 강제로 알아내기 위해 육체적, 정신적 고통을 주다. to torture / 拷问 / 拷問する
80년대 군부 독재 시절에는 수사 과정에서 범죄 혐의가 있는 사람을 고문하는 경우도 있었다.

독재자(獨裁者)[독째자]
명 절대 권력을 쥐고 마음대로 정치를 하는 사람. dictator / 独裁者 / 独裁者
부장님은 모든 결정을 혼자서 내리고 마음대로 일을 처리하기 때문에 직원들이 독재자라고 부른다.

물러나다
동 하던 일을 내놓고 나오다. to step down, to resign / 退出, 辞去职务 / 退く
그는 이번 대회 성적이 좋지 않은 것에 책임을 지고 감독에서 물러나겠다고 말했다.

민주화 운동(民主化運動)
민주적인 정치 체제를 요구하는 시위나 활동. pro-democracy movement / 民主化运动 / 民主化運動
학생들과 시민들의 민주화 운동이 한국 정치 발전에 큰 기여를 했다.

부정(不正)을 저지르다
옳지 않거나 바르지 않은 일을 하다. fraudulent election / 选举舞弊, 不正当选举 / 不正選挙
수학능력시험에서 3명이 스마트폰과 무전기 등으로 부정을 저지르다가 적발되었다.

선출(選出)되다
동 여러 명 가운데서 뽑히다. to be elected / 选出 / 選出する
평소 성실하고 책임감이 강한 영수가 우리 반 반장으로 선출되었다.

시위(示威)하다
동 많은 사람들이 모여 공개적인 장소에서 자신들의 주장을 펴다. to demonstrate, to protest / 示威 / デモをする
노동자들이 임금 인상을 요구하며 3일째 공장 앞에서 시위하고 있다.

언론(言論)을 통제(統制)하다 [얼론]
신문이나 방송 등의 보도 행위를 제한하다. to control the press / 控制言论 / 言論を統制する
정부가 자유로운 언론 보도를 막는 것은 민주주의에 어긋나는 행동이다. 언론을 통제하는 것은 비판을 통제하겠다는 것인데 이 비판은 민주주의의 출발점이기 때문이다.

임기(任期)
명 업무를 하는 기간. one's term of office / 任期/ 任期
한국 대통령의 임기는 5년이다.

자질(資質)
명 어떤 일에 필요한 능력과 실력. qualification / 资质 / 資質
지도자로서의 자질을 묻는 질문에 많은 사람들이 '국민과의 소통 능력'이라고 대답했다.

장기 집권(長期執權) [집꿘]
오랫동안 권력을 잡음. prolonged one-man rule / 长期掌权 / 長期執権
박정희 대통령은 18년 동안 장기 집권을 했다.

정권(政權)을 연장(延長)하다 [정꿘]
나라를 다스리는 권력을 오랫동안 가지기 위해 기간을 늘린다. to prolong political power / 延长执政时间 / 政権を延長する
독재자들은 정권을 연장하기 위해 헌법을 개정하고 국민의 자유를 억압한다.

정권(政權)을 잡다 [정꿘]
나라를 다스리는 권력을 가지다. to come into power, to take political power / 掌握政权 / 政権を握る
여당이 오랫동안 정권을 잡고 있었으나 이번 총선거에서 야당이 승리했다.

지배(支配)하다
동 복종시키고 다스리다. to rule / 支配 / 支配する
히틀러는 세계를 지배하려는 야심을 가지고 있었다.

직접 선거(直接選擧)[직쩝]
국민들이 직접 대통령 및 국회 의원 등의 정치인을 뽑는 제도. direct election / 直接选举 / 直接選挙
한국의 대통령은 국민들의 직접 선거로 선출되고 임기는 5년으로 정해져 있다.

집권(執權)하다[집꿘하다]
동 권력이나 정권을 잡다. to seize power / 执政 / 執権する
새로운 대통령이 집권하면서 시민들은 경제가 좋아질 것이라고 기대하고 있다.

취임(就任)하다
동 어떤 직무를 수행하기 위해 그 자리를 맡다. to take office, to be inaugurated / 就任，上任 / 就任する
새 교육부 장관이 취임하자마자 사교육을 막고 공교육을 강화하는 방안을 내놓았다.

쿠데타(coup d'État)를 일으키다
국민의 의사와 관계없이 일부 지배 권력이 정권을 억지로 빼앗다. to stage a coup d'État / 发动政变 / クーデターを起こす
군인이었던 박정희 대통령은 쿠데타를 일으켜 정권을 잡았다.

혁명(革命)[형명]
명 이전의 사회 체제를 바꾸기 위해 일어난 시민들의 권력 교체. revolution / 革命 / 革命
4 · 19는 1960년 4월에 학생들이 중심이 되어 일으킨 민주주의 혁명이다.

● 듣기

■ 들어 보세요 1

부정 선거(不正選擧)
옳지 못한 방법으로 치러진 선거. fraudulent election / 选举舞弊，不公正选举 / 不正選挙
독재자들은 오랫동안 자신의 정치권력을 유지하기 위해서 부정 선거를 저지르기도 한다.

암살(暗殺)당하다
동 정치적인 이유로 다른 사람들이 모르게 죽임을 당하다. to be assassinated / 被暗杀 / 暗殺される
야당 지도자가 주도하던 민주화 운동이 그가 암살당한 뒤에는 많이 약화되었다.

진압(鎭壓)하다[지나파다]
동 폭동이나 시위 등을 강압적이고 물리적인 힘으로 눌러 가라앉히다. to suppress / 镇压 / 鎮圧する
시위를 무력으로 진압해서 시민들의 반발이 거세졌다.

투옥(投獄)되다[투옥뙤다]
동 감옥에 갇히다. to be imprisoned / 下狱，被关入监狱 / 投獄される
우리 할아버지는 독립운동을 하다 투옥되셨고 해방이 된 후에야 감옥에서 풀려나셨다.

■ 들어 보세요 2

경계(警戒)하다
동 옳지 않은 일이나 잘못된 일들을 하지 않도록 주의하다. to guard, to keep watch / 警惕，戒备 / 警戒する
보다 살기 좋은 사회를 만들기 위해서는 지나친 가족 이기주의를 경계해야 한다.

독선(獨善)[독썬]
명 자기 혼자만 옳다고 생각하고 행동함. self-righteousness / 自以为是，唯我独是 / 独善
야당은 국민의 목소리에 귀를 기울이지 않는 정부의 독선을 견제해야 한다며 야당을 지지해 줄 것을 호소했다.

분열(分裂)되다
동 갈라져 나뉘게 되다. to be divided / 分裂 / 分裂する
해방 직후 한국은 우익과 좌익으로 사회가 분열되어 큰 혼란을 겪었다.

소통(疏通)하다
동 다른 사람과 의견이 서로 잘 통하다. to communicate / 沟通 / 疎通する
건강한 마음을 갖기 위해서는 가족들과 대화를 통해 소통하는 것이 중요하다.

편애(偏愛)하다
동 어느 한 사람이나 한쪽만을 특별히 사랑하다. to favor, to show favoritism / 偏爱 / 偏愛
교사는 한 아이만을 편애해서는 안 된다.

포용(包容)하다
동 남을 너그럽게 감싸고 받아들이다. to embrace, to acccept (tolerate) / 包容 / 包容する
부모는 자식의 잘못을 모두 포용하는 넓은 바다와 같은 존재이다.

2 한국의 경제와 성장 과정

주제
한국의 경제 발전

어휘
빈곤과 경제 발전 과정

문법과 표현
- N을/를 불문하고
- V-(으)ㄴ/는 이상

읽기
설명문 읽고 시대별로 주요 사건 요약하기

쓰기
- '때문에'와 '기 때문에'에 유의하며 쓰기
- 서사적 과정 쓰기

들어가기

이야기해 보세요

한국 1인당 국민 소득(GNP)의 변화

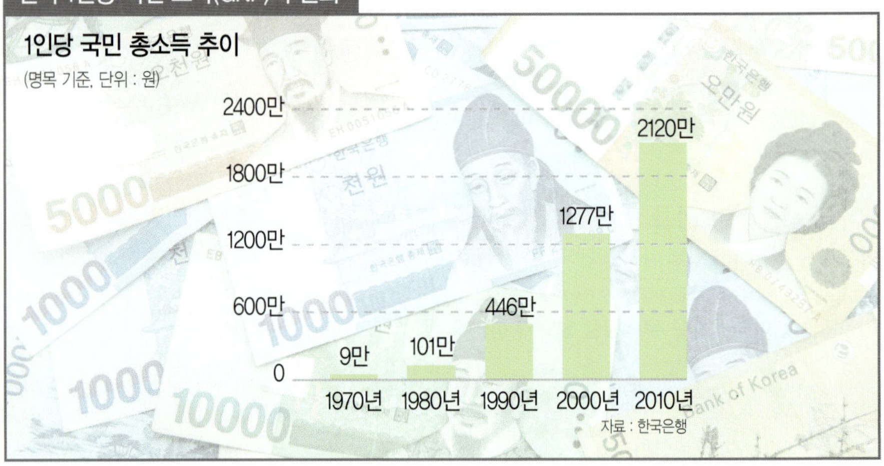

한국 무역 규모의 변화

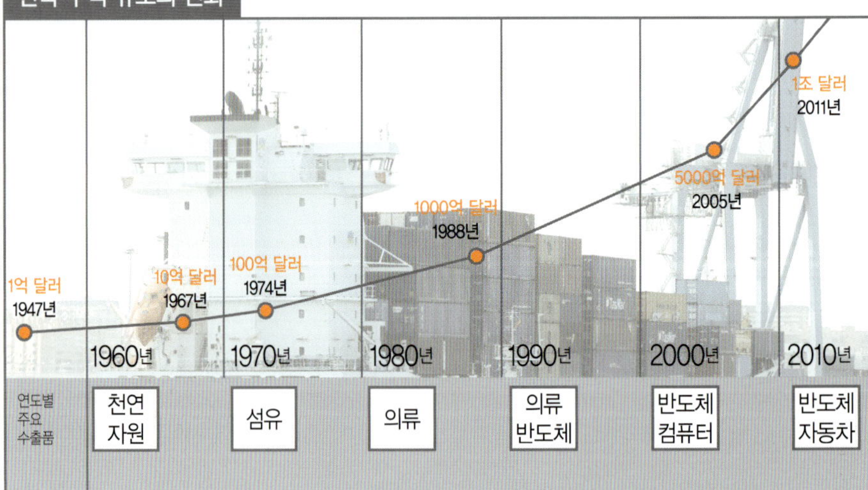

1. 한국의 1인당 국민 소득과 무역 규모는 어떻게 변화했습니까?

2. 여러분 나라의 국민 소득과 무역 규모는 어떻습니까?

어휘와 문법

읽어 보세요 track 37

LEI 신문

제201472호 lei.snu.ac.kr 198X년 X월 XX일

세계적인 경제학자 스콧 브레너와의 만남 (1)

– 한강의 기적, 한국의 고속 성장 비결 –

Q : 한국 경제 발전의 원동력이 무엇이라고 생각하나?

A : 한국은 전쟁 후에 경제가 매우 어려웠다. 하지만 '한강의 기적'이라 불릴 만큼 초고속 성장을 했다. 우선 정부의 효율적인 경제 운영이 큰 역할을 했다. 경제 개발 5개년 계획을 수립해서 단계적으로 집중해야 할 산업을 정해 발전시켰다. 정부뿐만 아니라 국민들의 노력도 큰 역할을 했다. 한국은 천연자원은 풍부하지 않으나 인적 자원이 우수하다. 남녀노소**를 불문하고** 모든 국민들이 부지런히 노력했다. 노동자들은 일을 맡**은 이상** 최선을 다해야 한다는 생각으로 열심히 일을 했다. 높은 교육열 또한 경제 성장의 원동력이 되었다. 이러한 이유로 한국 경제가 단기간에 눈부시게 발전하게 된 것이다.

1. 한국 경제 발전의 원동력을 무엇이라고 보고 있습니까?
   -
   -
   -

어휘를 연습해 보세요

산업화	경제 개발 5개년 계획	부익부 빈익빈 현상	실업률
이농 현상	빈민층	고소득층 / 중산층 / 저소득층	IMF 경제 위기
외화 획득	인적 자원	상류층 / 중류층 / 하류층	분배하다
원동력	절대적 / 상대적 빈곤	국민 소득	중화학 공업 / 경공업
농업 / 수산업 / 공업 / 서비스업 / 첨단 산업		빈부 격차	빈곤의 악순환

1. 서로 관계있는 것끼리 연결해 보세요.

1) 부익부 빈익빈 현상 •		• 상대적으로 수입이 많은 계층
2) 실업률 •		• 1997년 11월 이후 한국 경제가 매우 어려웠던 시기
3) 고소득층 •		• 부유한 사람은 더 부유해지고 가난한 사람은 더 가난해지는 현상
4) IMF 경제 위기 •		• 일할 의사와 능력이 있지만 일자리를 갖지 않거나 갖지 못한 사람들의 비율

문법과 표현을 연습해 보세요

1. N을/를 불문하고

- 당뇨병과 고혈압은 남녀를 불문하고 성인에게 많이 나타난다.
- 공공 기업과 민간 기업을 불문하고 구조 조정은 고통스러운 일이다.

2. V-(으)ㄴ/는 이상

- 한 나라의 대통령으로 선출된 이상 끝까지 책임을 다해야 한다.
- 북한이 핵 개발을 하는 이상 식량 지원을 하지 말아야 한다는 의견도 있다.

1. 신문 표제를 보고 이야기해 보세요.

1)

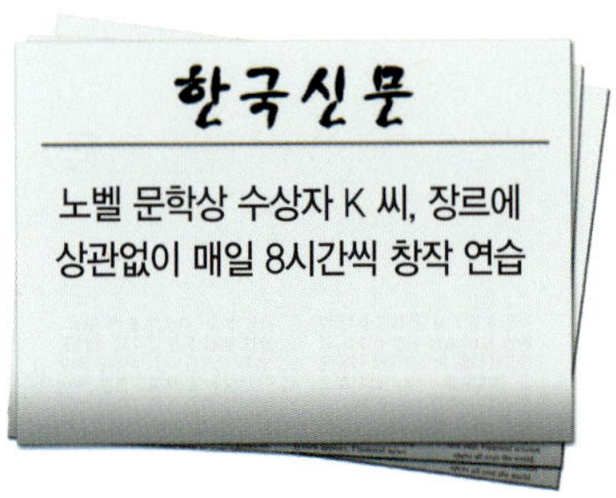

2)

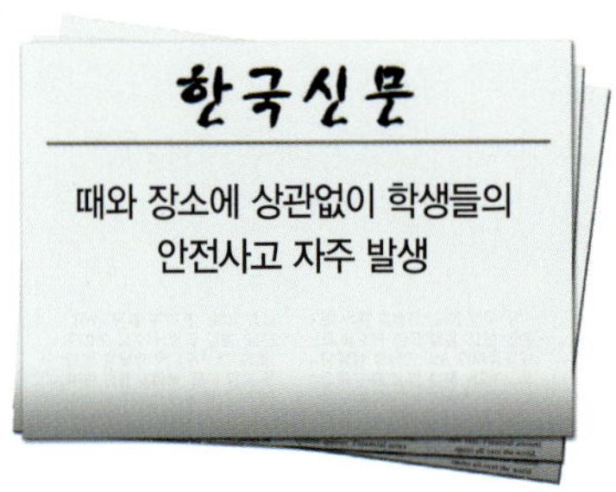

3)

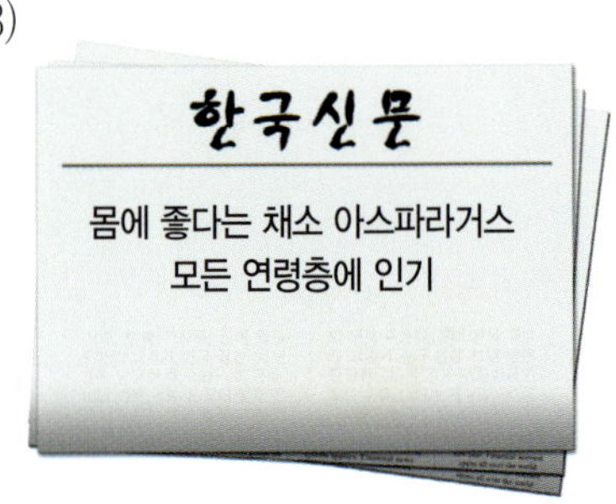

노벨 문학상 수상자 K 씨는 장르를 **불문하고** 매일 8시간씩 창작 연습을 했다고 합니다.

2. 다음과 같이 조언해 주세요.

1) 유학을 왔는데 외롭기도 하고 공부도 많이 힘들어요.

이미 유학을 **온 이상** 어려움을 잘 이겨 내고 공부도 잘 마치는 게 좋겠어요. 힘내세요.

2) 선생님의 추천으로 한국어 말하기 대회에 나가게 되었는데 긴장돼요.

3) 회사를 옮기기로 결정했는데 갑자기 제가 잘한 일인지 불안해요.

읽기

준비해 보세요

자원의 종류

인적 자원
(노동력)

천연자원

토지

자본

기술

산업의 종류

농업

수산업

임업

축산업

공업

경공업 – 섬유, 식료품, 의류, 제지 등

중화학 공업 – 철강, 조선, 기계 등

첨단 산업

반도체, 컴퓨터, 우주 개발, 원자력 등

서비스업

교육, 상업, 금융, 통신, 의료, 행정 등

1. 자원의 종류에는 어떤 것이 있습니까? 여러분 나라에는 어떤 자원이 많습니까?

2. 산업의 종류에는 어떤 것이 있습니까? 여러분 나라는 어떤 산업이 발달했습니까?

읽어 보세요 track 38

다음은 한국의 경제 발전에 대한 설명문입니다. 글을 읽고 질문에 답해 보세요.

가 1950년대 : 절대적 빈곤의 땅, 한국

한국 전쟁으로 공장과 도로 등의 기반 시설이 모두 파괴되어 한국인들은 남녀노소를 불문하고 모두 절대적 빈곤에 시달렸다. 그 당시 한국 경제는 농업 중심의 산업 구조, 부존자원의 부족, 과잉 인구 등으로 빈곤의 악순환이 지속되는 상황이었다. 산업 기반 시설과 기술이 전무해 수출을 한다는 것은 거의 불가능했고 밀가루, 옥수수와 같은 해외 원조에 전적으로 의존하고 있었다. 당시 산업이란 원조 물자인 밀가루, 옥수수, 설탕 등을 가공해 파는 것이 대부분이었고 수출품은 흑연, 철광석, 중석 등 광산물이 대부분이었다.

나 1960년대 : 계획 경제와 경공업

한국의 본격적인 산업화는 1960년대 경제 개발 5개년 계획이 실시되면서부터이다. 박정희 대통령은 1962년에 제1차 경제 개발 5개년 계획을 실시하면서 값싼 노동력을 활용해 수출 주도형 산업 구조를 마련했다. 1968년 구로동에 수출 산업 공단인 구로 공단을 준공하면서 수출량은 더욱 늘어나 경제가 빠르게 성장하기 시작했다. 1960년대에는 합판, 가발, 신발 등 경공업 제품의 수출이 총 수출 규모의 80%를 차지했다. 급속한 산업화로 인해 일자리를 찾아 농촌 인구가 대거 도시로 이동하는 이농 현상이 심화되면서 도시 빈민층이 생겨나고 도시 변두리에는 '판자촌, 달동네'가 형성되었다.

다 1970년대 : 중화학 공업의 시작

1970년대에는 경공업에서 중화학 공업으로 산업 구조가 점차 바뀌었다. 이때 처음으로 철강을 생산했고 조선소를 세워 배를 만들기 시작했다. 같은 시기에 반도체 조립을 시작해 현재와 같은 성장의 기반을 마련했다. 이때도 여전히 의류와 섬유가 수출 품목 1위를 차지하기는 했지만 철강과 선박, 기계류도 수출품 중 35%의 비중을 차지했다. 1977년 한국은 아시아에서 일본에 이어 두 번째로 수출 100억 달러를 달성했다. 서울과 부산을 연결하는 경부고속도로 개통은 한국 경제 발전에 큰 기여를 했다. 경부고속도로의 개통으로 생산품을 소비 시장과 신속하게 연결할 수 있게 된 것이다. 1970년대 후반에는 국내 건설사들이 중동에 진출한 후 외화를 획득해 한국 경제 발전에 많은 도움을 주었다.

라 1980~90년대 : 고속 성장과 산업 구조의 다변화

1980년대에 들어서면서 한국 경제는 13%의 고속 성장으로 상당한 호황을 누리게 되었다. 1인당 국민 소득 1만 달러를 달성하면서 중산층이 증가하게 되었고 실제로도 자신을 중산층이라고 생각하는 사람이 국민의 70%를 넘었다. 자동차를 100만 대 이상 팔아 자동차 수출국의 이름을 얻게 되었고 냉장고, 세탁기 등 가전제품의 수출로 세계 시장을 넓혀 갔다. 1990년대 한국 산업의 주역은 단연 반도체였다. 1998년에는 일본 업체를 추월해 세계 1위 반도체 수출국으로 자리 잡게 되었다. 그러나 그동안 정부가 실시한 대기업 중심의 '선 성장, 후 분배' 정책의 부작용이 드러나기 시작했다. 이후 정부의 시장 개입이 지속적인 성장을 저해한다고 판단한 정부는 민간 주도의 경제 발전 체제를 확립할 수 있도록 경제 자율화의 기반을 마련하고자 했다.

마 1997년 IMF 외환 위기

한국의 고속 성장은 여러 가지 문제점을 내포하고 있었고 이는 1997년 IMF 외환 위기로 나타났다. IMF 경제 위기로 많은 기업들이 부도로 쓰러졌고 정리 해고와 구조 조정으로 실업자가 크게 증가하게 되었다. 하루아침에 생활 기반을 잃은 사람들은 노숙자로 전락했다. 국민들은 '금 모으기 운동'으로 힘을 합쳐 IMF 위기를 이겨 냈지만 사람들의 의식은 많은 변화를 겪었다. 경제를 계속 발전하는 것으로 여겼던 사람들의 생각이 달라졌으며 자신을 더 이상 중산층이라고 생각하지 않게 되었다. 정부가 지속적으로 추진해 온 '선 성장, 후 분배' 정책으로 빈부 격차가 심해졌고 IMF 경제 위기 이후에는 부익부 빈익빈 현상이 더욱 심화되었다. 이제는 절대적 빈곤이 아니라 상대적 빈곤을 해결해야 할 시기가 되었다.

바 2000년대 이후 : 경제 구조 개편 및 무역국의 다변화

IMF 위기 이후 한국 정부는 경제 선진화의 필요성을 느끼고 공공 부문, 금융, 노동 분야의 구조 조정을 통해 합리적이고 효율적인 경제 구조로 개편하고자 했다. 한국은 IMF에서 빌린 195억 달러를 2001년 8월에 전액 상환하면서 IMF 관리 체제에서 벗어날 수 있었다. 현재 한국의 대외 무역 규모는 세계 12위 수준이며 2011년에는 세계 아홉 번째로 무역 1조 달러를 달성했다. 여러 나라와 FTA를 체결하면서 미국, 일본 등 특정국에 편중되어 있던 무역 상대국도 유럽, 아시아로 점차 다변화되었다. 그뿐만 아니라 수출 상품도 경제 발전 초기의 가발, 봉제, 신발 등의 제품에서 반도체, 선박, 자동차, 전자 기기, 컴퓨터 등 첨단 기술이 요구되는 제품으로 바뀌어 상당한 수준의 기술 선진화를 이루고 있다.

중심 내용 파악하기

1. 시기와 한국 경제의 특징을 연결해 보세요.

1) 1950년대	•	• **경제 개발 계획 실시** 가발, 신발 등의 경공업 제품 중심
2) 1960년대	•	• **절대 빈곤의 시기, 해외 원조에 의존** 광물 등을 일부 수출
3) 1970년대	•	• **한국 경제의 호황기** 자동차, 전자 산업 제품을 수출
4) 1980~90년대	•	• **중화학 공업으로 산업 구조 변화** 아시아 2번째로 무역 100억 달러 달성
5) 2000년대 이후	•	• **경제 구조 개편 및 무역국의 다변화** 반도체, IT 제품 수출

세부 내용 파악하기

2. 1950년대에 경제 발전이 어려웠던 요인이 아닌 것을 고르세요.

① 부존자원의 부족
② 농업 중심의 산업 구조
③ 노동 인구의 절대 부족
④ 전쟁으로 인한 산업 기반 시설 파괴

3. 1960년대 도시에 빈민촌이 형성된 이유는 무엇입니까?

4. 1997년 IMF 외환 위기로 한국 경제 구조와 한국인에게 어떤 변화가 있었습니까?

관련 자료 보충하며 읽기

5. 다음 자료는 어느 단락에 보충되어야 합니까?

1) IMF 전후 중산층의 비율 •		• 다
2) 다양한 무역국 관련 자료 •		• 라
3) 선박과 철강의 수출액 자료 •		• 마
4) 국가별 반도체 점유율 순위 •		• 바

이야기해 보세요

1. 한국의 경제 발전 과정을 요약해서 이야기해 보세요.

1950년대	전쟁 후 절대적 빈곤의 시대. 해외의 원조
1960년대	경제 개발 5개년 계획 시작. 공단 건설. 경공업 중심 수출, 이농 현상 시작
1970년대	급속한 경제 성장. 중화학 공업, 수출 중심 산업 발달
1980~90년대	13%의 고속 성장. 중산층 증가
1997년	IMF 외환 위기. 정리 해고와 구조 조정으로 실업자와 노숙자 증가, 중산층 몰락
2000년대	상대적 빈곤의 시대. 부익부 빈익빈 현상 심화 반도체, 자동차, 전자 기기 수출. 무역 10조 달러 달성

쓰기

여러분 나라의 경제 발전 과정에 대해 써 보세요.

준비해 보세요

다음 문장에서 어색한 부분을 찾아 바르게 고쳐 보세요.

1. 연예인은 대중의 관심을 받는 존재 때문에 사생활 침해라는 어려움을 겪는다.
2. 1997년에는 외환 위기이기 때문에 환율이 오르고 문을 닫는 회사가 증가했다.
3. 원자력 발전소는 안전 문제이기 때문에 건설 여부에 대해 신중히 논의해야 한다.
4. 남북한 문제는 한국과 북한 두 나라 간의 문제 때문에 다른 나라는 간섭하지 말아야 된다.

연습해 보세요

1. 다음은 특징을 소개할 때 쓰는 표현입니다. 다음 표현을 사용하여 말해 보세요.

〈특징을 소개할 때〉
- ~의 특징으로 ~다는 점을 들 수 있다.
- ~의 두드러진 특징은 ~다는 것이다.

한국 경제 성장 과정**의 특징으로** 값싼 노동력으로 수출 중심 산업을 육성했**다는 점을 들 수 있다.**

1) 한국 경제 성장 과정
  – 값싼 노동력으로 수출 중심 산업을 육성함.

2) 원자력 발전
  – 탄소 가스가 발생하지 않음.

3) 한국의 민주화 과정
  – 정권 연장을 막는 데 학생들이 큰 역할을 했음.

2. 다음은 문제점을 제시할 때 쓰는 표현입니다. 다음 표현을 사용하여 이야기해 보세요.

〈문제점을 제시할 때〉
- ~은 ~과 같은 문제를 낳았다.
- ~는 ~의 문제점으로 지적되고 있다.

정부의 선 성장 후 분배 정책은 빈부 격차**와 같은 문제를 낳았다.**

빈부 격차**는** 정부의 선 성장 후 분배 정책**의 문제점으로 지적되고 있다.**

1) 정부의 선 성장 후 분배 정책
  → 빈부 격차

2) 화석 연료 사용
  → 지구 온난화

3) 대통령에게 국가 권력 집중
  → 독재 정권 등장

써 보세요

1. 다음 항목을 중심으로 친구에게 여러분 나라의 경제 발전 과정에 대해 소개해 보세요.

- 경제 개발 계획이 있었는가?
- 경제의 특징과 경제 발전의 원동력은 무엇인가?
- 주요 산업과 수출품은 무엇인가?
- 한국의 경제 발전 과정과 유사한 점이 있는가?
- 한국의 경제 발전 과정과 차이점은 무엇인가?
- 경제 발전 과정에서 나타난 문제점은 무엇인가?

2. 여러분 나라의 경제 발전 과정을 조사하고 메모해 보세요.

〈한국의 경제 발전 과정〉

- 특징
  풍부한 노동력, 수출 산업 육성
- 경제 발전 과정
  - 1960년대 : 경제 개발 5개년 계획 시작. 공단 건설. 이농 현상 시작.
  - 1970년대 : 급속한 경제 성장.

…

- 위기 또는 문제점
  빈부 격차

〈　　　　　　〉

- 특징
- 경제 발전 과정

…

- 위기 또는 문제점

3. 위에서 소개한 내용을 바탕으로 여러분 나라의 경제 발전 과정에 대한 글을 써 보세요.

도입	한국은 6·25 전쟁으로 인해 절대적 빈곤을 경험했다. 전쟁 후 미국과 같은 선진국의 원조에 의존할 수밖에 없었던 한국이 현재와 같은 눈부신 발전을 하게 된 원동력은 무엇일까?
특징	한국 경제 발전 과정의 특징으로 값싼 노동력으로 수출 중심 산업을 육성했다는 점을 들 수 있다. 천연자원이 부족했기 때문에 값싼 노동력을 이용해 경제 발전의 기초를 마련한 것이다.
경제 발전 과정	1962년에 경제 개발 5개년 계획이 시작되었다. 정부는 공단을 건설하고 경공업 중심으로 수출 산업을 육성하기 시작했다. 1970년대에는 중화학 공업에 지원과 투자를 아끼지 않았다. 그 결과 1980년대에는 13%의 고속 성장을 이루게 되었다.
위기 또는 문제점	그러나 정부의 선 성장 후 분배 정책은 빈부 격차와 같은 문제를 낳았다. 또한 대기업 중심 정책으로 인해 대기업과 중소기업 간 격차는 날로 커졌다. 이같은 문제들로 인해 사회적 갈등은 심화되고 있다.
결론과 제언	한국은 짧은 기간 동안 눈부신 경제 발전을 이뤄 냈다. 앞으로 한국이 계속 성장해 나가기 위해서는 경제 발전 과정에서 생긴 빈부 격차와 대기업과 중소기업 간 격차 문제를 해결해야 할 것이다.

어휘와 표현

2. 한국의 경제와 성장 과정

● 어휘

경공업(輕工業)

명 부피에 비하여 무게가 가벼운 물건을 만드는 공업. light industry / 轻工业 / 軽工業

섬유 산업은 대표적인 경공업으로 1960~70년대 수출품의 대부분을 차지했다.

경제 개발 5개년 계획(經濟開發五個年計劃)

한국 정부의 주도로 1962년부터 5년 단위로 이루어진 경제 개발 계획. 5-year economic development plan / 经济开发5年计划 / 経済開発五ヶ年計画

한국은 경제 개발 5개년 계획 덕분에 경제가 고속 성장을 할 수 있었다.

고소득층(高所得層)

명 상대적으로 생활 수준이 높거나 소득이 많은 계층. high-income bracket, higher-income group / 高收入阶层 / 高所得層

최근 고소득층의 지나친 과소비가 문제가 되고 있다.

공업(工業)

명 원료를 인력이나 기계력으로 가공해 유용한 물자를 만드는 산업. (manufacturing) industry / 工业 / 工業

공업이 발달하면서 수많은 공장이 생기고 많은 사람들이 공장에 취직했다.

국민 소득(國民所得)[궁민소득]

1년 동안 한 나라의 국민이 생산 활동의 결과로 얻은 최종 생산물의 총액. national income / 国民收入 / 国民所得

국민 소득이 작년에 비해 2.9% 늘었지만 오랜 불경기로 인해 국민들은 경제 성장률을 피부로 느끼지 못하고 있다.

농업(農業)

명 땅을 이용하여 인간 생활에 필요한 식물을 가꾸거나 동물을 기르는 산업. agriculture / 农业 / 農業

산업이 발달하면서 농업에 종사하던 사람들이 다른 직업을 갖는 경우가 늘어났다.

부익부 빈익빈 현상(富益富貧益貧現狀)

부유한 사람은 더 부유해지고 가난한 사람은 더 가난해지는 현상. the rich-get-richer and the poor-get-poorer phenomenon / 富人越来越富，穷人越来越穷的现象 / 富める者は益々富み、貧しき者は益々貧しくなる現象

자본주의 사회에서는 부익부 빈익빈 현상이 큰 사회 문제가 된다.

분배(分配)하다

동 생산 과정에 참여한 개개인이 생산물을 나누다. to distribute / 分配 / 分配する

그 기업에서는 이익을 사원들에게 고르게 분배했다.

빈곤(貧困)의 악순환(惡循環) [악쑨환]

가난하기 때문에 자본이 형성되지 않고, 자본이 형성되지 않기 때문에 생산력을 높일 수 없어 가난이 계속 심해지는 현상. vicious cycle of poverty / 贫困的恶性循环 / 貧困の悪循環

가난해서 교육을 받을 수 없는 저개발국의 학생들은 다시 가난하게 살게 되는 경우가 많기 때문에 결국 빈곤의 악순환이 계속되고 있다고 볼 수 있다.

빈민층(貧民層)

명 가난한 사람들이 속하는 계층. the poor, needy / 贫民阶层 / 貧民層

불황이 계속되면서 생계를 유지하기 힘든 빈민층이 급증하고 있다.

빈부 격차(貧富隔差)

경제적인 면에서 볼 때 가난한 사람과 부유한 사람의 큰 경제적 차이. gap between rich and poor / 贫富差异 / 貧富の格差

빈부 격차가 심해지면 사회가 안정되지 못한다.

산업화(産業化)[사너퐈]

명 산업의 형태가 됨. industrialization / 产业化，工业化 / 産業化

한국은 1960년대 이후 산업화가 급속히 진행되었다.

상대적 빈곤(相對的貧困)

다른 사람과 비교해서 느끼는 빈곤. relative poverty / 相对贫困 / 相対的貧困

요즘은 다른 사람과 비교하면서 상대적 빈곤에 시달리는 사람들이 많다.

상류층(上流層)[상뉴층]

명 신분이나 생활 수준이 높은 계층. upper class / 上流阶层 / 上流階級

그녀는 어릴 때부터 상류층이 되는 것이 소원이었다.

서비스업(Service業)

명 물자의 생산 대신에 서비스를 제공하는 산업. service industry / 服务业 / サービス業

시대가 변화함에 따라 서비스업에 종사하는 인구가 크게 늘어났다.

수산업(水産業)

명 수산물의 어획, 양식, 제조, 가공 등에 관한 산업. fisheries / 水产业 / 水産業

부산은 바다와 접해 있어서 수산업이 매우 발달되어 있다.

실업률(失業率)[시럽뉼]
❺ 일할 의사와 능력이 있지만 일자리를 갖지 않거나 갖지 못한 사람의 비율. unemployment rate / 失业率 / 失業率
요즘엔 청년 실업률도 높아져서 문제가 되고 있다.

외화 획득(外貨獲得) [획뜩]
외국 돈을 벌어 옴. acquisition of foreign currency / 获取外汇，创汇 / 外貨獲得
중동 진출로 인한 외화 획득이 국가 경제 발전에도 큰 도움을 주었다.

원동력(原動力)[원동녁]
❺ 근본이 되는 힘. driving force / 原动力 / 原動力
강한 정신력이 이번 시합에서 승리의 원동력이 되었다.

이농 현상(離農現狀)
농민이 농사일을 그만두고 농촌을 떠나는 현상. exodus from the agricultural industry / 弃农现象，农民停止从事农业劳动而离开农村的现象 / 離農現象
이농 현상은 농촌 인구의 부족 문제를 불러일으켰다.

인적 자원(人的資源)[인쩍짜원]
사람의 노동력을 생산 자원의 하나로 이르는 말. human resources / 人力资源 / 人的資源
기업의 성공과 실패는 인적 자원을 어떻게 활용하느냐에 달려 있다.

저소득층(低所得層)
❺ 상대적으로 생활 수준이 낮거나 소득이 적은 계층. low-income bracket, lowcr-incomc group / 低收入阶层 / 低所得層
정부는 저소득층 가정의 자녀들을 대상으로 무상 급식을 지원하기로 했다.

절대적 빈곤(絕對的貧困) [절때적]
인간의 생존에 필요한 최소한의 물자조차 부족한 극도의 빈곤. absolute poverty / 绝对贫困 / 絶対的貧困
한국은 한국 전쟁 후에 절대적 빈곤 상태에 있었다.

중류층(中流層)[중뉴층]
❺ 신분이나 생활 수준이 중간 정도 되는 계층. middle class / 中等阶层 / 中流層
IMF 경제 위기 이후에 자신을 중류층이라고 생각하는 사람들이 줄어들었다.

중산층(中産層)
❺ 상대적으로 소득이나 생활 수준이 중간 정도 되는 계층. the middle class / 中产阶级 / 中産階級(中流階級)
IMF 경제 위기 이후에 자신을 중산층이라고 생각하는 사람들이 줄어들었다.

중화학 공업(重化學工業)
중공업과 화학 공업을 이르는 말. heavy chemical industry / 重化工业 / 重化学工業
경제 개발 계획에 따라 점차 중화학 공업의 비중이 높아졌다.

첨단 산업(尖端産業)
컴퓨터, 전자 산업과 같이 고도의 기술이 필요하고, 관련 산업에 미치는 효과가 큰 산업. high-tech industry / 高新技术产业 / ハイテク産業
정부는 첨단 산업을 집중적으로 지원하겠다는 계획을 발표했다.

하류층(下流層)
❺ 신분이나 생활 수준이 낮은 계층. lower class / 下层阶级，下层社会 / 下流階級
하류층으로 내려오면 물가 상승에 대해 더 심각하게 느낀다.

IMF 경제 위기(經濟危機)
1997년 11월에 한국이 외화 부족으로 경제적으로 어려워 국제통화기금(IMF)으로부터 210억 달러를 빌린 사건. IMF economic crisis / 韩国金融危机 / IMF経済危機
한국은 1997년 IMF 경제 위기를 맞아 많은 어려움을 겪었으나 국민 모두가 힘을 모아 위기를 극복했다.

● 읽기

■ 읽어 보세요

개편(改編)하다
❺ 조직 등을 바꾸어 다시 고치다. to reorganize / 改组，重组，改编 / 改編する
새로 취임한 회장은 기업의 조직을 개편하고 경영 쇄신을 위한 일단의 조치를 취하라고 지시했다.

기반(基盤)
❺ 기초가 되는 바탕. foundation / 基础 / 基盤
사업을 할 때에 기반이 튼튼하지 못하면 회사가 오래가지 못한다.

다변화(多邊化)
❺ 방법이나 양상이 단순하지 않고 여러 갈래로 복잡해짐. diversification / 多边化，多元化 / 多元化
한국 경제가 지속적으로 발전하기 위해서는 수입국과 수출국의 다변화가 반드시 필요하다.

달성(達成)하다[달썽하다]
❺ 목표나 계획을 이루어 목적에 다다르다. to achieve / 实现，达到 / 達成する
인생의 목표를 정하고 그 목표를 달성하기 위해 열심히 나아가야 한다.

어휘와 표현

대거(大擧)
부 한꺼번에 아주 많이. in large numbers, on a large scale / 大举，大批 / 大挙
이번 회의에서 각국의 정상들이 대거 참석하여 세계 평화에 대해 논의할 예정이다.

부도(不渡)
명 어음이나 수표 따위에 적힌 기한에 지급인으로부터 지급액을 받지 못하는 일. bankruptcy / (债券) 无力支付，破产 / 不渡り
회사가 부도가 나서 직원들은 월급을 받지 못하고 있다.

부존자원(賦存資源)
명 금, 석탄과 같이 땅 속에 묻혀 있는 경제적 가치가 있는 자원. natural resources / 自然资源，地下资源 / 天然資源
한국은 부존자원이 별로 없는 나라이기 때문에 인적 자원 육성이 필요하다.

빈민촌(貧民村)
명 가난한 사람들이 모여 사는 마을. slum / 贫民窟 / スラム街
IMF로 실직하게 된 그는 돈이 없어 빈민촌을 떠도는 처지가 되었다.

선진화(先進化)
명 발전 단계나 정도가 다른 것보다 앞선 상태가 됨. advancement / 先进 (水平)，发达 (程度) / 先進化, 先進的水準になること
이번 모터쇼에서 한국의 자동차 산업은 기술과 디자인 면에서 선진화를 이루었다는 평가를 받았다.

자율화(自律化)
명 외부의 구속이나 제약을 받지 않고 자기의 행동을 스스로 제어함. liberalization / 自治，自主 / 自律化
정부는 1983년 교복 자율화를 실시했다. 그 시기 학생들은 교복 대신 자유로운 복장으로 학교에 다녔다.

전락(轉落)하다[절라카다]
동 나쁜 상태로 떨어지게 되다. to degrade, to degenerate / 败落，堕落 / 転落する
한 대학 교수가 토론 프로그램에 나와서 대학이 직업소개소 또는 기업의 인재 양성소로 전락했다고 비판했다.

전무(全無)하다
형 전혀 없다. to be nonexistent / 全无，毫无 / 皆無だ
나는 대학에서 철학을 전공했기 때문에 공학과 관련된 지식이 전무했다.

정리 해고(整理解雇)[정니해고]
경영난을 겪는 기업이 경쟁력 강화 등을 위해 구조 조정을 할 때 종업원을 해고하는 것. layoff / 裁员 / 整理解雇, リストラ
요즘 나라 경제가 어려워져서 기업들이 과감하게 정리 해고를 단행하고 있다.

조립(組立)
명 부품을 하나의 구조물로 짜 맞춤. assembly / 装配，组合 / 組み立て
나는 대학을 졸업한 후 자동차 조립 공장에서 일을 배우기 시작했다.

준공(竣工)하다
동 공사를 다 끝내다. to complete construction / 竣工 / 竣工する
회사 본관 건물은 준공하기에 앞서 건물의 안전성을 다시 점검하기로 했다.

중동(中東)
명 사우디아라비아 등 서아시아의 여러 나라. Middle East / 中东 / 中東
중동은 1960년에 산유국을 중심으로 석유수출기구를 만들었다.

추월(追越)하다
동 앞에 가는 사람이나 차 등을 뒤에서 따라잡다. 그보다 앞서 나아가다. to pass, to overtake / 超越 / 追い越す
A 씨는 앞차를 추월하려고 무리하게 속도를 내다가 사고가 났다.

확립(確立)하다[황니파다]
동 체계나 의견 등을 흔들리거나 변형되지 않도록 확고한 것으로 만들다. to establish / 确立 / 確立する
경제적으로 안정되고 공정한 사회가 되려면 합리적인 분배 체제를 확립해야 한다.

자기 평가

1. 다음 중 아는 어휘에 √ 하세요.

☐ 혁명	☐ 실업률	☐ 지배하다
☐ 시위하다 / 데모하다	☐ 고소득층	☐ 빈부 격차
☐ 간접 선거	☐ 이농 현상	☐ 민주화 운동
☐ 상대적 빈곤	☐ 정권을 연장하다	☐ 부익부 빈익빈 현상

2. 알맞은 표현을 골라서 문장을 완성해 보세요.

-(으)랴 -(으)랴　　-(으)ㄹ세라　　을/를 불문하고　　-(으)ㄴ/는 이상

1) 가 : 아기한테 왜 이렇게 옷을 많이 입혔어요?
   나 : 아기가 ________________ 걱정이 돼서 할머니가 많이 입히신 것 같아요.
2) 가 : 요즘 유학 생활이 어때요?
   나 : ________________ 정신이 없어요. 어쩔 수 없이 아르바이트를 하게 되었는데 공부만 할 수 있었으면 좋겠어요.
3) 요즘 주말 저녁에 방송되는 드라마가 ________________ 모두에게 인기를 끌고 있다. 인기의 비결은 가족들 간의 사랑을 자연스럽게 그려 냈다는 것이다.
4) 회사에서 중요한 프로젝트의 팀장을 맡게 되었다. 처음에는 부담이 되어서 맡기 싫었지만 이왕 ________________ 최선을 다할 생각이다.

3. 이 단원을 공부하고 여러분이 할 수 있게 된 것에 √ 해 보세요.

- ☐ 바람직한 지도자상에 대한 인터뷰를 하고 그 결과에 대해 논의할 수 있다.
- ☐ 대화를 듣고 사건을 정리할 수 있으며 뉴스를 듣고 내용을 파악할 수 있다.
- ☐ 한국의 경제 발전에 대한 설명문을 읽고 시대별로 주요 사건을 요약할 수 있다.
- ☐ 자국의 경제 발전 과정의 특징을 소개하고 문제점을 제시하는 글을 쓸 수 있다.

정답

2. 1) 감기라도 걸릴세라 2) 아르바이트 하랴 수업 들으랴 3) 남녀노소를 불문하고 4) 일을 맡은 이상

보충 어휘

혼동하기 쉬운 말(Ⅱ) 형태가 비슷하면서도 의미가 다른 말을 익혀 봅시다.

감격하다
상대가 어떤 일을 해서 마음에 깊이 고마움을 느끼다.

감동하다
영화를 보거나 책을 읽고 느끼는 점이 있다.

늘리다
사이즈, 시간, 양 등을 많게 하다.

늘이다
고무줄 등을 원래보다 더 길게 하다.

늘어나다
인구나 재산 등 부피나 분량 등이 원래보다 커지거나 길어지거나 많아지다.

늘어지다
나뭇가지 등이 아래로 당기는 힘 때문에 길어지다.

맞추다
옷이나 안경, 시간 등을 어떤 기준에 맞게 하다.

맞히다
문제의 정답이나 과녁 등을 맞게 하다.

부치다
소포나 편지 등을 보내다.

붙이다
메모지나 안내문 등을 벽에 붙게 하다.

분류하다
종류에 따라 나누다.

분석하다
복잡한 것을 풀어서 개별적인 요소나 성질로 나누어 설명하다.

수리하다
자동차나 가전제품 등의 고장 난 곳을 고치다.

수선하다
옷이나 구두 등의 헌 물건을 고치다.

안쓰럽다
안 좋은 일을 당한 사람을 보고 불쌍한 마음을 갖다.

안타깝다
뜻대로 되지 않아서 가슴이 아프고 답답하다.

풍부하다
자원이나 감정 등이 넉넉하고 많다.

풍족하다
자원 등이 부족함이 없어서 만족하다.

허무하다
인생이 무가치하고 무의미하게 느껴지다.

허전하다
주위에 아무것도 없거나 무엇을 잃어버려서 서운한 느낌이 있다.

연습 1 다음 그림에 어울리는 표현을 찾아보세요.

1) 

① 맞추다
② 맞히다

2) 

① 늘리다
② 늘이다

3) 

① 수리하다
② 수선하다

4) 

① 부치다
② 붙이다

연습 2 다음 상황과 관련 있는 표현을 고르세요.

1) 그 성악가는 성량이 (풍부하기 / 풍족하기) 때문에 마이크 없이도 훌륭한 공연을 할 수 있을 것이다.

2) 나는 주말에 영화 〈광해, 왕이 된 남자〉를 보면서 (감동해서 / 감격해서) 눈물을 흘렸다.

3) 실패하더라도 포기하지 말고 실패한 이유를 (분석한 / 분류한) 후에 다시 도전한다면 좋은 결과를 얻을 수 있다.

4) 친한 친구가 다른 나라로 유학을 갔다. 마음이 너무 (허전하다 / 허무하다).

5) 내가 응원하는 야구팀이 연장전까지 가서 1점 차로 진 걸 보니 아주 (안타까웠다 / 안쓰러웠다).

6) 가지가 땅에 (늘어날 / 늘어질) 정도로 사과나무에 사과가 많이 달렸다.

보충 어휘

연습 3 다음 그림을 보고 대화를 완성해 보세요.

1)

2)

3)

4)

연습 4 다음 빈칸에 어울리는 표현을 찾아 대화를 완성해 보세요.

늘리다 / 늘이다	맞추다 / 맞히다	감동하다 / 감격하다
분석하다 / 분류하다	허전하다 / 허무하다	안타깝다 / 안쓰럽다

1) 가 : 요즘 10년 넘게 봉사 활동을 해 온 부부가 화제라면서?
   나 : 응. 텔레비전에 나온 부부의 이야기를 보고 사람들이 ....

2) 가 : 애지중지 키우던 딸이 시집가고 나니까 마음이 너무 ....
   나 : 등산이나 퀼트 같은 새로운 취미를 가져 보세요.

3) 가 : 아이가 태어나서 앞으로 돈이 많이 필요할 텐데……. 저축을 많이 해야 할 것 같아.
   나 : 그래. 지금부터라도 지출을 줄이고 저축을 ....야겠어.

4) 가 : 눈이 나빠져서 안경 써야 하는데 요즘 안경 비싸지 않아?
   나 : 남대문 시장에 한번 가 봐. 안경을 싸게 .... 수 있대.

5) 가 : 민수한테 무슨 일 있나? 요즘 너무 피곤해 보여.
   나 : 회사에 일이 많아서 요즘 계속 야근한대. 잠도 못 자고 계속 일하는 걸 보니까 너무 ....

6) 가 : 이 화장품을 바르면 주름이 없어진다면서?
   나 : 글쎄. 성분을 .... 보니까 주름을 없애는 데 효과가 별로 없다는 것 같던데…….

XV 지형과 방언

1 지형과 사회

주제 한국의 지형과 사회

어휘 지형적 특색 표현하기

문법과 표현
- A/V-(으)니/느니 A/V-(으)니/느니 (하다)
- A/V-건만

듣기
- 강의 듣고 4대 문명의 특징 파악하기
- 강의 듣고 한국의 지형적 특색 파악하기

말하기
- 소감 발표하기

2 다양한 한국어의 모습

주제 한국의 언어 문화

어휘 한국의 지역 방언

문법과 표현
- V-는 게 고작이다
- A/V-(으)ㄹ 따름이다

읽기
- 조사 보고서 읽고 내용 파악하기
- 조사 보고서의 구조 이해하기

쓰기
- 조사 계획 세우기
- 조사 보고서 쓰기

보충 어휘
- 지명 관련 표현

1

주제
한국의 지형과 사회

어휘
지형적 특색 표현하기

문법과 표현
· A/V-(으)니/느니 A/V-(으)니/느니 (하다)
· A/V-건만

듣기
· 강의 듣고 4대 문명의 특징 파악하기
· 강의 듣고 한국의 지형적 특색 파악하기

말하기
소감 발표하기

지형과 사회

들어가기

이야기해 보세요

1. 각 지역은 어떠한 지형적 특색을 가지고 있습니까?

2. 여러분 고향의 지형적 특색에 대해 이야기해 보세요.

어휘와 문법

읽어 보세요 track 39

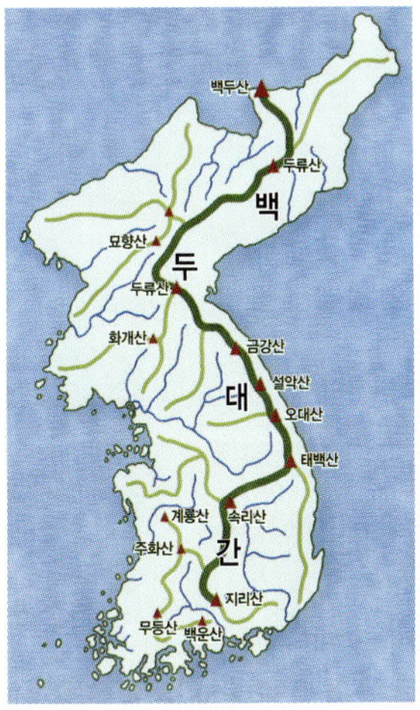

외국인의 눈에 비친 백두 대간… LEI '다큐 스페셜'

방송 시간 2013년 12월 21일(토) 밤 11시 20분

방송 내용

뉴질랜드 경찰이었던 로저 셰퍼드 씨. 그는 백두 대간의 거대한 산줄기에 매료돼 2007년 남한의 백두 대간 전 구역을 종주했다. 그리고 2011년 10월 북한의 초청을 받아 북한의 백두 대간을 걷기 시작했다. 그는 당시 3주에 걸쳐 북한 가이드의 도움을 받아 금강산에서 문필봉까지 걸었으며, 이듬해 4월 다시 북한을 방문해 나머지 구역을 종주하는 데 성공했다. LEI가 정전 60주년을 맞아 준비한 특집 프로그램으로 외국인의 눈에 담긴 북한 지역 백두 대간 모습이 전파를 탄다.

댓글 8개 | 등록순▼ | 조회수 89 | 0

일리무무 백두 대간이 뭐예요?^^;;;

ㄴ RE : **콩콩** 백두산에서 지리산까지 이어지는 한반도의 가장 크고 긴 산줄기를 백두 대간이라고 해요.

장남 백두 대간이 저렇게 아름답**건만** 한국 사람들은 백두 대간에 다 가 볼 수 없겠네요.

ㄴ RE : **산토끼** 그렇지요. 통일이 되면 갈 수 있겠죠.

투어 박사 에베레스트 산이 세계에서 제일 높**으니** 아름다우**니 해도** 가깝고 쉽게 갈 수 있는 곳이 최고지요! 투어 박사에서는 '백두 대간 협곡 열차' 상품을 준비했습니다.

완료 인터넷 100%

1. 백두 대간은 무엇을 말합니까?

2. 로저 셰퍼드 씨는 어떻게 백두 대간을 모두 가 볼 수 있었습니까?

어휘를 연습해 보세요

내륙(산간 / 해안 / 도서) 지방	하천 / 산지 / 고원 / 평야 / 분지 / 산맥	(경사가) 완만하다 / 가파르다
산악 지대	지평선 / 수평선 / 해안선	조수 간만의 차가 크다 / 작다
오대양 육대주	갯벌 / 연안 / 어장	해안선이 단조롭다 / 복잡하다
반도 / 한반도	난류 / 한류가 흐르다	삼면이 바다에 접해 있다
동고서저		

1. 서로 관계있는 것끼리 연결해 보세요.

1) 동고서저	•	• 우리 집 뒤에 있는 산은 마을 사람들이 산책 삼아 오를 정도로 그렇게 가파르지 않다.
2) 완만하다	•	• 반복되는 나의 삶이 단순하고 변화가 없어 새로운 느낌이 없다.
3) 단조롭다	•	• 대한민국은 삼면이 바다로 둘러싸여 있고 한 면은 육지에 이어져 있다.
4) 오대양 육대주	•	• 지구를 둘러싸고 있는 다섯 개의 대양과 지구 위의 여섯 대륙을 말한다.
5) 반도	•	• 한국의 지형을 살펴보면 북동부 지역에는 높은 산지와 고원 지형이 발달하였으며 서부 지역에는 낮은 산지나 평야가 분포되어 있다.

문법과 표현을 연습해 보세요

1. A/V-(으)/느니 A/V-(으)/느니 (하다)

· 애들 교육에 안 좋으니 편의 시설이 많지 않으니 하면서 혐오 시설 건설에 반대하고 있어요.
· 결혼을 하느니 마느니 하다가 결국 안 하고 말았어요.
· 생활비가 많이 드니 공기가 나쁘니 해도 도시에 살던 사람에겐 도시가 편하죠.

2. A/V-건만

· 이 지역이 조수 간만의 차가 크건만 갯벌을 훼손할 수 있어 발전소 건설은 어려울 것 같아요.
· 부모님은 유학 간 아들의 소식을 기다리건만 아들로부터 아무런 소식이 없다.
· 마음은 아직 청춘이건만 몸이 말을 듣지 않아서 운동을 도통 못 하고 있어요.

1. 다음과 같이 이야기해 보세요.

1)

말하기 시험 잘 봤어요?

잘 못 본 것 같아요. 선생님이 발음이 안 좋**으니** 잘못된 표현을 사용하고 있**느니 하시더라고요**.

2)

남자 친구가 마음에 드신대?

3)

그 법안이 통과될까요?

2. 다음과 같이 이야기해 보세요.

딸의 결혼 적령기가 지났**건만** 결혼할 생각도 안 해요.

1) 딸이 결혼 적령기가 지났는데 결혼할 생각도 안 해요.

2) 값이 제일 비싼데 사람들은 그 물건을 못 사서 난리예요.

3) 다음 주까지 500쪽짜리 책을 읽고 보고서를 써야 하는데 아직 한 장도 못 읽었어요.

듣기

준비해 보세요

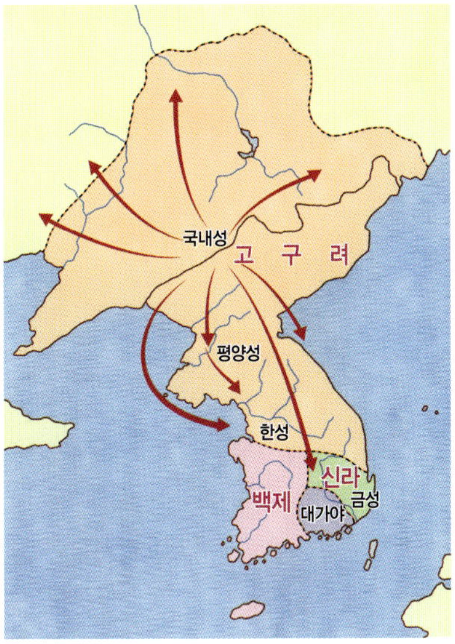

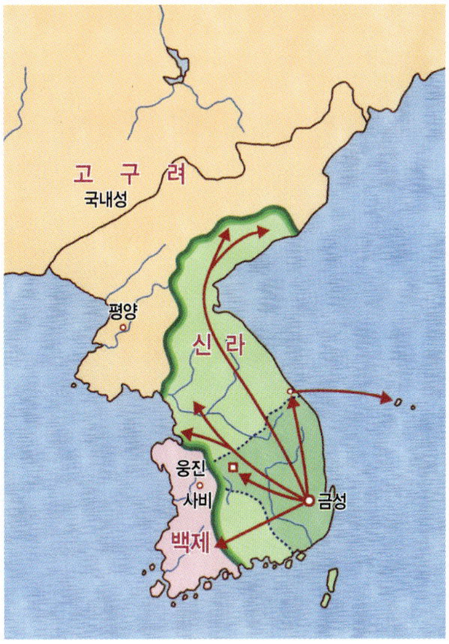

1. 4세기 초에서 7세기 중엽까지 삼국 시대(고구려, 백제, 신라)의 지도입니다. 어떤 상황인 것 같습니까?

2. 각국의 전성기와 지형적 특색의 관계에 대해 이야기해 보세요.

들어 보세요 1 track 40

다음 강의를 잘 듣고 질문에 답해 보세요.

중심 내용 파악하기 1. 무엇에 대한 강의입니까?

세부 내용 파악하기 2. 빈칸에 알맞은 말을 넣으세요.

3. 처음으로 문명이 만들어진 곳들의 공통점을 모두 고르세요.

- ☐ 동고서저의 지형
- ☐ 강변과 넓은 평야
- ☐ 청동기의 사용
- ☐ 문자의 발명
- ☐ 계급 발생에 의한 도시 국가의 출현

들어 보세요 2 track 41

다음은 지형과 사회에 대한 강의입니다. 잘 듣고 질문에 답해 보세요.

중심 내용 파악하기 1. 다음은 무엇에 대해 이야기하고 있습니까?

세부 내용 파악하기 2. 대한민국을 왜 '한반도'라고 부릅니까?

3. 한국의 지형적 특징과 관련이 있는 것을 모두 고르세요.

- ☐ 서쪽과 남쪽에는 큰 도시가 많다.
- ☐ 평야는 대한민국 국토의 30%도 안 된다.
- ☐ 아시아 대륙의 동쪽 끝에 자리 잡고 있다.
- ☐ 대한민국 국토의 70% 정도가 높은 산이다.
- ☐ 대한민국의 큰 강들은 거의 동쪽에서 서해로 흐른다.

4. 다시 듣고 다음을 연결해 보세요.

강원도 대관령	서해안, 남해안	하천의 하류	동해안	김포, 안성, 논산, 호남, 김해

해수욕장	목축과 고랭지 농업	갯벌	논농사

산지	해안	평야

말하기

새로운 시도에 대해 평가해 보세요.

준비해 보세요

1. 헤어질 때 사람들에게 그동안의 소감을 발표할 때 어떤 내용이 포함되어야 합니까? 더 필요한 것이 있으면 이야기해 보세요.

- ☐ 자기소개를 한다.
- ☐ 감사한 사람에게 감사 인사를 한다.
- ☐ 변화나 앞으로의 각오를 이야기한다.
- ☐ 함께한 시간이나 그동안의 추억에 대해 말한다.
- ☐ 좋았던 일이나 아쉬웠던 일, 힘들었던 일, 미안한 일을 이야기한다.

연습해 보세요

다음과 같이 소감 발표를 준비해 보세요.

1. 첫날의 기억, 지난 시간 이야기하기

- 저는 ~전에 ~을 시작했습니다.
- ~(으)ㄴ 지 벌써~이 되었습니다.
- ~을 시작한 것이 엊그제 같은데 (~이 지나) 벌써 ~이 되었습니다.
- 처음 ~을 시작할 때는 (날씨, 계절, 날짜이었는데 지금은 (날씨, 계절, 날짜)이 되었습니다.

서울대학교에서 한국어 공부를 시작**한 지 벌써** 1년**이 되었습니다.**

서울대학교에서 1급**을 시작한 것이 어제 같은데** 1년 6개월이 지나 6급 수료식**이 되었습니다.**

1) 6급 수료식(또는 송별회)에서 친구들과 헤어질 때

2) 큰 상을 받았을 때

2. 공부/일을 시작한 이유와 추억 이야기하기

- 공부 / 일을 시작한 이유
- 고마운 사람과 고마운 이유
- 좋았던 일이나 아쉬웠던 일, 힘들었던 일, 미안한 일

저는 어머니가 한국인이셔서 한국어를 배우게 되었습니다. 저에게는 한국이 가까운 나라라고 느껴졌고 다른 사람보다 한국에 대해서 잘 알고 있다고 생각하며 한국 유학 생활을 쉽게 생각했습니다. 하지만 상상과는 달랐습니다. 물론 즐거운 일도 많이 있었지만 힘든 일도 많았습니다…….

1) 고마운 사람과 그 이유(선생님, 친구들, 하숙집 아줌마)

2) 기억에 남는 일

3. 앞으로의 각오와 계획 이야기하기

- 앞으로의 각오나 계획
- 느낌이나 생각
- 경험 후 달라진 점

앞으로 우리는 각각의 목표를 향해 각자의 길을 걷기 시작할 것입니다. 친구들과 헤어지는 것은 섭섭한 일이지만 자신감을 갖고 당당하게 앞으로 나가면 좋겠습니다. 여러 나라의 친구들을 만나며 각국의 독특한 문화를 공유할 수 있었던 것은 우리에게 정말 좋은 경험이 될 것입니다.

이야기해 보세요

1. 다음 상황에서의 소감을 메모해 보세요.

6급 수료식(또는 송별회)에서 친구들과 헤어질 때	큰 상을 받았을 때

〈6급 수료 소감 발표〉

- 첫날의 기억, 지난 시간 이야기하기
  - 1년 반 전에 공부를 시작함.
- 공부/일을 시작한 이유와 추억 이야기하기
  - 어머니가 한국인이심.
  - 한국어를 배우며 힘들었을 때 도움을 준 친구들.
- 느낌과 생각 이야기하기
  - 수료 후, 앞으로의 각오.

〈 〉

-

2. 메모한 것을 바탕으로 소감을 발표해 보세요.

시작한 날의 기억 이야기하기	뜨거운 햇살과 우렁찬 매미 소리가 여름이 한창임을 느끼게 하는 오늘. 서울대학교 언어교육원 6급 30명의 친구들과 함께 무사히 6급을 끝낼 수 있어서 매우 기쁘게 생각합니다. 그리고 지금까지 도와주신 선생님들을 비롯한 가족, 친구들에게 감사드립니다. 저는 1년 반 전에 서울대학교 언어교육원에서 1급을 시작했습니다. 새로운 생활, 새로운 만남에 가슴이 뛰는 동시에 조금 긴장된 발걸음으로 언어교육원으로 향했던 일을 지금도 어제처럼 기억하고 있습니다.
일을 시작한 이유와 추억 이야기하기	저는 어머니가 한국인이셔서 한국어를 배우게 되었습니다. 저에게는 한국이 가까운 나라라고 느껴졌고 다른 사람보다 한국에 대해서 잘 알고 있다고 생각하며 한국 유학 생활을 쉽게 생각했습니다. 하지만 상상과는 달랐습니다. 물론 즐거운 일도 많이 있었지만, 낯선 문화, 외로운 해외 생활, 뜻대로 되지 않는 일들이 많았습니다. 그럴 때마다 항상 옆에 있어 줬던 사람은 바로 언어교육원에서 만난 친구들이었습니다. 즐거운 일도 슬픈 일도 같이 공유하다가 깊은 관계가 되었습니다. 여기서 만난 친구들은 나에게 둘도 없는 존재이며, 여러분과 웃었던 날을 영원히 잊지 못할 것입니다. 여기서 감사의 마음을 전하고 싶습니다. 친구들아 정말 고마워!
느낌과 생각 이야기하기	앞으로 우리는 각각의 목표를 향해 각자의 길을 걷기 시작할 것입니다. 친구들과 헤어지는 것은 섭섭한 일이지만 자신감을 갖고 당당하게 앞으로 나가면 좋겠습니다. 여러 나라의 친구들을 만나며 각국의 독특한 문화를 공유할 수 있었던 것은 우리에게 정말 좋은 경험이 될 것입니다. 마지막으로 항상 친절하게 한국어를 열심히 가르쳐 주신 선생님께 진심으로 감사드립니다. 마지막으로 도와준 가족에게 사랑을 담아 20**년 8월 8일 서울대학교 언어교육원 6급 000

어휘와 표현

1. 지형과 사회

● 어휘

(경사가) 가파르다
비스듬히 기울어지는 상태나 정도가 급하다. to be to be steep / 倾斜壁陡，坡度陡 / (山や道の勾配が) 急だ, 険しい, 切り立っている
이 산은 경사가 가파르니까 올라갈 때 조심해야 한다.

(경사가) 완만(緩慢)하다
비스듬히 기울어지는 상태나 정도가 급하지 않다. to be gentle / 倾斜缓慢，坡度舒缓 / (山や道の傾斜が) 緩慢, 緩徐, なだらかだ
산을 가로질러 다음 골짜기에 이르자 경사가 비교적 완만한 평지가 나왔다.

갯벌 [개뻘/갣뻘]

명 밀물 때는 물에 잠기고 썰물 때는 물 밖으로 드러나는 모래 점토질의 평탄한 땅. mud flat / 滩涂，泥滩，沙滩 / 干潟
썰물이 되어 물이 빠져나가자 아이들은 갯벌에 나가 조개를 주웠다.

고원(高原)
명 보통 해발 고도 600미터 이상에 있는 넓은 벌판. plateau / 高原 / 高原
가파른 숲 속 길을 몇 시간 올라가니 넓은 고원이 펼쳐졌다.

난류(暖流/煖流)
명 적도 부근의 저위도 지역에서 고위도 지역으로 흐르는 따뜻한 해류. warm current / 暖流流淌 / 暖流が流れる
삼면이 바다인 한반도는 동해에서 난류와 한류가 교차하여 좋은 어장을 이룬다.

내륙 지방(內陸地方)
바다에서 멀리 떨어져 있는 땅. inland region / 內陆地区 / 内陸地方
공업 지역이 내륙 지방에서 해안 지역으로 변경되면서 해안 지역의 인구밀도가 높아졌다.

도서 지방(島嶼地方)
크고 작은 온갖 섬이 있는 곳. island region / 岛屿地区 / 島嶼地域
도서 지방에는 택배가 가지 않거나 더 비싼 요금을 지불해야만 한다.

동고서저(東高西低)
명 지형이나 기압 등이 동쪽 지역은 높고 서쪽 지역은 낮은 상태. east high west low / 东高西低 / 東高西低
한국의 지형은 전형적인 동고서저의 특징을 보인다.

반도(半島)
명 삼면이 바다로 둘러싸이고 한 면은 육지에 이어진 땅. peninsula / 半岛 / 半島
대한민국은 삼면이 바다로 둘러싸여 있어 반도라고 한다.

분지(盆地)
명 해발 고도가 더 높은 지형으로 둘러싸인 평지. basin / 盆地 / 盆地
대구는 분지라서 여름은 덥고 겨울은 춥다.

산간 지방(內陸地方)
산과 산 사이에 산골짜기가 많은 곳. mountainous region / 山区 / 山国, 山間地方
강원도의 산간 지방에서는 버섯이나 나물 등을 풍부하게 얻을 수 있다.

산맥(山脈)
명 산봉우리가 띠 모양으로 길게 연속되어 있는 지형. mountain rage/ 山脉 / 山脈
안데스산맥은 남아메리카 대륙에 위치하고 있는 산맥이다.

산악 지대(山岳/山嶽 地帶)
높고 험준하게 솟은 산들이 많은 곳. mountainous area / 山岳地带 / 山岳地帯
멀리 눈 쌓인 산악 지대에 안개가 걷히고 바다엔 붉은 해가 솟았다.

산지(山地)
명 들이 적고 산이 많은 지대. mountain district / 山区，山地 / 山地
도시 생활을 정리하고 귀농한 젊은 부부는 산지를 개간하여 농경지로 만들었다.

삼면(三面)이 바다에 접(接)해 있다(接--) [저패 읻따]
세 면이 바다에 이어서 닿아 있다. to be surrounded by water on three sides / 三面濒临大海 / 三面が海に取り囲まている, 接している
한반도는 삼면이 바다에 접해 있고 북쪽은 아시아대륙과 접해 있다.

수평선(水平線)

명 물과 하늘이 맞닿아 경계를 이루는 선. horizon, the line in the distance where the water and the sky seem to meet / 水平线 / 水平線
푸른 바다와 푸른 하늘이 맞닿은 수평선 위로 뭉게구름이 피어올랐다.

어장(漁場)
명 고기잡이 하는 곳. 보통 한류와 난류가 만나 풍부한 수산 자원이 있음. fishing ground / 渔场 / 漁場
한류와 난류가 만나는 동해 어장에서는 명태, 오징어, 꽁치 등이 많이 잡힌다.

어휘와 표현

연안(沿岸)
명 강이나 호수, 바다를 따라 잇닿아 있는 육지. coast, shore / 沿岸 / 沿岸
이 물고기는 낙동강 연안에 서식하는 종이다.

오대양 육대주(五大洋六大洲)
지구를 둘러싸고 있는 태평양·대서양·인도양·북극해·남극해를 오대양이라고 하고 아시아·아프리카·유럽·남아메리카·북아메리카·오세아니아를 육대주라고 함. five oceans and six continents / 五大洋六大洲 / 五大洋と六大州
해외 뉴스를 다루는 기자는 오대양 육대주 여기저기의 사건사고를 보도한다.

조수 간만(潮水干滿)의 차(差)가 작다
밀물과 썰물의 차이가 작다.
동해안은 조수 간만의 차가 작아서 조력 발전을 하기에 적합하지 않다.

조수 간만(潮水干滿)의 차(差)가 크다
밀물과 썰물의 차이가 크다. to have a large tidal range / 潮水涨落之差较大 / 潮の満ち干が激しい, 干満の差が大きい
조수 간만의 차가 크면 조력 발전에 도움이 된다.

지평선(地平線)

명 편평한 대지의 끝과 하늘이 맞닿아 경계를 이루는 선. horizon; the line in the distance where the earth and the sky seem to meet / 地平线, 天际线 / 地平線
언덕에 올라 지평선을 바라보았다.

평야(平野)
명 기복이 매우 작고, 지표면이 평평하고 넓은 들. plain / 平原 / 平野
기름진 남도의 평야는 가장 넓고도 풍요로운 지역이다.

하천(河川)
명 강과 시내. rivers / 江河, 河川 / 河川, 川
우리 마을에 있는 하천은 한때 맑은 물이 흘렀으나 지금은 심하게 오염되었다.

한류(寒流)
명 온도가 비교적 낮은 해류. cold current / 寒流流淌 / 寒流が流れる
지구 온난화로 한류 어종의 서식지가 위협받고 있다.

한반도(韓半島)
명 아시아 대륙의 동북쪽 끝에 있는 반도. 한국을 일컬음. Korean Peninsula / 韩半岛 / 朝鮮半島
한반도의 평화 통일을 위해서 남북한은 물론 세계 여러 나라가 노력하고 있다.

해안 지방(海岸地方)
바다와 육지가 맞닿은 부분. coastal region / 沿海地区 / 海岸, 沿岸地方
해안 지방은 높은 파도나 해일 등으로 피해를 입는 경우가 종종 있다.

해안선(海岸線)
명 바다와 육지가 맞닿은 선. coastline / 海岸线 / 海岸線
해안선에 부딪히는 파도 소리가 아름답다.

해안선(海岸線)이 단조롭다(單調--)
바다와 육지가 맞닿은 선이 단순하다. to have a monotonous coastline / 海岸线单调 / 海岸線が単調だ
동해안은 해안선이 단조롭고 수심이 깊다.

해안선(海岸線)이 복잡(複雜)하다 [복짜파다]
바다와 육지가 맞닿은 선이 단순하지 않다.
to have a complex coastline / 海岸线复杂 / 海岸線が複雑だ
남해안은 해안선이 매우 복잡할 뿐만 아니라 수많은 섬들이 있다.

● 듣기

■ 들어 보세요 1

계급(階級)
명 사회나 일정한 조직 내에서의 지위, 관직 등의 단계. certain class / 阶级 / 階級
그는 먼저 포로들의 소속, 군번, 계급 그리고 성명을 차례로 물었다.

문명(文明)
명 인류가 이룩한 물질적, 기술적, 사회 구조적인 발전. civilization / 文明 / 文明
과학 문명의 발달로 인간의 수명은 점차 늘어나고 있다.

미개하다(未開--)
형 사회가 발전되지 않고 문화 수준이 낮은 상태에 있다. to be uncivilized / 野蛮, 蒙昧 / 未開だ
1970년대에는 유전 공학이 아직 미개한 분야였다.

청동기(青銅器)

명 청동으로 만든 그릇이나 기구. bronze ware / 青铜器 / 青銅器
고조선의 청동기 유적지를 발견하였다.

들어 보세요 2

고랭지(高冷地)

명 저위도에 위치하고 높이가 600미터 이상으로 높고 서늘한 곳. high altitude cool region / 高寒地区 / 高冷地

고랭지는 여름철에도 서늘한 온도를 유지하기 때문에 배추 등의 다양한 농산물을 생산해 내고 있다.

깎이다

동 물건의 표면이 얇게 벗겨지다. to be cut off / 被削 / 削げる, 削れる

파도에 의해 절벽의 암석이 많이 깎여 있었다.

다도해(多島海)

명 섬이 있는 바다. group of islands / 多岛海 / 多島海, 多数の島々が点在する海域

남해는 작은 섬들이 많아서 다도해라고 불린다.

대관령(大關嶺)

명 강원도 강릉시와 평창군 사이에 있는 고개. 서울과 영동 지방을 잇는 곳이며, 고랭지 농업으로 유명하고 스키장이 있음. mountain pass between Gangneung and Pyeongchang in Gangwon Province / 大关岭 / 大關嶺(韓国地名)

대관령은 겨울에 폭설로 도로가 끊기는 경우가 종종 있다.

대륙(大陸)

명 넓은 면적을 가지고 해양의 영향이 내륙부에까지 직접적으로 미치지 않는 육지. continent / 大陆 / 大陸

남아메리카 대륙은 많은 서구 열강들의 침략을 받았다.

하류(下流)

명 강이나 내의 아래쪽 부분. downstream / 下游 / 下流, 川下

사람들을 태운 배가 강의 하류에 도착할 무렵 멀리서 선착장이 보였다.

2 다양한 한국어의 모습

주제
한국의 언어 문화

어휘
한국의 지역 방언

문법
- V-는 게 고작이다
- A/V-(으)ㄹ 따름이다

읽기
- 조사 보고서 읽고 내용 파악하기
- 조사 보고서의 구조 이해하기

쓰기
- 조사 계획 세우기
- 조사 보고서 쓰기

들어가기

이야기해 보세요

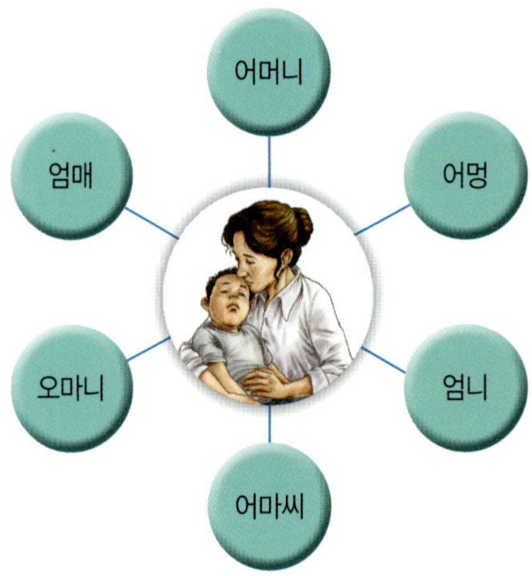

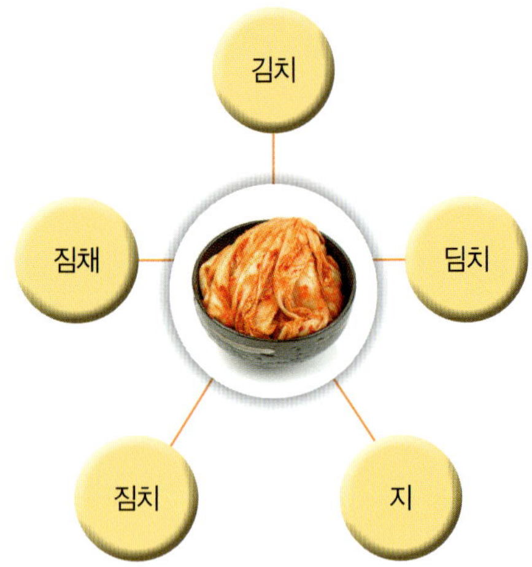

1. 한국의 다른 지역 말을 들어 본 적이 있습니까?

2. 여러분 나라의 말은 각 지역에 따라 어떻게 다릅니까?

어휘와 문법

읽어 보세요 track 42

과거에는 지형적 영향으로 지역 간의 왕래가 자유롭지 못했기 때문에 지역 간에 언어나 문화의 차이가 크게 나타났다. 하지만 교통수단이 발달하여 지역 간의 왕래가 자유로워지고, 통신 수단과 대중 매체가 발달하여 각 지역이 쉽게 영향을 주고받을 수 있게 됨에 따라 각 지역의 고유문화가 많이 획일화되고 있는 실정이다.

한국어에는 표준어의 바탕이 되는 서울말 외에도 지역마다 자연스럽게 생겨난 방언들이 존재한다. 그리고 이러한 방언 역시 조금씩 사라져 가고 있어 안타까**울 따름이다.** 특히 표준어 중심의 교육이 이루어지면서 방언이 표준어보다 하위 언어라고 생각하는 사람들이 있고 특정 지역의 경우 방언은 이제 나이가 있는 사람들만 쓰고 있**는 게 고작이다.**

방언에는 그 지역 사람들의 문화와 역사가 고스란히 담겨 있다. 따라서 언어와 문화의 원형을 보전하고 한국 언어문화의 다양성을 높이기 위해 사라져가는 방언을 지키고 계승하려는 노력이 필요할 것이다.

남한의 방언 지역(강경원, 2014)

1. 지역 방언이 사라지고 있는 이유는 무엇입니까?

2. 지역 방언이 중요한 이유는 무엇입니까?

어휘를 연습해 보세요

방언 / 사투리	문화적 다양성	실태를 파악하다
억양	획일화되다	문화를 보전하다
원형	언어를 구성하다	표준어를 제정하다
고유문화	의식을 반영하다	대등한 자격을 갖다
계승하다	정서가 담겨 있다	자연적으로 형성되다

1. 서로 관계있는 것끼리 연결해 보세요.

1) 의식을 반영하다	•	•	전라도에서는 전라도 지방의 전통 음식 문화를 앞으로도 계속해서 이어나가기 위해 전통 음식 학교를 열 계획이다.
2) 획일화되다	•	•	많은 고등학교들이 학생들의 개성을 살리는 교육보다는 대학 입시를 위한 교육을 실시하고 있다.
3) 계승하다	•	•	집의 모습에는 그 집에 사는 사람들의 생각, 가치관, 취향 등이 나타난다.
4) 자연적으로 형성되다	•	•	이번 축제에서는 전설적인 가수부터 신인 가수들까지 차례로 무대에 올라 자신의 음악 세계를 관객들에게 선보였다.
5) 대등한 자격을 갖다	•	•	한라산에서 서귀포로 이어지는 516번 도로는 주민들이 오랜 세월 동안 지나다니면서 생긴 도로로, 주변 경치가 매우 아름답다.

문법과 표현을 연습해 보세요

1. V-는 게 고작이다

· 요즘 너무 바빠 부모님께 한 달에 한 번 전화 드리는 게 고작이다.

· 올해 전셋값은 20% 인상되었지만 월급은 2% 오른 게 고작이다.

2. A/V-(으)ㄹ 따름이다

· 그 가수는 건강 악화로 콘서트를 취소하게 되어 팬들에게 죄송할 따름이라고 밝혔다.

· 사업에 실패한 후 김 씨는 매일 한숨만 쉴 따름이었다.

1. 다음 문장에 이어질 말을 만들어 보세요.

그는 한국어를 유창하게 하지만	한국에는 한 번 와 본 게 고작이다.

1) 그는 모든 성적이 우수하지만 사교육이라고는

2) 올 여름 태풍으로 인해 농민들이 큰 피해를 입었지만 정부는

3) 한국에 온 지 1년이 넘었지만 지금까지

2. 다음과 같이 자신의 경험을 이야기해 보세요.

방학 때 몸이 아파 여행을 취소하고 집에만 있어야 했어요. 여행간 친구들이 부러울 **따름이었죠.**

제가 한국에서 지갑을 잃어버렸을 때 한 택시 기사님이 찾아주셨어요. 그분께 언제나 고마울 **따름이에요.**

읽기

준비해 보세요

다음은 이문구의 소설 〈관촌수필〉의 일부분입니다. 방언과 서울말에는 어떤 차이가 있는지 이야기해 보세요.

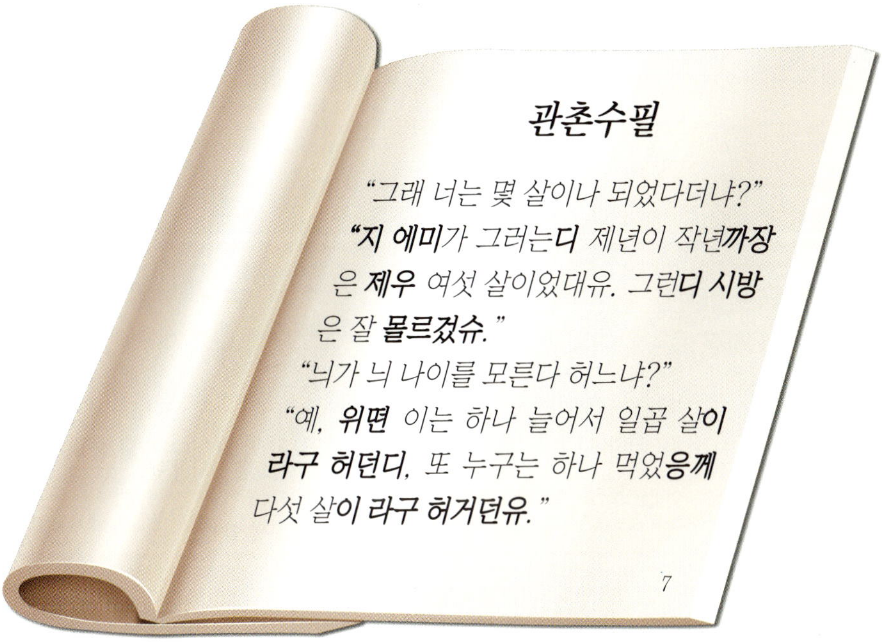

관촌수필

"그래 너는 몇 살이나 되었다더냐?"
"지 에미가 그러는**디** 제년이 작년**까장**
은 **제우** 여섯 살이었대유. 그런**디 시방**
은 잘 **몰르겄슈.**"
"늬가 늬 나이를 모른다 허느냐?"
"예, **위면** 이는 하나 늘어서 일곱 살**이**
라구 허던디, 또 누구는 하나 먹었**응께**
다섯 살**이 라구 허거던유.**"

7

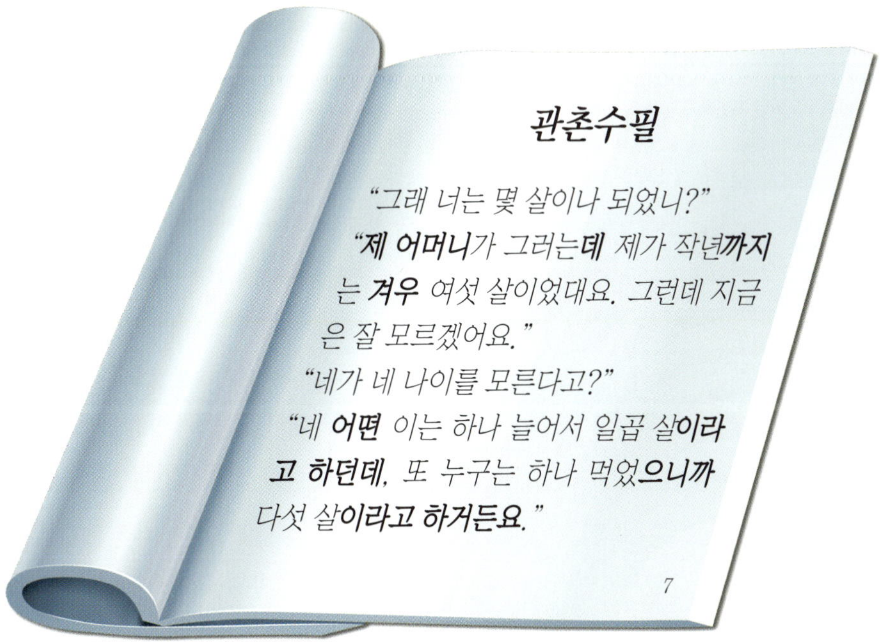

관촌수필

"그래 너는 몇 살이나 되었니?"
"제 어머니가 그러는**데** 제가 작년**까지**
는 **겨우** 여섯 살이었대요. 그런데 지금
은 잘 모르겠어요."
"네가 네 나이를 모른다고?"
"네 **어떤** 이는 하나 늘어서 일곱 살**이라**
고 하던데, 또 누구는 하나 먹었**으니까**
다섯 살**이라고 하거든요.**"

7

읽어 보세요 1 track 43

다음은 지역 방언에 대한 설명문입니다. 글을 읽고 질문에 답해 보세요.

가 말은 인간의 사고를 가장 구체적으로 반영하는 수단이며 일상생활에서 가장 중요한 의사소통의 수단이다. 이러한 말에 관심을 가진다면 지역에 따라 표준어와 다른 그 지역 고유의 표현이 사용되고 있음을 알 수 있다. 예를 들어 표준어 '어디 가십니까?'를 경상도에서는 '어디 가십니꺼?' 또는 '어디 가니껴?' 또는 '어디 가는교?'라고 말한다. 또한 전라도에서는 '어디 가시오?' 또는 '아디 가시지라(우)?', 충청도에서는 '워디 가세유?', 제주도에서는 '어디 감수꽈?' 또는 '어디 감네까?'라고 말한다. 이와 같이 지역에 따라 달리 사용되는 말을 표준어와 구별하여 방언이라고 한다.

나 이러한 방언은 어떻게 형성되었을까? 다음과 같은 가정을 해 보자. 한 언어는 처음에 하나의 체계를 가지고 있었다. 그러나 그 언어를 쓰던 사람들 중의 일부가 다른 곳으로 거주지를 옮겼다. 현대와 달리 교통수단이 발달하지 않았던 과거의 사람들은 강이나 산 등의 자연적 요인 때문에 자기가 사는 지역을 떠나 멀리까지 가는 것이 매우 힘들었다. 따라서 특정 지역에 살던 사람들은 그들에게 필요한 어휘를 만들어 가면서 그들에게 적합한 표현 방법을 발전시켜 나갔다. 그 결과 여러 지역의 말은 ⓐ소리, ⓑ단어, ⓒ문법 등에 차이를 가지게 되었다. 이렇게 만들어진 방언을 특히 지역 방언이라고 한다.

다 한편 사회적으로 방언에 대한 오해나 편견이 존재하기도 한다. 예를 들어 경기도(서울과 인천 포함) 사람들이 사용하는 말이 표준어와 동일하며 그 외 지역 사람들이 사용하는 말은 방언이라고 인식하는 경향이 있다. 이러한 인식은 경기도 지역에서 사용되는 말이 다른 지역보다 상대적으로 품위가 있다고 생각하는 우월감으로 연결되기도 한다. 그러나 하나의 언어는 크고 작은 방언으로 구성되며, 한 언어를 구성하는 방언들은 서로 대등한 자격을 가진다. 우리나라의 경우 방언은 자연적으로 형성된 말이며, 표준어는 정책적 목적으로 주로 서울의 중류층 또는 교양 있는 계층의 말과 그 외의 다른 언어 요소들을 합하여 만든 인위적이고 추상적인 말일 따름이다. 그러므로 어떤 지역의 말도 '표준어'와 일치할 수는 없다.

〈최명옥, 국어학의 이해, 새국어생활, 제8권 제3호, 1998〉

중심 내용 파악하기

1. 무엇에 대해 이야기하고 있습니까?

단락	중심 내용
가	
나	
다	

세부 내용 파악하기

2. '지역 방언'은 어떻게 형성되었습니까?

3. 이 글에 드러난 글쓴이의 생각과 다른 것은 무엇입니까?
① 서울말 표준어라는 것은 잘못된 인식이다.
② 한 언어를 구성하는 방언들은 그 언어를 더욱 풍부하게 만든다.
③ 방언은 지역 사람들의 생활 속에서 자연스럽게 만들어진 말이다.
④ 뉴스에서 표준어를 사용하는 이유는 표준어가 우월하기 때문이다.

4. 지역 방언의 특징과 관계있는 예를 찾아 연결하세요.

1) ⓐ 소리 •

2) ⓑ 단어 •

3) ⓒ 문법 •

• 전라도에서는 '-는데'를 '-는디', '-(으)니까'를 '-(응)께'라고 말한다.
ex) 초등학교 들어갔는디, 그걸 봉께

〈이기갑, 2008〉

• 충청도에서는 'ㅐ'를 'ㅏ'로 'ㅏ'를 'ㅐ'로 발음하는 경우가 있다.
ex) 동생→동상, 고생→고상, 다니다→대니다, 만들다→맨들다

• 부산에서는 무엇을 물어볼 때 '-(이)고?', '-노?'를 사용한다.
ex) 할배 이름이 멋고? 할부지 어디 계시노?

〈김정한, 모래톱 이야기〉

• 제주도에서는 '할아버지/할머니'를 '할방/할망', '돼지'를 '도새기', '감자'를 '지실'이라고 한다.

• 서울말 '밥 먹어라'는 높고 낮음이 없지만 대구에서는 '먹'이 가장 높고 이후는 점점 낮아진다.

〈서초슬, 2009〉

읽어 보세요 2 track 44

다음은 지역 방언에 대한 조사 보고서입니다. 글을 읽고 질문에 답해 보세요.

강원도 고성 지역 청소년의 방언 사용 실태와 방언에 대한 인식 조사

조사자 : 서경숙, 이정덕, 우재영

Ⅰ. 서론

고성은 영동 방언권에 속하는 지역이다. 영동 방언권이란 대관령을 기준으로 동쪽에 위치한 방언권이다. 그중에서도 고성은 고성, 속초, 양양 지역으로 묶여 북부 영동 방언권에 해당된다(박성종, 2008:21).

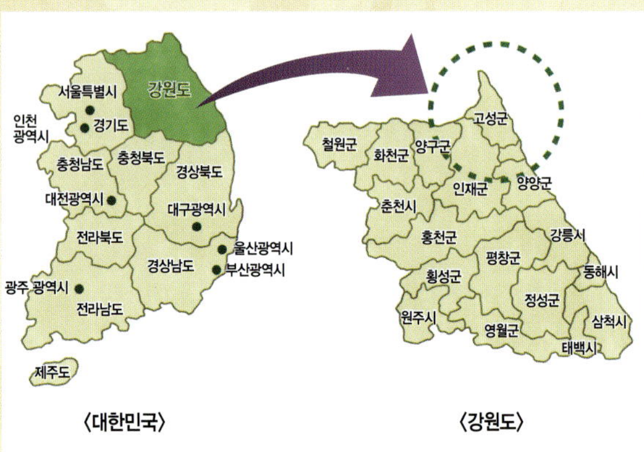

그동안 영동 방언권에 대한 조사는 다음과 같은 세 가지 방향에서 주로 이루어져 왔다. 첫째는 방언의 성조에 대한 조사이고, 둘째는 방언의 음운에 대한 조사이고, 셋째는 영동과 인접한 지역의 다른 방언과 비교하는 조사이다.

하지만 지금까지의 조사에서는 청소년만을 대상으로 한 조사가 거의 없었다. 따라서 본 조사에서는 강원도 고성 지역 청소년들의 방언 사용 실태를 파악하고 방언과 표준어에 대한 인식이 어떠한지를 밝히고자 한다.

본 조사의 방법은 다음과 같다. 먼저 강원도 고성 지역의 학생들이 지역 방언을 어떻게 사용하고 있는지 '음운'과 '어휘'를 중심으로 알아볼 것이다. 그리고 방언을 어떤 상황에서 얼마나 활발하게 사용하고 있는지, 방언과 표준어에 대한 인식은 어떠한지를 알아볼 것이다.

이를 위한 방법으로는 '설문지'와 '면담'을 택하였다. 설문지를 통해서는 주로 사용하는 음운과 어휘의

중심 내용 파악하기 1. 무엇에 대한 조사입니까?

2. 조사의 목적은 무엇입니까?

세부 내용 파악하기 3. 이 조사가 다른 방언 조사와 다른 점은 무엇입니까?

특징에 대해 알아보고 면담을 통해서는 청소년들의 방언에 대한 인식과 말버릇 등을 알아볼 것이다. 설문 조사 대상은 중학교 3학년 학생 49명, 고등학교 1학년 학생 111명으로 했다. 면담은 면담자 한 명과 강원도 고성 지역에서 태어나 살아온 세 명의 학생들이 자유롭게 대화한 것을 녹음하여 분석했다.

II. 본론

1. 고성 지역 학생들의 방언 사용 실태 – 조사 결과 생략
2. 표준어와 지역 방언에 대한 인식 – 조사 결과 생략

III. 결론

방언은 그 지역의 고유한 문화와 정서가 담겨 있는 귀중한 언어 자산이다. 하지만 조사 결과 고성 지역 청소년들은 방언을 잘 쓰지 않고 방언에 대한 인식도 좋지 않다는 것을 알 수 있었다. 이러한 현상의 원인 중 하나는 강력한 표준어 정책이라고 할 수 있다. 표준어를 절대적인 언어의 기준으로 삼아 가르치기 때문에 지방 언어 학습과 사용이 줄어들게 된 것이다. 따라서 이러한 지역의 문화와 정서를 보전하기 위해 청소년들에게 방언을 교육할 필요가 있고 국어 교과 안에서도 방언 학습이 이루어져야 할 것이다.

참고문헌

- 김주원, 강원도 동해안 방언 성조의 특성, 민족문화 논총 제27집, 영남대학교 민족문화연구소, 2003.
- 문효근, 영동 · 영서 방언의 어휘적 비교연구, 인문과학 46-47, 연세대학교 인문과학연구소, 1982.

〈서울대학교 국어교육과, 선청어문, 제41호, 2014〉

4. 아래의 조사 방법으로 조사한 내용은 무엇입니까? 그리고 그 조사 대상은 누구입니까?

설문지		대상	
면담		대상	

이야기해 보세요

강원도 영동 지역은 바람이 많이 부는 지역으로, 이 지역에서 '바람'을 가리키는 말은 아주 다양합니다. 이처럼 언어에 지역의 특성이 드러난 예를 소개해 보세요.

쓰기

주제를 정해 조사 보고서를 써 보세요.

준비해 보세요

〈강원도 고성 지역 청소년의 방언 사용 실태〉에 대한 보고서를 쓰고자 합니다. 보고서 작성 순서에 맞게 번호를 쓰세요.

① 설문지, 면담, 기타 관련 자료들을 통해 자료를 수집한다.

② 수집한 자료를 정리하고 형식에 맞추어 글을 쓰다.

③ 조사의 목적과 필요성, 조사 대상 등을 구체적으로 정한다.

④ 지금 알고 있는 정보와 조사해야 하는 정보를 정리하고 조사 방법을 결정한다.

③	⇨		⇨		⇨	
주제 선정		조사 계획		조사		보고서 작성

표현을 연습해 보세요

1. 다음은 조사의 목적을 설명할 때 쓰는 표현입니다. 다음 표현을 사용하여 써 보세요.

- 본 조사의 목적은 ~이다.
- 본 조사는 ~는 데 목적이 있다.
- 본 조사에서는 ~에 대해 알아보고자 한다[살펴볼 것이다 / 알아보도록 하겠다].

〈조사 목적〉 강원도 고성 지역 청소년들의 방언 사용 실태

→ 본 조사의 목적은 강원도 고성 지역 청소년들의 방언 사용 실태를 알아보는 데 목적이 있다.

〈조사 목적〉 지역어 사용 상황과 지역어에 대한 인식

→ ________________.

2. 다음은 조사의 목적을 설명할 때 쓰는 표현입니다. 다음 표현을 사용하여 써 보세요.

- ~에서도 알 수 있듯이
- ~라는 점에서
- ~적 측면에서
- ~고 할 수 있다.
- ~을 보여 준다.

〈면담 자료 3번〉

Q. 고향 말을 안 쓰는 이유는 무엇입니까?

A. ① 고향 말을 사용하면 못 알아듣는 사람들이 있기 때문에
② 표준어보다 무뚝뚝하고 촌스럽기 때문에

→ 위 자료에서도 알 수 있듯이 고성 지역 청소년들의 방언에 대한 인식은 부정적이라고 할 수 있다.

〈설문지 자료 3번〉

Q. 본인은 평소에 고향 말을 쓰고 있습니까?

질문	전혀 안 쓴다	별로 안 쓴다	조금 쓴다	쓴다	많이 쓴다	기타	합
응답 지수	8	19	19	1	0	2	49

→ ________________.

3. 다음은 조사 결과를 요약하고 보고서를 마무리할 때 쓰는 표현입니다. 다음 표현을 사용하여 써 보세요.

- 본 조사에서는 ~에 대해 알아보았다.
- 앞으로 ~이 필요할 것이다.

〈조사 목적〉 강원도 고성 지역 청소년들의 방언 사용 실태

→ 본 조사에서는 강원도 고성 지역 청소년들의 방언 사용 실태에 대해 알아보았다.

〈조사 내용〉 지역어 사용 상황과 지역어에 대한 인식

→ ________________.

써 보세요

한국 사람들이 사용하는 말과 관련된 조사 주제를 정하고 보고서를 써 보세요.

조사자
조사 주제
조사 목적
조사 대상
조사 방법
조사 내용

어휘와 표현

2. 다양한 한국어의 모습

● 어휘

계승(繼承)하다
동 전통이나 문화, 조상들의 업적을 이어나가다. to succeed (to) / 继承 / 継ぐ
우리 조상들의 독립 정신은 앞으로도 계속해서 계승해 나가야 할 것이다.

고유문화(固有文化)
명 어떤 나라나 민족이 본래 가지고 있는 독특한 문화. native culture / 固有文化 / 固有の文化
세계의 수많은 민족들이 고유문화를 지키지 못하고 외래문화에 동화되었다.

대등(對等)한 자격(資格)을 갖다
서로 비교하여 높고 낮음이 없이 같은 조건이나 위치를 갖다. to have an equal right / 带着平等的资格 / 対等な資格を有する
국제회의에서는 모든 국가가 대등한 자격을 갖는다.

문화(文化)를 보전(保全)하다
문화를 온전히 잘 보호해서 유지하다. to preserve culture / 保全文化 / 文化を保全する
우리의 전통 문화를 잘 보전하기 위해 모두의 관심이 필요하다.

문화적(文化的) 다양성(多樣性) [다양썽]
문화가 여러 가지로 많은 특성. cultural diversity / 文化多样性 / 文化的多様性
국내에 거주하는 외국인들이 증가함에 따라 그들의 문화적 다양성을 인정해야 한다는 목소리가 높다.

방언(方言) / 사투리
명 한 언어에서 사용 지역 또는 사회 계층에 따라 달라지는 말. dialect / 方言 / 方言
방언을 조사하기 위해 제주도로 답사를 떠났다.

실태(實態)를 파악(把握)하다
실제 모양을 확실하게 이해해 알게 되다. to understand the actual situation / 掌握状况 / 実態を把握する
검찰은 이번 사건의 실태를 파악하기 위해 재조사를 실시하기로 했다.

억양(抑揚)
명 소리의 높낮이. intonation / 语调, 口音 / 抑揚, イントネーション
서울말과 부산말은 억양이 다르다.

언어(言語)를 구성(構成)하다
여러 요소들이 모여 하나의 언어를 이루다. to form language / 构成语言 / 言語を構成する
여러 지역의 방언들이 모여 하나의 언어를 구성한다.

원형(原形)
명 복잡하고 다양한 모습으로 바뀌기 전의 모습. prototype / 原型 / 原形
화가들이 17세기에 그려진 그림의 원형을 복원했다.

의식(意識)을 반영(反影)하다
생각, 의견, 사상 등을 나타내다. to reflect a conscious throught / 反映意识 / 意識を反映する
언어는 그 언어를 사용하는 사람들의 의식을 반영한다.

자연적(自然的)으로 형성(形成)되다
사람의 손이 닿지 않고 자연스럽게 만들어지다. to be naturally formed / 自然形成 / 自然に形成される
상권이란 수요에 의해 자연적으로 형성되기 마련이다.

정서(情緖)가 담겨 있다
사람 마음에 일어나는 여러 가지 감정이나 분위기가 들어 있다. to contain much emotion / 含蓄情绪 / 情緒が込められている
최근 복고 열풍이 불면서 70년대 정서가 담겨 있는 드라마들이 유행하고 있다.

표준어(標準語)를 제정(制定)하다
한 나라에서 공통으로 쓰이는 언어를 정하다. to establish the standard language / 制定普通话 / 標準語を制定する
표준어를 재정 하는 목표는 의사 소통의 불편을 해소하는 데에 있다.

획일화(劃一化)되다
동 모두 같아서 다른 것이 없게 되다. to be standardized / 划一不二, 一刀切 / 画一化される
인터넷의 발달로 많은 정보를 쉽게 접할 수 있지만 정보들이 획일화되는 경향도 나타나고 있다.

● 읽기

■ 읽어 보세요 1

거주지(据住地)
명 현재 살고 있는 장소. current residence / 住地, 住所 / 居住地
유목민은 일정한 거주지가 없이 초원을 따라 이동하는 사람들을 말한다.

우월감(優越感)
❶명 남보다 낫다고 생각하는 느낌. sense of superiority / 优越感 / 優越感

조선 시대 양반들은 평민에 대한 우월감이 강했다.

품위(品位)가 있다
격이 높고 위엄이 있는 느낌이 있다. to have class / 文雅，雅致 / 品がある

말은 그 말을 사용하는 사람이 품위가 있는지, 교양 수준이 어떤지를 드러낸다.

■ 읽어 보세요 2

방언권(方言圈)[방언꿘]
명 방언에 의해 나뉜 각 지역. regional dialect / 方言地区 / 方言による地域区分

한국은 제주도를 포함해 7개의 방언권이 있다.

성조(聲調)
명 음절 안에서 나타나는 소리의 높낮이. intonation / 声调 / 声調

중국어의 성조에는 4가지 종류가 있다.

영동(嶺東)
명 대관령의 동쪽에 있는 지역. region east of Daegwallyeong / 岭东 / 嶺東(韓国地名)

영동 지역은 지형적인 영향으로 겨울에 눈이 많이 온다.

음운(音韻)
명 말의 뜻을 구별해주는 소리의 가장 작은 단위. phoneme / 音韵 / 音韻

'물'과 '불'을 구별하는 음운은 'ㅁ'과 'ㅂ'이다.

인접(隣接)하다[인저파다]
형 옆에 이웃해 있다. to be adjacent (to) / 邻接，濒临 / 隣接する

도로에 인접한 곳에 사는 주민들이 소음으로 스트레스를 받고 있다.

자기 평가

1. 다음 중 아는 어휘에 √ 하세요.

☐ 난류	☐ 원형	☐ 지평선
☐ 완만하다	☐ 단조롭다	☐ 고유문화
☐ 계승하다	☐ 내륙 지방	☐ 방언 / 사투리
☐ 오대양 육대주	☐ 실태를 파악하다	☐ 정서가 담겨 있다

2. 알맞은 표현을 골라서 문장을 완성해 보세요.

> -건만　　-(으)ㄹ 따름이다　　-는 게 고작이다　　-(으)니/느니 -(으)니/느니 (하다)

1) 가 : 나이가 들면 전원생활을 하고 싶어요.
   나 : 저는 나이가 들어도 도시에 살고 싶어요. ________________ 아/어도 도시가 편해요.

2) 가 : 할아버지, 몸은 좀 어떠십니까?
   나 : 마음은 ________________ 몸은 예전 같지 않아요. 잠깐씩 산책하는 것도 힘에 부치네요.

3) 매년 물가는 5%이상 크게 오르는 가운데 임금 상승률은 겨우 2% ________________. 서민들의 생활이 점점 힘들어지고 있다.

4) 비가 내리는데도 참석해 주신 여러분께 정말 ________________. 저희 자원봉사 센터에 늘 관심과 사랑을 가져 주셔서 뭐라 드릴 말씀이 없습니다.

3. 이 단원을 공부하고 여러분이 할 수 있게 된 것에 √ 해 보세요.

☐ 자신의 소감을 인상적으로 발표할 수 있다.
☐ 지형에 대한 강의를 듣고 지형의 특색을 파악할 수 있다.
☐ 조사 계획서를 읽고 내용과 글의 구조를 파악할 수 있다.
☐ 방언에 대한 조사 계획을 세우고 조사 보고서를 쓸 수 있다.

정답
1) 공기가 나쁘니 교통이 복잡하니 해도 2) 젊건만 3) 오를 게 고작이다 4) 감사할 따름입니다

보충 어휘

지명 관련 표현 지명과 관련된 속담, 고사 성어, 표현을 익혀 봅시다.

금강산도 식후경이다
아무리 재미있는 일이라도 배가 부르고 난 뒤에야 흥이 난다.

남산골샌님이다
가난하면서도 자존심이 강한 사람.

낙동강 오리알
어떤 무리에서 떨어져 나오거나 혼자 소외되어 처량하게 된 신세를 이르는 말.

모로 가도 서울만 가면 된다
무슨 수단이나 방법으로라도 목적만 이루면 된다.

서울 가서 김 서방 찾기이다
잘 모르는 사람을 무턱대고 찾아다니거나 막연한 일을 하려는 경우.

말은 나면 제주도로 보내고 사람은 나면 서울로 보내라
말은 제주도에서 길러야 하고 사람은 어릴 때부터 서울로 보내 공부를 시켜야 잘될 수 있다.

종로에서 뺨 맞고 한강에 가서 눈 흘긴다
엉뚱한 곳에 가서 화풀이를 한다.

평양 감사도 저 싫으면 그만이다
아무리 좋은 일이라도 본인이 하기 싫다면 억지로 시킬 수 없다.

한강에 돌 던지기이다
아무리 투자를 하거나 애를 써도 아무런 효과나 좋은 결과를 내지 못한다.

함흥차사이다
소식이 없거나 돌아오지 않는 사람.

연습 1 다음 상황과 어울리는 것을 고르세요.

1)

① 남산골샌님
② 함흥차사

2)

① 금강산도 식후경
② 서울 가서 김 서방 찾기

보충 어휘

3)

① 한강에 돌 던지기.

② 평양 감사도 저 싫으면 그만이다.

4)

① 모로 가도 서울로만 가면 된다.

② 종로에서 뺨 맞고 한강에 가서 눈 흘긴다.

연습 2 다음과 관련 있는 표현을 쓰세요.

1) 사람은 큰 도시에 가야 보고 배울 게 많고 성공할 가능성이 높다.

→ 말은 나면 제주도로 보내고 사람은 나면 서울로 보내라

2) 아들이 사업에 재주가 없는데 계속 도와준다고 해서 뭐가 나아지겠어요? 아무리 돈을 빌려줘도 소용이 없을 거예요.

→

3) 내 어머니의 친구는 서울대학교에 근무하신다. 내가 서울대학교에 입학하자 어머니의 친구 분께서 연락하라고 하셨다. 그런데 찾아가고 싶어도 이름밖에 몰라서 찾기가 힘들었다.

→

4) 내 친구는 자존심이 강해서 돈이 없을 때는 친한 친구들과의 모임에도 빠지는 경우가 많았다.

→

5) 동생은 학교에서 선생님께 꾸중을 듣고 집에 와서는 나에게 화를 냈다. 선생님께 야단맞고 화풀이는 나한테 하고 있다.

→

6) 난 두 명의 친한 친구가 있다. 그런데 친하게 지내던 친구들이 모두 고향으로 돌아가 버렸다. 나만 혼자 한국에서 외롭게 생활하게 되었다.

→

연습 3 다음 그림을 보고 대화를 완성해 보세요.

1)

2)

3)

4)

보충 어휘

연습 4 어울리는 표현을 골라 대화를 완성해 보세요.

> 남산골샌님　　한강에 돌 던지기　　낙동강 오리알
> 모로 가도 서울만 가면 된다　　종로에서 뺨 맞고 한강에 가서 눈 흘긴다
> 말은 나면 제주도로 보내고 사람은 나면 서울로 보내라

1) 현재의 이태원 부근에 모여 살던 조선시대 선비인 ....은/는 가난하지만 양반의 자존심과 삶의 철학을 지키고자 했다.

2) 부동산 경기가 좋지 않아서 정부가 부동산 세금을 인하한다고 해도 ....(이)나 마찬가지이다. 이번 정부의 조치로 부동산 경기를 살리는 효과를 기대하기란 어려울 것이다.

3) 아버지께서는 교육을 위해 우리 형제를 어려서부터 도시로 유학을 보내셨다. 그리고 지금도 한결같이 하시는 말씀이 ....는 것이다.

4) 동생은 친구들과 싸우고 들어와서 가족들에게 짜증을 냈다. ....다고 싸운 친구들에게는 화를 못 내고 편한 가족들한테 화풀이를 해 댔다.

5) 우리는 목표를 이루기 위해 수단과 방법을 가리지 않는 사람들을 보아 왔습니다. 그러나 ....는 태도는 결국 부정적인 수단의 유혹을 뿌리치지 못하여 목표를 달성할 수 없게 될 수도 있습니다.

6) 나나 씨는 늘 조용하고 진지한 성격 때문에 교실에서 .... 신세였다. 다른 친구들이 서로 어울려 재미있게 이야기하는 모습을 보면 부러운 마음이 생겼다.

부록

• 듣기 지문
• 모범 답안
• 어휘 색인

듣기 지문

VIII. 사고방식과 문제

1. 문화 차이

● 들어 보세요 1 Tr3 p.22

사회자 : 오늘은 한국대학교 문화인류학과 교수로 재직 중이신 김민선 교수님을 모시고 한국, 중국, 일본 삼국 문화에 대한 강연을 듣겠습니다. 큰 박수 부탁드립니다.

교수 : 안녕하십니까? 오늘은 〈젓가락으로 본 삼국 문화〉라는 주제로 한국, 중국, 일본 삼국 문화를 비교해 보겠습니다. 한국, 중국, 일본은 지형적으로나 역사적으로 아주 긴밀한 관계를 유지해 왔습니다. 삼국은 유교 문화를 공유한다든지 쌀을 주식으로 한다든지 하는 공통점을 가지고 있습니다. 오늘은 그러한 여러 공통점 중에서 젓가락을 통해 삼국 음식 문화의 특징을 설명해 보겠습니다.

먼저 이 사진을 봐 주십시오. 보시다시피 삼국의 젓가락은 길이만 해도 차이를 보입니다. 그리고 젓가락의 재질도 차이를 보이는데 이는 삼국의 음식 문화와 밀접한 관련이 있습니다.

먼저 중국의 젓가락부터 살펴보겠습니다. 중국의 젓가락은 한국과 일본의 젓가락에 비해 상당히 길고 끝이 뭉툭한 것이 특징입니다. 중국 음식은 튀기거나 기름에 볶은 음식이 많습니다. 그리고 식사할 때에도 큰 식탁에 둘러앉아 음식을 자기 그릇에 덜어 먹습니다. 식탁에서 먼 거리의 기름진 음식을 집어서 먹기에는 이처럼 길고 끝이 뭉툭한 젓가락이 안성맞춤입니다.

다음은 일본의 젓가락을 보시겠습니다. 일본의 젓가락은 비교적 짧고 끝이 뾰족한 것이 특징입니다. 일본의 식문화에서는 반찬이 개인별로 제공되므로 젓가락이 길 필요가 없습니다. 또한 생선 요리가 많다 보니 젓가락은 음식을 집을 때뿐만 아니라 생선의 살을 발라내는 데도 사용되므로 끝이 뾰족하고 날렵한 것입니다.

마지막으로 한국의 젓가락에 대해 말씀드리겠습니다. 한국의 젓가락은 길이가 일본과 중국의 중간인데 재질이 나무가 아닌 철로 된 것이 특징입니다. 한국은 반찬을 공유하므로 어느 정도 젓가락이 길어야 하지만 중국처럼 가족이 모여 식사를 하지 않고 어른은 어른끼리, 남자는 남자끼리, 그리고 아이와 여자가 따로 식사를 했기 때문에 젓가락이 지나치게 길 필요가 없었습니다.

다만 재질이 나무가 아닌 철이라는 것이 중국이나 일본과는 다른 점입니다. 중국과 일본은 마른 반찬이 많은 반면 한국은 국이나 찌개를 먹는 문화가 상당히 발달해 있고 김치나 무침, 나물과 같이 물기가 있는 반찬이 많은 것이 특징입니다. 그래서 젓가락에 국물이 스미지 않고 위생적으로 오래 사용할 수 있다는 점도 철로 된 젓가락을 사용하게 된 이유가 아닌가 합니다.

이처럼 한중일 삼국은 자국의 음식과 식습관에 맞게 합리적으로 젓가락 길이를 조정하고 재질을 선택해 왔습니다. 한중일 삼국이 공통적으로 젓가락을 사용하고 있으나 각기 차이를 보이는 것은 그 문화적 필요에 의해 변용되고 적용되어 왔기 때문입니다.

● **들어 보세요 2** Tr4 p.23

선생님 : 나라마다 편안하게 느끼는 거리와 접촉을 허용하는 범위에 차이를 보이는데 한국에서는 그 거리가 아주 가까운 편입니다. 문화인류학적으로 볼 때 문화권마다 편안하게 느끼는 사회적 거리가 있는데요. 예를 들면 영국이나 미국과 같은 서양에서는 가족처럼 친밀한 사람은 약 45cm 정도, 친구나 가까운 동료는 45cm에서 120cm 정도, 처음 만나거나 회사에서 일로 만나는 사람은 120cm 이상 떨어져야 편안함을 느낀다는 연구 결과가 있습니다. 만약 이 거리가 유지되지 않으면 사람들은 불편함을 느끼게 되겠지요.

학생 1 : 서울은 정말 크고 복잡한 도시예요. 단순히 사람이 많아서 불편한 것보다는 사람들끼리의 거리가 너무 가까워서 좀 불편하게 느껴질 때가 있어요.

학생 2 : 저도 그런 경험이 있는데요. 한국 사람에게 길을 물어본적이 있는데 저한테 너무 가깝게 다가와서 좀 당황했던 적이 있었어요.

학생 1 : 그리고 지하철이나 버스에서 한국 아주머니들이 남의 아이의 머리를 쓰다듬는다든지 볼을 만진다든지 하는 경우가 있는데 외국 사람의 눈으로 볼 때는 정말 이상했어요. 또 한국에서는 유난히 박물관이나 미술관에 '만지지 마세요.'라든지 '눈으로 보세요.'라든지 하는 문구가 많이 보여요. 한국 사람들은 뭐든지 만져 보려는 욕구가 정말 강한 것 같아요.

학생 2 : 듣고 보니 정말 그래요. 한국 사람들은 신기한 것을 보거나 물건을 살 때 먼저 그 물건을 만져 보려고 해요. 명소나 유적지에 가서 유물을 보면 손때가 묻어 있는데 이런 걸 보면 한국인들은 눈보다 손으로 구경하는 것 같아요.

선생님 : 손으로 구경한다? 참 재미있는 표현이네요. 그래서 한국의 문화를 촉각 문화라고 하는 사람들도 있어요. 서울에 처음 아파트가 생겼을 때 온돌을 없애고 공기 난방으로 바꿨는데 한국인들은 온돌이 없는 것에 불편을 느끼게 되었지요. 공기 난방이 편리한데도 굳이 온돌을 택하는 이유는 오랫동안 한국인에게 이어져 온 촉각 문화 때문이에요.

촉각 문화는 식생활에서도 찾아볼 수 있어요. 음식 맛은 손맛이라는 표현이 있는데 어떻게 '음식 맛이 손맛'이 될 수 있을까요? 실제로 음식을 잘하는 사람들은 나물을 무칠 때 맨손으로 무쳐요. 손으로 주물러서 양념이 속속 배어들게 해야 음식 맛이 난다고 생각하는 것이지요. 손의 촉각이 음식 솜씨의 비결인 셈이에요.

학생 1 : 결론적으로 한국 사람들은 거리를 좁히고 촉각을 통해 사람이든 사물이든 적극적으로 교감하려는 문화를 가지고 있다고 할 수 있겠네요.

선생님 : 네. 일반적으로 사람들은 자신의 영역을 정하고 타인이 침범하지 못하게 하지요. 그런데 한국 사람들은 자신의 영역을 타인에게 허용하고 자신도 타인의 영역을 스스럼없이 침범하고 나아가서 접촉을 통해 적극적으로 유대감과 정을 쌓아 간다고 할 수 있어요.

IX. 인간과 심리

1. 학습과 심리

● **들어 보세요 1** Tr8 p.56

사회자 : 네, 지금까지 외국어 학습에 영향을 주는 요인에 대해 이야기를 나눠 봤습니다. 나이, 성별, 학습 유형 등 다양한 요인이 있다는 것을 알 수 있었습니다. 최근 칭찬을 해 주면 학습 동기가 높아져 학습에 도움이 된다는 주장과 칭찬이 학습에 별 도움이 되지 않는다는 주장이 나오고 있는데요. 그러면 지금부터는 칭찬의 효과에 대해 이야기해 보도록 하겠습니다.

토론자 1 : 저는 외국어 학습에 교사의 칭찬이 효과적이라고 생각합니다. 우리가 외국어를 배울 때는 모국어를 배울 때와 달리 자신감을 잃어버리기

쉽습니다. 새로운 것을 배우는 동안 거듭되는 실패로 좌절하거나 실망할 수 있습니다. 그래서 실패했을 때는 다음에는 더 잘할 수 있다고 격려해 주는 것이 필요합니다. 그러면 학생은 실패를 거울삼아 다시 한번 도전하려고 할 것입니다. '칭찬은 고래도 춤추게 한다.'는 말이 있지요? 야생 돌고래를 훈련시킬 때 조련사는 과제를 성공할 때마다 칭찬을 해 줍니다. 돌고래에게 해 주는 칭찬과 격려는 먹이보다 더 효과를 보인다고 합니다.

토론자 2 : 저는 무조건 칭찬을 많이 하는 것은 문제가 있다고 생각합니다. 실제로 제가 외국어를 배울 때 이런 경험이 있었는데요. 저희 선생님은 학생이 틀린 대답을 했을 때도 "좋습니다.", "잘했어요."라며 항상 칭찬을 해 줬습니다. 그런 일이 반복되다 보니 전 선생님의 칭찬이 진짜 나를 칭찬하는 게 아니라 습관이 아닐까 하는 의심을 하게 되었고 나중에는 잘했다는 말을 들어도 습관이 돼서 아무 느낌도 받지 못하게 되었습니다. 이런 걸 보면 아까 말씀하신 것과는 달리 칭찬이 별 효과가 없는 것 아닙니까?

토론자 1 : 제 말씀은 칭찬을 습관적으로 해 줘야 한다는 것이 아니었습니다. 성공하지도 않았는데 말끝마다 잘한다고 칭찬해 줄 것까지야 없겠죠. 제 말은 칭찬을 해 주려면 학생이 성취를 보였을 때 그것을 격려하기 위해 칭찬을 해야 효과적이라는 것입니다. 한 연구에 따르면 과제를 수행했을 때 칭찬을 해 준 집단이 그렇지 않은 집단보다 동기 부여가 되었고 과제에 더 적극적이었다고 합니다. 이처럼 적절한 때, 적절한 정도로 칭찬을 해 줄 때만 효과가 있는 것입니다.

토론자 2 : 한 방송 프로그램에서 아이들이 싫어하는 야채 주스를 마실 때 칭찬이 어떤 효과를 보이는지 실험을 했습니다. 한 유치원에서는 아이들이 야채 주스를 마실 때마다 칭찬을 해 줬고 다른 유치원에서는 칭찬 없이 그냥 야채 주스를 마시게 했습니다. 그리고 일주일이 지난 실험 마지막 날, 칭찬을 해 줬던 유치원에서는 칭찬을 하지 않고 야채 주스를 마시게 했습니다. 그랬더니 아이들은 실망한 표정이었고 칭찬을 해 주었을 때보다 훨씬 적은 양의 주스를 마셨습니다. 반면에 칭찬 없이 야채 주스를 마시게 한 아이들은 첫날보다 훨씬 더 많은 주스를 마셨습니다. 이것을 보면 칭찬이 꼭 긍정적인 효과를 가져 오는 것은 아닌 것 같습니다. 칭찬을 하다가 하지 않으면 오히려 역효과가 날 수도 있는 것입니다.

토론자 1 : 그렇지만 모든 사람들이 스스로 기쁨을 느끼고 최선을 다하려고 하지는 않을 것 같습니다. 격려나 보상이 긍정적인 영향을 미친다는 것은 부인할 수가 없습니다. 만약 격려나 보상이 성공에 영향을 주지 않는다면 아무도 하기 싫은 일을 하려고 하지 않을 겁니다.

● 들어 보세요 2 Tr 9 p.57

학생 : 선생님, 요즘 한국어를 공부하면서 어려운 점이 있어요. 저는 문법이나 단어를 공부하는 걸 좋아하는데요. 교실에서는 배운 단어나 문법을 다 이해하지만 막상 한국 사람들하고 대화할라치면 공부한 단어나 문법이 나와도 잘 모르는 경우가 많아요. 또 신문을 읽을 때 하나라도 모르는 단어나 문법이 나오면 내용을 이해하는 게 너무 어렵고요. 6급이나 됐는데 아직도 한국어 실력이 부족한 것 같아 실망스러워요.

선생님 : 실망스러워 할 것까지는 없어요. 줄리앙 씨는 열심히 공부한 만큼 효과가 없어서 걱정을 하고 있군요. 자신의 학습 유형을 알고 자신에게 맞는 학습 방법을 찾으면 더 큰 효과를 볼 수 있어요. 줄리앙 씨, 사람을 처음 만났을 때 이름을 기억하는 편인가요, 얼굴을 기억하는 편인가요?

학생 : 전 얼굴보다는 이름을 기억하는 편이에요. 그래서 이름을 알더라도 막상 그 사람 얼굴을 떠올리려면 기억이 나지 않는 경우가 많아요.

선생님 : 선생님이 말로만 설명하는 것을 잘 이해하는 편인가요, 아니면 예나 그림을 보여 줄 때 더 이해가 잘 되는 편인가요?

학생 : 선생님이 말로 설명하셔도 잘 이해할 수 있어요.

선생님 : 마지막으로 선다형 시험을 좋아하나요, 주관식 시험을 더 좋아하나요?

학생 : 전 주관식 시험은 정말 못 보겠어요. 너무 부담스럽고 주관식 시험 문제를 보면 무슨 말을 써야 할지 겁부터 나요.

선생님 : 줄리앙 씨는 좌뇌형 학습자인 것 같네요. 사물을 인식하는 방법에 따라 크게 좌뇌형 학습자와 우뇌형 학습자로 나눌 수 있어요. 좌뇌형 학습자는 단어나 문법을 이해하는 능력이 뛰어나고 전체보다는 부분을 잘 파악하는 편이며 논리

적이고 분석적인 특성을 가졌지요. 그래서 좌뇌형 학습자는 문제나 내용을 분석한 뒤 자신의 말로 설명하거나 전체 내용을 부분으로 나누어 재구성해 공부하는 것이 효과적이에요. 반면 우뇌형 학습자는 단어 하나하나의 의미보다는 대화의 전체적인 흐름이나 내용을 파악하는 능력이 뛰어나요. 부분보다는 전체를 잘 파악하고 직감적이며 이미지에 의존하는 편이고요. 그래서 우뇌형 학습자는 내용을 그림과 같은 이미지로 바꿔서 기억하거나 몸의 움직임을 활용해서 공부하면 좋아요.

학생 : 제가 단어나 문법을 공부하는 걸 좋아하는 이유가 있었네요. 그럼 저 같은 좌뇌형 학습자는 어떤 방법으로 공부하면 좋을까요?

선생님 : 누구나 외국어를 공부할 때는 단어나 문법에 신경 쓸 수밖에 없을 거예요. 하지만 사람들의 말을 들을 때 하나하나의 단어나 문법에 지나치게 신경 쓰지 말고 덩어리로 내용을 떠올려 보세요. 좌뇌형 학습자는 분석하고 분류하는 것을 잘하니까 부분적으로 이해하고 나서 퍼즐을 맞추듯이 전체 내용을 하나로 맞춘다고 생각해 보세요. 그렇게 책을 읽거나 뉴스를 들을 때 줄리앙 씨가 얻은 정보를 분석하고 분류하고 다시 종합하면서 전체적인 내용을 이해하면 읽기나 듣기를 더 잘할 수 있을 거예요.

학생 : 네, 선생님 말씀대로 한번 해 볼게요. 감사합니다.

X. 한국과 세계

1. 한국 속의 세계

● **들어 보세요 1** Tr 13 p.90

사회자 : '우리는 다문화 가족' 청취자 여러분, 안녕하세요? 최근 한국에 외국인 수가 증가하고 한국 국적을 얻게 된 귀화자들도 많아지고 있는데요. 귀화에 관한 법이 새롭게 바뀌었다고 합니다. 오늘은 귀화와 이중 국적 문제에 대해 박민영 변호사님을 모시고 알아보겠습니다. 변호사님, 국적과 관련된 법이 어떻게 바뀌었는지 궁금해 하시는 청취자분들이 많은데요. 법이 어떻게 바뀌었는지 설명해 주시겠어요?

변호사 : 네, 우선 외국인 여러분이 한국 국적을 취득할 수 있는 기회가 좀 더 늘어났다고 볼 수 있겠습니다. 이중 국적이란 말 들어 보셨죠? 이것은 말 그대로 한 사람이 두 나라의 국적을 동시에 가지는 것을 뜻합니다. 최근 정부는 과학, 경제, 문화, 체육 분야의 우수 인재들이 한국으로 귀화할 때 이중 국적을 허용하는 제도를 도입했습니다.

사회자 : 저도 부산외국어 대학교 교수인 로이 알록 꾸마르 씨가 10만 번째 귀화자가 되었다는 기사를 읽은 적이 있는데 이것이 이중 국적 제도의 대표적인 사례인가요?

변호사 : 네, 맞습니다. 꾸마르 씨는 한국 정부 초청 장학생으로 한국에 왔다가 한국 여성과 결혼해 한국에 정착하게 되었는데요. 오랫동안 인도 국적을 포기하지 못하고 있던 차에 새로운 제도가 생겨서 31년 만에 한국 국적도 취득하게 되었다고 합니다. 한국이 저출산, 고령화 사회로 변화하고 있기 때문에 국가의 성장 잠재력을 계속 키워 나가려면 외국의 인재들을 적극적으로 받아들이는 일이 더 중요합니다. 그래서 이번에 이중 국적 제도를 마련하게 된 것입니다. 일반인의 경우 귀화하기 위해서는 5년 이상의 거주 기간이 필요한 데 반해 우수한 능력을 보유한 외국인의 경우 국내에 5년 이상 거주하지 않고도 한국 국적을 취득할 수 있게 되었습니다.

사회자 : 네, 그럼 누구에게 이중 국적의 혜택이 돌아가는 건가요?

변호사 : 아까 말씀드린 바와 같이 각 분야별 우수 인재의 경우가 해당되고, 해외 입양아의 경우도 해당될 수 있습니다.

사회자 : 네, 그렇군요. 그럼 이중 국적 제도의 효과와 보완할 점은 뭐라고 정리할 수 있을까요?

변호사 : 무엇보다 저출산, 고령화 사회로 변화하는 가운데 외국의 우수 인재를 적극적으로 한국에 유치할 수 있다는 점이 이중 국적 제도의 가장 큰 효과라고 생각합니다. 그렇지만 정부는 이중 국적 제도뿐만 아니라 외국의 우수 인재들이 불편 없이 한국에 살 수 있도록 영주권 제도를 더 활성화시켜야 합니다.

사회자 : 네, 이중 국적 제도를 더 보완해서 해외의 우수한 인재를 더 많이 유치할 수 있으면 좋겠네요. 오늘 말씀 감사합니다.

● 들어 보세요 2 Tr 14 p.91

줄리앙 : 이번에 서울시에서 개최하는 '다문화 축제'에 우리 반도 참가하기로 했는데 오늘은 구체적인 내용을 의논해 봤으면 좋겠어요. 제 생각에는 다문화 축제 참가는 반 친구들이 모두 즐겁게 참여할 수 있는지를 먼저 생각해야 한다고 봐요. 우선 노래 대회, 요리 대회, 연극 대회가 열린다고 하는데 우리 반은 어느 대회에 참가하는 것이 좋을까요?

켈리 : 저는 요리 대회에 나가면 좋겠어요. 맛있는 음식도 먹고 자기 나라의 문화도 소개할 수 있으니까 일석이조잖아요.

스티븐 : 저는 켈리 씨와 생각이 좀 달라요. 우리 반 친구들의 국적이 다양하니까 모두 한 팀으로 요리 대회에 나가기는 아무래도 어려울 것 같아요. 무슨 음식을 만들지 결정하기도 애매하고요. 저는 함께 연극 대회에 참가하면 어떨까 싶어요. 흥미진진한 내용으로 연극을 만들면 재미있을 거예요.

마리코 : 저도 스티븐 씨 의견에 동의해요. 연극 대회에 나가게 되면 대본도 한국어로 써야 하고 한국말도 더 연습하게 될 테니까 한국어 공부에도 도움이 되지 않을까요?

켈리 : 네, 저도 마리코 씨 의견에 찬성이에요. 연극을 하면서 우리 반 친구들은 끼가 많으니까 재미있는 장기도 보여 줄 수 있겠네요.

줄리앙 : 그럼 연극 대회에 나가는 것으로 합시다. 그런데 어떤 내용으로 연극을 하면 좋을까요? 여러분의 생각을 자유롭게 말씀해 주세요. 마리코 씨?

마리코 : 저는 친구들이 한국에 와서 겪었던 경험담을 중심으로 연극을 구성하면 어떨까 싶어요. 그럼 각 나라의 문화적인 차이도 알 수 있고 외국인뿐만 아니라 한국인이 봐도 재미있을 것 같아요.

스티븐 : 그래요. TV에 외국인을 흉내 내는 코미디 프로그램도 많잖아요. 우리가 직접 하면 더 실감 나고 재미있을 거예요.

줄리앙 : 네, 좋아요. 그럼 한국에서 문화 차이로 인해 당황했던 재미있는 경험담을 중심으로 연극을 구성해 보기로 해요.

친구들 : 좋아요.

줄리앙 : 그럼 구체적으로 연극을 어떻게 준비할지 역할을 나눠 봅시다. 우선 내용을 정해서 한국어로 대본을 쓰는 일이 필요한데, 누가 하면 좋을까요?

마리코 : 켈리 씨와 제가 같이 하면 좋겠어요. 켈리 씨는 한국에 오래 살았고 표현력도 좋으니까 가장 적합한 사람인 것 같아요. 저는 우리 반 친구들의 경험담을 모아서 정리할게요.

켈리 : 네, 좋아요. 다른 친구들도 재미있는 경험담을 저와 마리코 씨에게 알려 주시면 대본 만드는 데 참고할게요.

줄리앙 : 그럼 이번 주말까지 대본을 만들어 주세요. 그런데 연극 연습은 어떻게 하면 좋을까요?

스티븐 : 다음 주부터 일주일에 두 번 정도, 수업 끝나고 만나서 연습하면 어떨까요? 같이 점심도 먹고 연습도 해요.

마리코 : 네, 좋은 생각이에요. 연극 대회가 한 달 정도 남았으니까 연습 시간은 충분하겠네요.

켈리 : 네, 저도 찬성이에요. 벌써부터 연극 대회가 기대되는데요.

XI. 대중 매체와 문화

1. 표현의 자유와 공공성

● 들어 보세요 1 Tr 18 p.120

앵커 : 다음은 '폭력 영화와 모방 범죄'라는 주제로 LEI 김석대 논설위원의 논평을 들으시겠습니다.

논설위원 : 최근 고등학생이 교실에서 친구를 칼로 찔러 살해한 사건이 발생해 우리 사회에 큰 충격을 주고 있습니다. 사건 당시 교실에서는 수업이 진행되고 있었는데 김 군은 교사와 친구들이 지켜보는 가운데 반 친구인 박 군을 무참히 살해했습니다. 김 군이 갑자기 들어와 범행을 저지르는 바람에 교사와 친구들은 이를 제지하지 못했다고 합니다.

김 군은 경찰 조사에서 박 군으로부터 폭행당한 게 억울해 이 같은 범행을 저질렀다고 말했습니다. 특히 지난달 28일 점심시간에는 여러 친구들이 지켜보는 가운데 박 군에게 10 여분간 심하게 구타를 당했으며 김 군은 그 후 학교에 나오지 않았던 것으로 밝혀졌습니다.

김 군이 어떻게 이렇게 끔찍한 일을 저지를 수 있었을까요? 어린 고등학생이 이런 방법을 스스로 생각해 냈을 턱이 없습니다. 김 군은 폭력 영화를 여러 차례 보면서 범행을 계획하고 연습했다고 말했습니다.

이번 사건은 폭력 영화가 청소년들에게 미치는 영향을 여실히 보여 주고 있습니다. 폭력적인 영화가 감수성이 예민한 청소년들에게 영향을 미쳐 모방 범죄를 저지르게 할 수도 있는 것입니다. 영화 제작자들은 이 점을 분명히 유념하면서 영화를 만들어야 합니다. 또한 정부 당국은 영화의 폭력성을 규제하기 위한 제도적 장치를 강화해야 합니다. LEI 논평이었습니다.

● **들어 보세요 2** Tr 19 p.120 2-1.

사회자 : 안녕하십니까? '60분 토론'의 강석희입니다. 최근 가요, 영화, SNS 등 대중문화 전반에 걸친 정부의 심의가 강화되면서 이에 대해 논란이 뜨겁습니다. 오늘은 '대중문화와 매체에 대한 규제, 이대로 좋은가'라는 주제로 이야기를 나눠 보겠습니다. 먼저 대중문화와 영상 매체 규제에 대해 의견을 나누겠습니다.

토론자 1 : 제가 생각하기에는 건전한 대중문화 발전을 위해서 대중문화에 대한 심의는 반드시 필요하다고 봅니다. 최근 영화나 드라마에 폭력적인 장면과 선정적 묘사가 지나치게 자주 등장합니다. 범죄 영화를 보고 수업 중에 친구를 끔찍하게 살해한 사례를 보더라도 영화나 드라마가 모방 범죄를 부추긴다고 볼 수 있습니다.

토론자 2 : 저는 영화나 드라마가 모방 범죄를 부추긴다는 의견에 동의하지 않습니다. 폭력성이 없는 사람이 영화를 보고 갑자기 범죄를 저지르는 것이 아닙니다. 폭력성이 있는 사람들은 굳이 영화를 보지 않고도 범죄를 저지를 것입니다. 앞서 근거로 제시하신 친구 살해 사건도 사회 문제인 집단 따돌림 때문에 발생한 것입니다. 대중문화의 사회적 책임을 따지기 이전에 대중문화 심의의 부정적인 측면에 더 주목해 주셨으면 합니다.

토론자 1 : 심의의 부정적인 면이라면 표현의 자유를 침해할 가능성을 말씀하시는 겁니까?

토론자 2 : 네, 그렇습니다. 대중문화에 대한 심의는 표현의 자유를 침해하거니와 예술적 완성도도 떨어뜨릴 수 있습니다.

토론자 1 : 꼭 폭력적이고 선정적인 내용을 다루어야 표현의 자유가 보장되고 예술적 완성도가 높아지는 건 아니지 않습니까?

토론자 2 : 물론 그렇습니다. 그러나 예술적 완성도를 위해 다양한 소재가 선택될 수 있고 그 소재 중의 하나가 폭력이나 성적인 것이 될 수도 있다는 뜻입니다. 그런데 폭력적인 장면이 나왔다고 영화의 주제나 내용과 관계없이 삭제하면 그 영화가 표현하고자 하는 바를 제대로 담지 못할 것입니다.

Tr 20 p.121 2-2.

사회자 : 그럼 영상 매체의 규제에 대한 토론은 이쯤에서 마무리하고 이제 인터넷과 SNS 규제에 대해 의견을 나누도록 하겠습니다.

토론자 2 : 제가 생각하기에는 인터넷이나 트위터, 페이스북 같은 SNS에 대한 규제는 불필요한 것 같습니다. 인터넷과 SNS는 새로운 의사소통 공간입니다. 소통을 통해 건전한 여론이 형성되어 민주주의 발전에 도움을 줄 수 있다고 봅니다.

토론자 1 : 저는 SNS를 비롯한 인터넷이야말로 영화나 드라마보다 더 많은 규제를 해야 한다고 봅니다. SNS에서 건전한 여론이 형성될 수 있다고 하셨는데 익명성을 바탕으로 하는 인터넷 공간에서는 근거 없는 소문들이 잘못된 방향으로 여론을 이끌어 가는 경우도 많습니다. 이러한 상황들이 규제의 필요성을 증명해 주고 있습니다.

토론자 2 : 글쎄요. 저는 생각이 좀 다른데요. 인터넷이 모두에게 공개된 공적 공간이라 할지라도 인터넷에 접속하는 것 자체는 지극히 개인적인 영역으로 비밀이 보장되어야 합니다. 그러나 공익을 보호한답시고 SNS에서의 자유로운 의사 표현을 막거나 개인의 인터넷 사용 기록을 조사하는 등 규제를 하는 것은 자유를 억압하는 행위나 마찬가지입니다.

토론자 1 : 저도 자유로운 의사 표현이 어느 정도는 필요하다고 봅니다. 그러나 그것이 국가나 사회에 반하는 것이라면 규제를 해야 됩니다. 국가는 사회를 유지하기 위해서 국민과 사회를 위협하는 요소에 대해 규제할 권리가 있다고 봅니다.

XII. 과학과 생활

1. 환경과 대체 에너지

● 들어 보세요 1 Tr 24 p.152

진행자 : 해수면 상승과 이상 기후 등 지구 온난화 문제가 날로 심각해지고 있습니다. 오늘 이 시간에는 지구 온난화의 주범이라고 알려진 온실가스에 대한 설명을 해 주십사 하고 서울대 환경연구소의 김수자 소장님을 모셨습니다. 소장님과 함께 온실가스를 줄일 수 있는 방법도 알아보도록 하겠습니다. 소장님, 최근 온실가스라는 말을 자주 접하는데요. 온실가스란 무엇을 가리킵니까?

전문가 : 온실가스는 공기 중에 포함되어 있는 이산화탄소, 메탄 등의 탄소 가스를 말합니다. 이 온실가스는 태양에서 지구로 오는 열은 통과시키고 지표에서 발생하는 열이 지구 밖으로 나가는 것을 막아 주어 지구를 적당한 온도로 유지시켜 주지요.

진행자 : 그렇다면 온실가스가 좋은 일을 하는 건데요. 왜 지구 온난화의 주범이라고 하는 겁니까?

전문가 : 적당량의 온실가스는 지구 온도를 적절하게 유지해 주지만 온실가스의 양이 늘어나면 지구 표면의 온도가 계속 올라가게 돼서 문제가 되는 겁니다.

진행자 : 그렇군요. 그럼 현재는 온실가스의 양이 너무 증가해서 문제가 되겠군요.

전문가 : 맞습니다. 온실가스의 80%를 차지하는 이산화탄소는 석유나 석탄과 같은 화석 연료를 태우는 과정에서 발생합니다. 즉, 화력 발전이나 자동차 운행 시 이산화탄소가 발생하게 되는데요. 산업화로 이산화탄소 발생량은 증가하는데 반해 과도한 개발로 이산화탄소를 흡수하는 숲이 사라지면서 대기 중 온실가스량이 크게 증가하게 되었습니다.

진행자 : 그럼 온실가스 배출을 줄이려면 화석 연료의 사용을 줄여야겠네요. 그렇지만 화석 연료에 의존하는 에너지 비중이 적지 않기 때문에 온실가스 배출량을 아주 낮추기는 어렵지 않을까요?

전문가 : 맞습니다. 하지만 불필요하게 소비되는 에너지를 줄이는 것만으로도 온실가스 감축에 큰 도움이 됩니다. 또한 온실가스를 배출하지 않는 대체 에너지를 개발해야 합니다. 숲의 파괴를 막고 도시에 나무를 많이 심어 이산화탄소를 흡수하게 하는 것도 하나의 방법이 되겠고요.

진행자 : 네. 말씀대로라면 전기를 아껴 쓰거나 나무를 심는 등 우리가 실천할 수 있는 방법이 많이 있겠네요. 온실가스를 줄이기 위한 생활 속 실천도 중요할 것 같습니다.

● 들어 보세요 2 Tr 25 p.153

사회자 : 최근 발생한 원자력 발전소 사고로 인해 원전 건설에 대한 논란이 일고 있습니다. 오늘은 '원자력 발전소가 필요한가?'라는 주제를 가지고 이야기해 보겠습니다.

찬성 1 : 저는 원자력 발전소를 지금보다 더 늘려야 한다고 봅니다. 이 자료에서도 확인할 수 있듯이 원전은 1kWh당 발전 비용이 36원으로 석유나 천연가스, 수력 발전보다 훨씬 저렴합니다. 저희 연구소에서 조사한 바에 따르면 원전을 1기만 줄여도 가정에서 부담하는 전기료가 연 5만 원씩 늘게 됩니다. 원자력 발전이 없다면 경제 발전과 가정생활에 미치는 영향이 클 것입니다.

반대 1 : 원자력 발전이 경제적이라고 말씀하셨는데요. 제 생각에는 반드시 그런 것 같지는 않습니다. 발전 과정에서의 비용이 적을 뿐 발전 시설 건설과 유지, 사용 후 핵폐기물 처리 비용을 고려한다면 경제적이라고 말할 수 있는지 의문입니다. 특히 수명이 다한 원전 1기를 폐쇄하는 데 최소 3000억 원이 든다는 연구 결과도 있는데 이런 비용까지 고려한다면 원전은 결코 경제적이지 않습니다.

찬성 1 : 발전 시설 건설이나 유지에 많은 비용이 드는 것은 화력 발전이나 수력 발전도 마찬가지 아닙니까? 원자력만의 문제라고 볼 수는 없지요.

찬성 2 : 저도 원자력 발전소를 늘려야 한다는 의견에 전적으로 동의합니다. 환경적인 면을 고려할 때도 원자력 발전의 장점은 크다고 생각합니다. 화력 발전은 다량의 온실가스를 배출하고 수력 발전은 발전소 주변의 생태계에 영향을 줍니다. 그러나 원자력 발전은 온실가스 배출 걱정도 없을 뿐더러 주변 지형을 바꾸지도 않지요.

반대 2 : 원자력 발전이 온실가스를 배출하지 않는다는 점은 저도 인정합니다. 그러나 체르노빌 원전 사고에서도 알 수 있듯이 원전은 안전을 보장할 수 없다는 문제가 있습니다. 1986년에 일어난 체르노빌 원전 사고로 인해 많은 피해가 발생했고 그 주변에 거주하던 사람들은 지금까지도 고통을 받고 있습니다.

반대 1 : 저도 같은 생각입니다. 온실가스는 배출하지 않지만 한번 사고가 나면 큰 피해를 입는 것이 원자력입니다. 또 전기를 만든 후 남은 핵폐기물을 처리하는 문제도 안전성과 비용 면에서 적지 않은 부담이 됩니다. 그렇기 때문에 원전 건설을 중단하고 그 비용으로 대체 에너지를 개발하는 것이 더 합리적이라는 생각이 듭니다.

반대 2 : 맞습니다. 핵폐기물을 관리하는 것은 비용도 비용이려니와 사고가 날 경우 엄청난 희생을 치를 수도 있습니다. 아무리 에너지가 절실하기로서니 이런 위험을 감수해야 할 필요가 있을까요?

찬성 2 : 조사에 따르면 원전 사고가 날 확률은 백만 분의 일에 불과하다고 합니다. 안전하게 시설을 관리하면 사고가 날 확률을 더 낮출 수 있습니다. 이렇게 확률이 낮은 일을 문제 삼아 무턱대고 반대하는 것은 합리적이지 않습니다.

XIII. 한국 사회의 문제

1. 대학 교육의 정체성

● **들어 보세요 1** Tr 30 p.189

앵커 : 각 대학에서 졸업식이 열리는 계절이 돌아왔습니다. 힘들게 공부한 끝에 졸업하게 된 대학생들, 뿌듯하기도 하지만 험난한 취업 전쟁에 나서야만 하는 이들에게는 졸업장이 오히려 무겁게만 느껴집니다. 그렇다면 대학 졸업생들과 이들을 신입 사원으로 채용한 기업의 입장에서는 대학 교육을 어떻게 평가하고 있을까요? 김지영 기자가 취재했습니다.

기자 : 몇 년 전만 해도 꿈과 낭만의 상징이었던 대학 캠퍼스. 하지만 요즘엔 졸업 후의 치열한 취업 경쟁 때문에 캠퍼스의 모습이 많이 달라졌습니다. 한국고용정보원은 지난달 전국 4년제 대학교 졸업생 1000명을 대상으로 대학 교육이 취업에 도움을 주었는가에 대한 설문 조사를 실시했습니다. 그런데 응답자의 40%만이 '도움이 되었다'고 평가했고 과반수 이상이 '그저 그렇다' 혹은 '도움이 되지 않았다'고 응답했습니다. 대학 교육이 취업에 별로 도움이 되지 않았다고 생각하는 이유로는 우선 '이론 중심적이기 때문'이라는 응답이 가장 많았고 다음으로 '전공이 취업 분야와 다르기 때문에', '직무 수행 관련 교육이 없기 때문에', '사회 변화를 따라가지 못하기 때문에'의 순으로 나타났습니다.

한편 국내 핵심 기업 200개의 인사 담당자를 대상으로 현행 대학 교육이 기업에서 필요로 하는 인재를 키워 내고 있는가에 대해 실시한 조사 결과도 눈길을 끕니다. 조사 결과 75%가 '그렇지 못하다'고 응답했습니다. 그 이유에 대해서는 '요즘 신입 사원들은 학벌, 학점, 자격증 등의 스펙은 화려하지만 정작 기업이 필요로 하는 창의력이나 문제 해결 능력이 부족하기 때문'이라고 말했습니다. 또한 기업에 필요한 인재를 기르기 위해서는 인성 교육과 함께 개인별 재능을 발견하고 키워 주는 교육, 창의성 교육 등이 강화돼야 한다고 응답자들은 밝혔습니다.

요즘 대학생들은 대학 교육이 취업에 별로 도움이 되지 않는다고 인식하고 재학 기간 내내 학점과 어학 능력, 자격증을 비롯한 봉사 활동, 해외 연수 등의 스펙 쌓기에 바쁩니다. 그런데 화려한 스펙을 쌓아 취업을 했다 하더라도 정작 기업에서 필요로 하는 능력을 갖추지 못해서 업무 처리에 많은 어려움을 겪고 있습니다. 대학 교육이 실제 취업이나 기업이 원하는 인재 양성에 별로 도움이 되지 못하고 있는 현실입니다. LEI 뉴스 김지영입니다.

● **들어 보세요 2** Tr 31 p.190

사회자 : 안녕하십니까? 오늘 LEI 시사 토론에서는 〈대학 교육이 나아갈 방향〉에 대해서 두 분의 토론자를 모시고 이야기를 나눠 보겠습니다. 오늘 토론을 위해 한국대학교의 박만기 교수님과 서울그룹 인사 담당자이신 김지혜 부장님께서 참석해 주셨습니다. 요즘 우리 대학생들이 치열한 취업 경쟁을 앞두고 스펙 쌓기에만 열중해 문제가 된다는 보도가 많은데요. 우선 박 교수님께서는 이 현상의 원인을 무엇이라고 보십니까?

박 교수 : 네, 물론 취업이 어렵다는 사회적인 원인도 있지만 무엇보다도 기업들이 신입 사원을 채용할 때 제시하는 조건 때문에 이러한 경향이 생겼다고 생각합니다. 높은 학점이나 어학 능력을 갖춘 사람, 자격증을 가진 지원자들이 선발되는

경우가 많으니까 대학생들이 모두 그런 스펙을 갖추는 데 많은 시간을 보내게 되는 겁니다.

사회자 : 기업에서 인사를 담당하고 계신 김 부장님께서는 어떻게 보시는지요?

김 부장 : 저는 박 교수님의 생각과 조금 다른데요. 최근 국내 기업 인사 담당자를 대상으로 '대학 교육 만족도'에 대해 설문 조사를 실시했습니다. 그 결과를 보면 10점 만점에 평균 5.3점으로 나타났습니다. 매우 낮은 점수로 현재 대학 교육은 독창성과 창의력을 가진 인재를 길러 내지 못한다고 볼 수 있습니다. 그래서 기업의 입장에서도 우수한 인재를 뽑기가 어려워 어쩔 수 없이 이러한 조건들을 제시하는 것입니다. 한마디로 요즘 대학생들이 스펙 쌓기에 열중하는 것은 대학 교육이 부실하기 때문이라고 말씀드릴 수 있겠습니다.

사회자 : 박 교수님께서는 기업의 사원 채용 방식에 문제가 있음을 지적하셨고 김 부장님께서는 독창성, 창의력 등의 면에서 대학 교육이 부실하다는 점을 지적하셨는데요. 잠시 화제를 대학 교육의 본질로 돌려 보는 건 어떨까요? 두 분의 의견이 대학 교육의 본질과 밀접한 관련이 있어서 그에 대한 논의를 해 보는 게 좋겠다는 생각이 듭니다. 먼저 박 교수님께서 말씀해 주시죠.

박 교수 : 대학은 진리를 탐구하고 비판적이고 창의적인 사고력을 기르는 곳입니다. 각자의 전공 영역을 심도 있게 공부하게 되면 그 분야의 학문이 발전하게 되고 결국 인류에 도움이 되는 지식이 축적되므로 이를 통해 사회에 기여하게 되는 것입니다. 대학 교육의 본질은 바로 여기에 있는 것입니다.

김 부장 : 저는 대학이 인성 교육과 업무 능력 개발을 통해 기업에 필요한 인재를 양성하는 곳이라고 생각합니다. 요즘 신입 사원들을 보면 인성 교육이 제대로 되어 있지 않아 윗사람에 대한 예의도 부족하고 어려운 일이 생기면 금방 포기해 버립니다. 물론 대학은 일차적으로 학문을 탐구해야 하지만 학생들의 졸업 후 사회 진출도 고려해야 합니다. 그래서 대학은 사회에 필요한 인재를 기를 책임이 있고 실습 및 현장 학습 위주의 교육을 통해 업무 능력을 길러 주는 역할을 해야 합니다.

박 교수 : 그러니까 김 부장님의 말씀은 대학 교육이 직업 교육을 다뤄야 한다는 말씀이시죠? 하지만 저는 그렇게 생각하지 않습니다. 학생이 취업을 목표로 한다면 전문계 고등학교나 전문대를 가는 게 맞다고 봅니다. 굳이 시간을 낭비하면서까지 4년제 대학교에 다닐 필요가 없습니다. 어디 시간뿐인가요? 비싼 등록금도 낭비하는 셈이지요. 기업에서 필요한 기술은 신입 사원 연수를 통해서 기업이 가르치는 것이지 대학이 가르쳐 주는 것이 아니라고 봅니다. 대학은 폭넓은 사고와 다양한 경험을 통해 가치관을 정립하고 인생의 목표를 설정하는 곳이라고 생각합니다.

김 부장 : 대학이 가치관과 인생의 목표를 정하는 중요한 곳이라는 점은 저도 동의합니다. 요즘 신입 사원들이 업무 능력도 부족하고 인성 교육도 제대로 되어 있지 않아서 회사 생활에 잘 적응하지 못하는 경우를 보더라도 그렇습니다. 그러니까 제 말씀은 학생들이 취업 후 겪게 되는 문제점들을 파악해 이를 반영한 실제적인 교육 과정을 마련해야 한다는 뜻입니다.

XIV. 한국의 정치와 경제

1. 한국의 정치와 민주화

● **들어 보세요 1** Tr 35 p.220

학생 : 선생님, 내일이 '4 · 19 혁명 기념일'이라고 하던데 4 · 19 혁명이 뭐예요?

선생님 : 그러고 보니 내일이 4 · 19 혁명 기념일이군요. 4 · 19는 이승만 대통령이 장기 집권을 하자 국민들이 전국적으로 시위에 참가해 정권을 바꾼 사건이에요. 이승만 대통령은 한국의 초대 대통령인데 정권 연장을 위해 개헌을 하고 부정 선거를 저질렀지요. 4 · 19 혁명이 일어나자 정부는 시위를 무력으로 진압했지만 결국 국민들의 뜻에 따라 이승만 대통령은 대통령직에서 물러나게 됐어요.

학생 : 그렇군요. 이승만 대통령이 물러난 후 국민들의 희망대로 민주화가 이루어졌나요?

선생님 : 아니요. 새 정부를 구성한 지 채 1년도 못 돼서 5 · 16 군사 쿠데타가 일어났어요. 당시 육군 소장이었던 박정희 장군이 무력으로 정권을 잡게 되었죠.

학생 : 저도 박정희 대통령에 대해 들어 본 적이 있어요. 한국 경제를 발전시킨 대통령 아닌가요?

선생님 : 그런 평가도 있지요. 하지만 18년간 장기 집권하며 국민의 자유를 억압한 독재자라는 평가도 받고 있어요. 특히 1972년에 유신 헌법으로 개헌을 해서 대통령을 간접 선거로 선출하도록 함으로써 장기 집권할 수 있는 기반을 마련했지요. 또한 민주화 운동을 억압하고 언론을 통제하고 검열했어요. 이를 반대하는 수많은 사람들이 투옥되거나 고문을 당했지요.

학생 : 그래서 어떻게 되었어요?

선생님 : 1979년에 전국적으로 민주화를 요구하는 시위가 심했었는데 그해 10월에 부하에게 암살당했어요.

학생 : 그럼 박정희 대통령의 죽음으로 드디어 한국도 민주화가 되었겠네요.

선생님 : 그랬으면 좋았겠지만 당시 군인이었던 전두환 장군이 다시 쿠데타를 일으켜서 정권을 잡았어요. 5 · 18 광주민주화운동에 대해 들어 봤나요? 1980년 5월에 광주에서 전두환 대통령의 집권에 반대하는 시위가 일어났는데 이를 진압하는 과정에서 많은 시민들이 희생되었어요.

학생 : 전두환 대통령도 이승만 대통령이나 박정희 대통령처럼 장기 집권했나요?

선생님 : 다행히 그렇지는 않았어요. 전두환 대통령 역시 자유를 억압했지만 다시 독재가 계속될세라 국민들의 대통령 직선제 요구가 거셌고 결국 1987년 6 · 10 항쟁을 통해 대통령 직선제가 도입되었어요. 그 후 국민들의 투표로 대통령이 선출되면서 한국은 점차 민주주의 국가가 되었지요.

● **들어 보세요 2** Tr 36 p.221

기자 : 본격적인 선거철을 맞아 어떤 후보가 나라의 지도자로서 적합한지 유권자들의 관심이 높아지고 있습니다. 사회에 나갈 준비를 하고 있는 학생들은 어떤 사람을 훌륭한 지도자라고 생각할까요? 지도자가 갖춰야 할 자질에 대해 서울대 학생들의 생각을 들어 봤습니다.

기자 : 지도자가 갖춰야 할 자질이 뭐라고 생각하십니까?

학생 1 : 국민이 원하는 것을 읽어 낼 수 있는 능력 즉, 국민과 소통하는 능력이라고 생각해요. 지도자는 국민의 뜻을 읽고 그것을 조화시켜 여러 정책을 만들고 집행하는 사람이잖아요.

학생 2 : 저는 공정함이라고 생각해요. 어느 한쪽으로 치우치지 않고 공정하고 균형 있게 정치를 해야 해요. 지도자가 어느 한쪽의 말만 들어준다면 다른 쪽은 불만을 가지게 되고 그렇게 되면 사회는 분열될 거예요. 대통령이 공정하게 일 처리를 해야 사회가 평화롭고 조화롭게 발전할 수 있다고 생각해요.

기자 : 서울대 재학생 100명을 대상으로 조사한 결과 지도자의 자질로 학생들은 국민과의 소통, 공정성, 리더십 순으로 응답했습니다. 특히 국민과의 소통이라고 응답한 학생은 전체 학생의 과반수를 차지했습니다. 그렇다면 지도자가 경계해야 할 점에 대해서는 어떻게 생각할까요?

학생 1 : 이 세상에 완벽하게 옳은 생각만 하는 사람은 없지 않나요? 독선을 경계해야 해요. 그러기 위해서는 여러 사람의 의견을 들을 줄 알아야 할 것 같아요.

학생 2 : 지도자가 되면 이 일 하랴, 저 일 하랴 바빠서 이것저것 고민할 여건이 안 되잖아요. 그러다 보니 아무래도 자신을 지지하는 사람들을 편애하고 그 사람들에게 유리한 일들을 하기 쉬운 것 같아요. 한 나라의 지도자는 자신을 지지하는 사람들만의 대표가 아닌 만큼 반대편도 배려하고 포용할 수 있어야 한다고 생각해요.

기자 : 이처럼 학생들은 국민이 원하는 것을 잘 듣고 어느 한쪽으로 치우침 없이 공정하게 정치를 하는 지도자가 좋은 지도자라고 생각하고 있었습니다. 또한 독선이나 자신의 지지자들만 편애하는 태도를 경계해야 한다고 보았습니다. LEI 뉴스 김민수입니다.

XV. 지형과 방언

1. 지형과 사회

● **들어 보세요 1** Tr 40 p.252

교수 : 문명이란 무엇일까요? 인류의 지혜가 발달하여 미개한 상태에서 벗어나 사회생활을 위한 기술이나 제도가 발전된 상태를 의미합니다. 문명이 생기는 요건으로는 청동기의 사용, 문자의 발명, 계급 발생에 의한 도시 국가의 출현 등을 꼽을 수 있습니다.

세계 4대 문명은 세계에서 가장 먼저 문명을

발달시킨 네 개 지역을 이릅니다. 나일 강변의 이집트 문명, 티그리스 · 유프라테스 강 유역의 메소포타미아 문명, 인도의 인더스 강 유역의 인더스 문명, 중국 황허 유역의 황허 문명을 들 수가 있습니다.

그렇다면 처음으로 문명이 만들어진 곳들은 어떤 공통점이 있을까요? 인구가 많아야 하느니 기후가 좋아야 하느니 해도 문명이 발생하려면 풍부한 식량이 있어야 합니다. 우선 농사를 지으려면 곡식을 심을 넓은 땅과 물이 반드시 필요합니다. 이 두 가지 조건을 모두 갖추고 있는 곳이 바로 강 주변입니다. 대개 큰 하천의 하류에는 넓은 평야가 나타납니다. 요약하면 이들 지역은 큰 강의 유역으로, 교통이 편리하고 농업에 유리한 물이 풍부하다는 공통점을 가집니다.

● **들어 보세요 2** Tr 41 p.253

교수 : 한국은 아시아 대륙의 동쪽 끝에 자리 잡고 있습니다. 북쪽은 압록강과 두만강을 경계로 중국 북동부 지역과 러시아의 연해주와 맞닿아 있고, 동쪽과 남쪽은 동해와 남해 건너편에 일본이 있으며, 서쪽은 황해를 사이에 두고 중국과 접해 있습니다.

한국은 북쪽을 제외한 동쪽, 서쪽, 남쪽 삼면이 바다로 둘러싸여 있습니다. 이렇게 삼면이 바다로 둘러싸인 지형을 '반도'라고 하는데, 한국의 '한'을 붙여서 우리나라를 한반도라고 하지요. 유럽에 있는 이탈리아, 그리스 같은 나라도 우리나라처럼 반도 모양을 한 나라입니다.

대한민국 국토의 70% 정도가 산지인데 특히 동쪽과 북쪽, 강원도와 북부 지방에 많이 있습니다. 산지가 많건만 높은 산은 많지 않습니다. 오랜 세월 동안 비바람에 깎여 산의 높이가 많이 낮아졌기 때문입니다. 국토의 북쪽과 동쪽에는 산지가 많고 서쪽과 남쪽에 비해 큰 도시가 적습니다. 대한민국에는 여러 개의 산맥이 있는데, 그중에서 중심이 되는 등줄기 산맥은 태백산맥입니다. 태백산맥이 동해안 쪽에 높이 솟아 있기 때문에 우리나라는 동쪽이 서쪽보다 높습니다. 강원도 대관령 주위에 발달한 고원 지역은 젖소와 양을 기르는 목축과 고랭지 농업으로 유명합니다.

평야는 대한민국 국토의 30%도 안 되는데 대부분 큰 강의 하류 지역에 있습니다. 한강을 비롯하여 대한민국의 큰 강들은 거의 동쪽에서 서쪽으로 흐르는데 그건 동쪽이 높고 서쪽이 낮기 때문입니다. 하천의 하류에는 논농사를 지을 수 있는 평야가 발달했습니다. 한강 하류의 김포평야, 안성천 하류의 안성평야, 금강 하류의 논산평야, 만경강과 동진강 하류의 호남평야, 낙동강 하류의 김해평야 등이 대표적인 평야입니다.

삼면이 바다로 둘러싸인 대한민국의 해안은 그 모습이 저마다 다른데 서해안과 남해안은 해안선이 매우 복잡하고, 밀물과 썰물의 차이가 커서 갯벌이 발달하였습니다. 동해안은 해안선이 비교적 단조롭고, 모래사장이 크게 발달해 있어 해수욕장으로 많이 이용됩니다. 특히 남서해안은 2,000개가 넘는 섬이 집중적으로 분포된, 세계적으로 유명한 다도해 지역입니다.

모범 답안

VIII. 사고방식과 문화

1. 문화 차이

듣기_들어 보세요 1 p.22

1. 식습관, 음식 종류
2.
   - ☐ 차 문화
   - ☑ 유교 문화
   - ☐ 좌식 문화
   - ☑ 쌀을 주식으로 하는 문화
   - ☑ 젓가락을 사용하는 문화
3.

	중국	일본	한국
생김새	• 길이가 길고 끝이 뭉툭함.	• 길이가 비교적 짧고 끝이 뾰족함.	• 길이가 일본과 중국 젓가락의 중간임.
이유	• 튀기거나 기름에 볶은 음식이 많음. • 큰 식탁에 둘러앉아 덜어 먹는 식습관.	• 생선을 바르는 데에도 젓가락을 사용함. • 반찬이 개인별로 제공됨.	• 반찬을 공유하지만 어른은 어른끼리 남자는 남자끼리 식사함. • 국, 찌개, 나물 등 음식에 물기가 많아서 젓가락이 철로 되어 있음.

듣기_들어 보세요 2 p.23

1.
   ☑ 촉각　☐ 온돌　☐ 손맛　☑ 거리
2.

거 리	관 계
45cm 정도	가족과 같은 친밀한 사람.
45cm에서 120cm 정도	친구나 가까운 동료.
120cm 이상	처음 만나거나 일로 만나는 사람.

3. 한국 사람들이 너무 가깝게 다가왔기 때문입니다.
4. 한국 아주머니들이 모르는 남의 아이를 스스럼없이 만지는 것을 보고 이상하다고 생각했습니다.
5. ①

2. 차이와 차별

읽기_읽어 보세요 p.34

1.

1) 가 • • '미 이데올로기'는 여성을 위해 미를 확산시키는 장치가 아니라 여성을 억압하는 장치가 되었다.
2) 나 • • 최근 '플러스 미모' 현상이 더욱 강화되고 있다.
3) 다 • • 우리는 미의 다양성을 인정하고 미의 신화로부터 자유로워져야 할 것이다.
4) 라 • • 사람을 평가하는 모든 가치에 우선하는 기준이 '미모'인 시대가 된 것 같다.
5) 마 • • 미의 신화는 여성들의 동경심과 열등감을 확대 재생산하고 있다.

2.

1) a • • 참고 문헌 인용
2) b • • 말 인용
3) c • • 구체적인 사례 제시

3. ②
4. 내면적인 아름다움입니다.

보충 어휘–감각 표현 p.46

연습 1.

1) ② 2) ① 3) ② 4) ①

연습 2.

1) 보들보들하다 2) 까칠까칠하다
3) 팍팍하다 4) 아삭아삭하다
5) 쫄깃쫄깃하다 6) 화끈화끈하다

연습 3.

1) 보들보들해졌네 2) 쫄깃쫄깃하고
3) 아삭아삭하고 4) 미끌미끌하네

연습 4.

1) 팍팍해서 2) 화끈화끈해 3) 까칠까칠해진
4) 바삭바삭한 5) 촉촉하(게) 6) 따끔따끔하고

IX. 인간과 심리

1. 학습과 심리

듣기_들어 보세요 1 p.56

1. ②
2.

격려나 보상이 긍정적인 효과가 있다.	✓ 여자	남자
자신감을 높이기 위해 칭찬이 필요하다.	✓ 여자	남자
칭찬을 하면 일을 더 적극적으로 하게 된다.	✓ 여자	남자
칭찬은 과제 성공에 큰 영향을 미치지 않는다.	여자	✓ 남자

3.

여자 •
남자 •

• 유치원 아이들에게 칭찬을 해 줘도 야채 주스를 마시는 데 도움이 되지 않았다.
• 돌고래를 훈련시킬 때 칭찬을 해 주는 것이 먹이를 주는 것보다 더 큰 효과가 있었다.
• 학생들이 과제를 수행할 때 칭찬을 해 준 경우 동기 부여가 되고 더 적극적인 태도를 보였다.
• 외국어 선생님이 너무 자주 칭찬을 해 주니까 나중에는 습관이 돼서 아무 느낌도 받지 못했다.

듣기_들어 보세요 2 p.57

1. 학습 유형에 따른 효과적인 학습 방법에 대한 상담입니다.
2.

특성

• 논리적이고 분석적이다.
• 대화의 전체적인 흐름이나 내용을 잘 파악한다.
• 전체보다는 부분을 잘 파악한다.
• 직감적이며 이미지에 의존한다.

좌뇌형
우뇌형

학습 방법

• 몸의 움직임을 활용하면 좋다.
• 내용을 그림으로 바꿔서 기억하는 것이 효과적이다.
• 전체 내용을 부분적으로 나누어 재구성해 공부하면 효과적이다.
• 내용을 분석한 뒤 자신의 말로 설명하는 것이 좋다.

3. • 말을 들을 때 하나하나의 단어나 문법에 지나치게 신경 쓰지 말고 덩어리로 내용을 떠올려 보는 것입니다.
 • 자신이 얻은 정보를 부분적으로 분석하고 분류하고 다시 종합하면서 전체적인 내용을 이해해 보는 것입니다.

2. 사람의 심리

읽기_읽어 보세요 p.70

1. ② 주의, ① 착각, ③ 인지 능력의 한계

2. **1**의 실험 목적 : 사람들의 주의력 부족에 대해 알아보기 위해
 2의 실험 목적 : 사람들이 긍정적 착각에 빠지는 것을 알아보기 위해

3. ②

4. 사람들은 자신이 보고 싶은 것만 보고 자신이 관심이 있는 것에만 주의를 기울이기 때문입니다.

5. 긍정적인 착각은 사람들에게 동기를 부여하고 성공할 수 있다는 자신감을 북돋아 줍니다.

보충 어휘-의성어 / 의태어 I p.79

연습 1.

1) ① 2) ② 3) ① 4) ②

연습 2.

1) 깜박깜박 2) 울먹울먹 3) 허둥지둥
4) 꼬르륵꼬르륵 5) 쌔근쌔근 6) 두근두근

연습 3.

1) 두근두근 2) 싱글벙글
3) 우물쭈물 4) 깜박깜박

연습 4.

1) 고래고래 2) 쌔근쌔근 3) 울먹울먹
4) 허둥지둥 5) 후루룩후루룩 6) 꼬르륵꼬르륵

X. 한국과 세계

1. 한국 속의 세계

듣기_들어 보세요 1 p.90

1. ②

2.
   - ☑ 해외 입양아
   - ☑ 분야별 우수 인재
   - ☐ 장기간 유학하는 학생
   - ☐ 영주권을 가진 모든 사람

3. 이중 국적 제도가 없어서 한국 국적을 취득하려면 인도 국적을 포기해야 했기 때문입니다.

4. ③

듣기_들어 보세요 2 p.91

1. 다문화 축제 참여 방식에 대해 토의하고 있습니다.

2. ②

3.

대본 내용	한국에서 문화 차이로 인해 경험했던 재미있는 경험담.
대본 작성	켈리와 마리코
연습 시간	다음 주부터 일주일에 두 번, 수업 끝나고 나서 연습함.

2. 세계 속의 한국

읽기_읽어 보세요 p.102

1. ①

2. 세계 경제 규모 12위, 반도체와 조선 산업 1위, 무역 규모 1조 달러 달성 등 여러 경제 지표들 때문입니다.

3. 국가별 국민 소득, 교육 수준, 문맹률, 평균 수명 등 삶과 관련된 지표를 조사해 각국의 발전 정도를 평가한 것입니다.

4. ①

5. ④

보충 어휘-의성어 / 의태어 Ⅱ p.109

연습 1.

1) ⓐ-①, ⓑ-② 2) ⓐ-②, ⓑ-①
3) ⓐ-②, ⓑ-① 4) ⓐ-②, ⓑ-①

연습 2.

1) 팔짝팔짝 2) 철썩철썩 3) 말랑말랑
4) 짭짤한 5) 알록달록 6) 도란도란

연습 3.

1) 줄줄 2) 반짝반짝
3) 팔짝팔짝 4) 찝질하지

연습 4.

1) 물렁물렁한 2) 철썩철썩 3) 멀뚱멀뚱
4) 얼룩덜룩 5) 도란도란 6) 껑충껑충

XI. 대중 매체와 문화

1. 표현의 자유와 공공성

듣기_들어 보세요 1 p.120

1. ④
2. 김 군은 교실에서 친구인 박 군을 살해하였습니다. 그 이유는 박 군이 김 군을 교실에서 심하게 때렸기 때문입니다.
3. 폭력 영화를 여러 차례 보면서 범행을 계획하고 연습했습니다.

듣기_들어 보세요 2 p.120

1. 1) ① 사회적 영향력과 책임, 필요하다.
   ② 표현의 자유, 불필요하다.
   2)
(남자) 영상 매체의 폭력적인 장면은 모방 범죄를 부추긴다.
(여자) 폭력성이 있는 사람은 폭력적인 영화를 보지 않고도 범죄를 저지른다.
(여자) 예술적 완성도를 높이기 위해 여러가지 소재가 선택될 수 있다.
(남자) 선정적 · 폭력적인 소재와 예술적 완성도는 관련성이 깊지 않다.

2. 1)

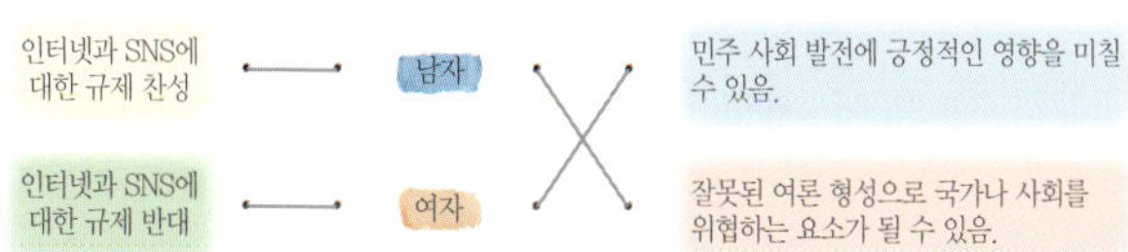

2)

긍정적인 영향	부정적인 영향
사람들과의 소통을 통해 건전한 여론 형성에 기여함.	익명성이 잘못된 방향으로 여론을 이끌어 갈 수 있음.

2. 대중문화의 위상

읽기_읽어 보세요 p.133

1.

단락	원인	결과
가	많은 사람들이 스타를 동경하고 스타에 열광함.	스타가 엄청난 경제적 효과를 가짐.
나	스타가 대중의 욕망을 충족시켜 줌.	대중들이 스타에 열광함.
다	영화가 기술적으로 완벽하고 압도적인 이미지를 보여 줌.	관객들이 영화에 빠져들게 됨.

2.
☑ 화려하다 ☑ 강하다
☐ 약점이 있다 ☐ 초라하다
☑ 영웅적이다 ☑ 성적 매력이 풍부하다
☑ 이상적인 인간형이다 ☐ 별 볼일 없다

3. ④
4. 우리와 똑같은 사람에 지나지 않는구나.

보충 어휘-연어 I p.141

연습 1.
1) ① 2) ② 3) ② 4) ①

연습 2.
1) 벌벌 떨다 2) 펑펑 울다
3) 훌훌 털다 4) 질질 끌다
5) 슬슬 피하다 6) 꽁꽁 얼다

연습 3.
1) 꽁꽁 얼었어 2) 훌훌 털어요
3) 슬슬 피하는 4) 질질 끌지

연습 4.
1) 끙끙 앓(지) 2) 벌벌 떨(다가)
3) 빙빙 돌(다가) 4) 술술 푸(는)
5) 푹푹 쪄 6) 펑펑 울어

XII. 과학과 생활

1. 환경과 대체 에너지

듣기_들어 보세요 1 p.152

1. ③
2. 온실가스의 양이 늘어나면 지구 온도가 계속 올라가기 때문입니다.
3. 산업화로 이산화탄소 발생량은 증가한 반면, 과도한 개발로 이산화탄소를 흡수하는 숲이 사라졌기 때문입니다.

듣기_들어 보세요 2 p.153

1. 원자력 발전소의 필요성에 대한 토론입니다.

2.

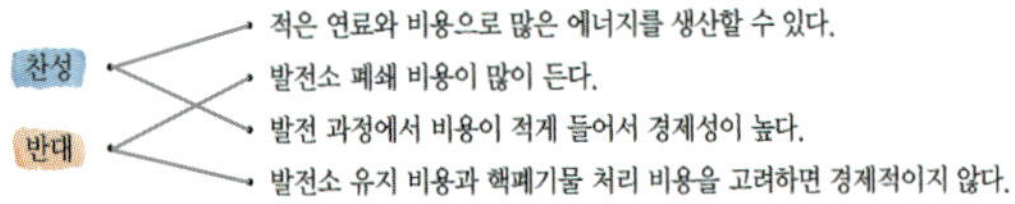

3.

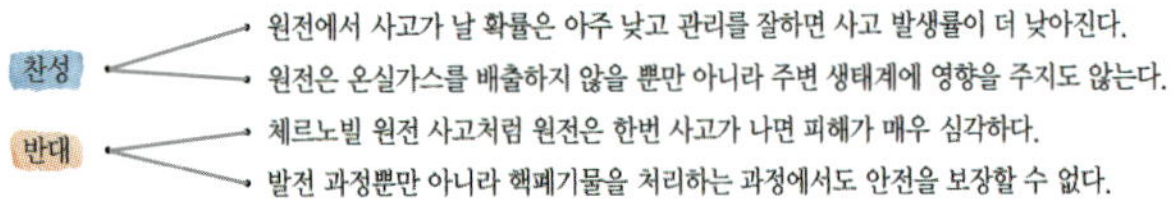

2. 생활 속 과학 이야기

읽기_읽어 보세요 1 p.164

1.

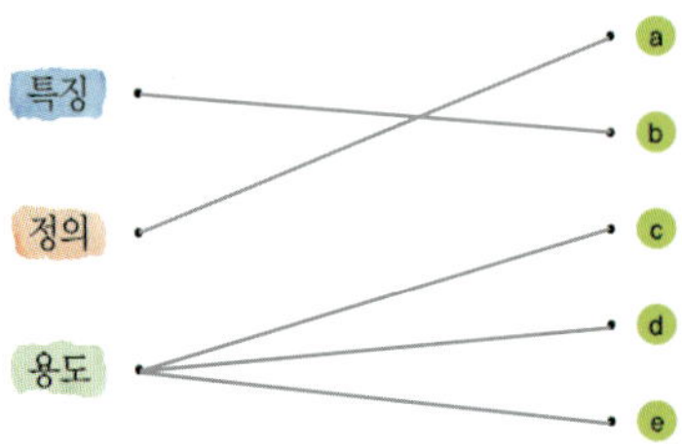

2. 별로 차게 느껴지지 않지만 꽉 잡으면 동상을 입을 수도 있습니다. 왜냐하면 영하 80℃의 드라이아이스와 손가락 사이에 생긴 이산화탄소 기체층이 없어지기 때문입니다.
3. 공기 중의 수증기가 액화된 것입니다.
4. 승화한 이산화탄소 가스가 공기(산소)를 차단하기 때문입니다.

읽기_읽어 보세요 2 p.165

1. ①
2. ⓐ 예를 들면
   ⓑ 반면에
   ⓒ 즉
3. 밤에는 지표면 쪽(아래쪽)으로 소리가 굴절하기 때문에 땅에 있는 쥐가 소리를 잘 듣게 되고 낮에는 지표면 위쪽(상공)으로 소리가 굴절하기 때문에 위쪽에 있는 새가 소리를 잘 듣게 됩니다.

보충 어휘-관용어Ⅳ p.177

연습 1.

1) ①　2) ②　3) ①　4) ②

연습 2.

1) 돼지 목에 진주　2) 새빨간 거짓말
3) 물과 기름　4) 빙산의 일각
5) 엎질러진 물　6) 눈엣가시

연습 3.

1) 새 발의 피　2) 옥에 티
3) 엎질러진 물　4) 눈엣가시

연습 4.

1) 돼지 목에 진주　2) 닭똥 같은 눈물
3) 물과 기름　4) 빙산의 일각
5) 새빨간 거짓말　6) 꿔다 놓은 보릿자루

XIII. 한국 사회의 문제

1. 대학 교육의 정체성

듣기_들어 보세요 1 p.189

1. 대학 교육이 취업이나 기업이 원하는 인재 양성에 도움이 되지 못하는 현실에 대해 보도하고 있습니다.
2. ①
3.

☑ 학점　□ 외모
□ 군대 경험　☑ 자격증
□ 동아리　☑ 어학 능력
☑ 봉사 활동　☑ 해외 연수

듣기_들어 보세요 2 p.190

1. ②
2.

	원인	결과
여자	대학 교육이 부실하기 때문에	현재 대학생들이 스펙 쌓기에만 열중함.
남자	기업의 채용 방식 때문에	

3.

주 장	여자	남자
▪ 대학은 지식을 습득하고 진리를 탐구하는 학문 연구 기관이다.		V
▪ 대학에서 학생들의 실력을 키우고 인성 교육을 해야 한다.	V	
▪ 대학은 사회에서 경쟁력을 갖춘 인재를 길러 내는 곳이 되어야 한다.	V	
▪ 기업에서 필요한 기술은 신입 사원 교육을 통해서 기업이 가르쳐야 한다.		V
▪ 대학은 가치관과 인생의 목표를 설정하는 매우 중요한 곳이다.	V	V

2. 인구와 사회 문제

읽기_읽어 보세요 1 p.201

1.

- 가 문제 상황
- 나 자신의 입장 제시
- 다 반대 입장 반박
- 라 자신의 주장과 근거 제시
- 마 제언

- 한국 기업의 평균 정년은 57세로 노동력을 활용하기 위해 정년 연장이 필요함.
- 일자리 제공보다 좋은 복지는 없으므로 정년 연장을 통해 고령화 사회를 대비해야 함.
- 고령화 사회가 되면 국가의 재정 부담이 늘어나므로 노인이 스스로 생활할 수 있도록 일자리를 보장해야 함.
- 정년을 연장하면 복지 비용과 노인 부양 부담이 감소하고 기업은 숙련된 노동력을 제공받을 수 있음.
- 인건비 부담과 인사 적체, 신규 채용 감소를 우려하고 있지만 임금 피크제와 임원의 연령 제한 등으로 해결할 수 있음.

2. ②

3.

☐ 인건비가 증가한다.
☐ 신규 인력 채용이 줄어든다.
☑ 복지 비용 지출을 줄일 수 있다.
☑ 젊은 층의 노인 인구 부양 부담이 감소한다.

4.

- 기업
  (주장) 인건비 부담, 인사 적체
  (반론) 임금 피크제, 일정 연령이 되면 임원 맡지 않기.

- 젊은 층
  (주장) 젊은이들의 일자리가 부족해짐.
  (반론) 장기적으로 신규 채용에 영향을 주지 않음.

보충 어휘-혼동하기 쉬운 말 I p.210

연습 1.
1) ① 2) ② 3) ② 4) ①

연습 2.
1) 마련했다 2) 섭섭하다 3) 서럽다
4) 다루고 있다 5) 기르려고 한다 6) 이용할

연습 3.
1) 준비해야 2) 사용하지만
3) 가늘어요 4) 아쉽다

연습 4.
1) 길러야 2) 미룬다 3) 정지하는
4) 은은한 5) 처리해 6) 슬픈

XIV. 한국의 정치와 경제

1. 한국의 정치와 민주화

듣기_들어 보세요 1 p.220

1. ④
2. 이승만 대통령 : ㄱ, ㄷ, ㄹ,
   박정희 대통령 : ㄱ, ㄴ, ㄷ, ㄹ, ㅁ
   전두환 대통령 : ㄹ, ㅁ
3. ③
4. 4 · 19 혁명 : 대통령의 장기 집권에 대한 국민들의 시위로 정권을 바꾼 사건.
   유신 헌법 : 대통령을 간접선거로 선출하는 등 장기 집권의 기반을 마련한 헌법.
   6 · 10 항쟁 : 국민들의 시위로 인해 대통령 직선제 요구가 받아들여진 사건.

듣기_들어 보세요 2 p.221

1. 훌륭한 지도자가 갖춰야 할 자질에 대한 인터뷰입니다.
2.

☑ 국민과 소통하는 능력 ☐ 애국심
☐ 지식 ☑ 공정성
☑ 리더십 ☐ 융통성

3.
- ☑ 자신만 옳다고 생각하는 것
- ☐ 여러 사람의 의견을 경청하는 것
- ☐ 자신에게 반대하는 사람들도 포용하는 것
- ☑ 자신을 지지하는 사람들에게 유리한 정책을 만드는 것

2. 한국의 경제와 성장 과정

읽기_읽어 보세요 p.234

1.

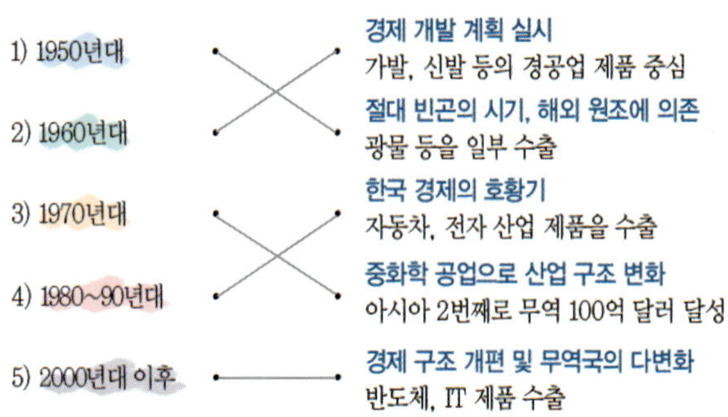

2. ③
3. 급속한 산업화로 인해 일자리를 찾아 농촌 인구가 대거 도시로 이동하는 이농현상이 심화되었기 때문입니다.
4.
   - 한국 경제 구조 : 한국 경제는 고속 성장으로 많은 문제점이 드러났으며, 이후 합리적이고 효율적인 경제 구조로 개편되어 경쟁력을 갖추게 되었습니다.
   - 한국인 : 자신을 더 이상 중산층이라고 생각하지 않게 되었고 상대적 빈곤을 느끼게 되었습니다.
5.

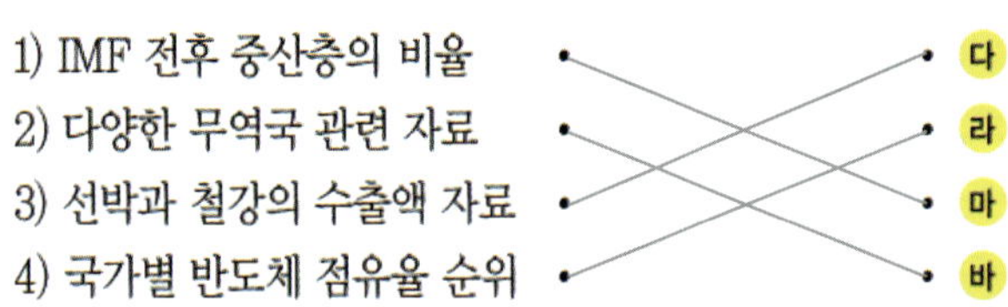

보충 어휘-혼동하기 쉬운 말 Ⅱ p.243

연습 1.

1) ② 2) ① 3) ① 4) ①

연습 2.

1) 풍부하기 2) 감동해서 3) 분석한
4) 허전하다 5) 안타까웠다 6) 늘어질

연습 3.

1) 분류해서 2) 수선하(고)
3) 늘어났네 4) 붙이(면)

연습 4.

1) 감동하고 있어 2) 허전해요
3) 늘려(야겠어) 4) 맞출
5) 안쓰러워 6) 분석해

XV. 지형과 방언

1. 지형과 사회

듣기_들어 보세요 1 p.252

1. 문명의 발달에 대한 강의입니다.
2. A : 이집트 문명 B : 메소포타미아 문명
   C : 인더스 문명 D : 황허 문명
3.
   - ☐ 동고서저의 지형
   - ☑ 강변과 넓은 평야
   - ☑ 청동기의 사용
   - ☑ 문자의 발명
   - ☑ 계급 발생에 의한 도시 국가의 출현

듣기_들어 보세요 2 p.253

1. 한국의 지형에 대해 이야기하고 있습니다.
2. 삼면이 바다로 둘러싸여 있는 지형을 '반도'라고 하는데 한국의 '한'을 붙여서 한반도라고 부릅니다.
3.
   - ☑ 서쪽과 남쪽에는 큰 도시가 많다.
   - ☑ 평야는 대한민국 국토의 30%도 안 된다.
   - ☑ 아시아 대륙의 동쪽 끝에 자리 잡고 있다.
   - ☐ 대한민국 국토의 70% 정도가 높은 산이다.
   - ☑ 대한민국의 큰 강들은 거의 동쪽에서 서해로 흐른다.
4.

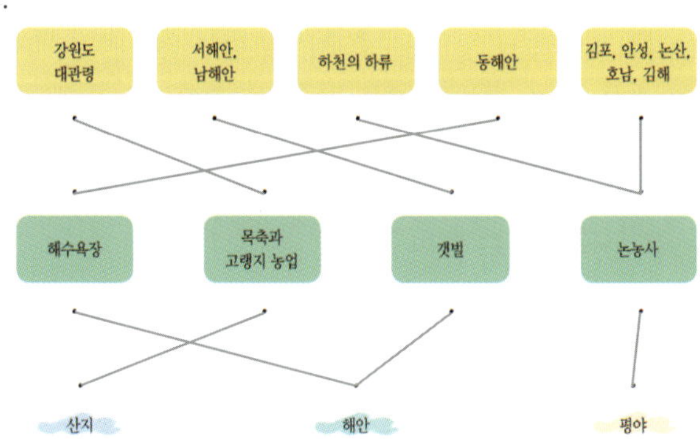

2. 다양한 한국어의 모습

읽기_읽어 보세요 1 p.265

1.

단락	중심 내용
가	방언의 정의와 예시
나	방언의 형성 과정
다	방언에 대한 오해와 편견

2. 특정 지역에 살던 사람들이 그들에게 필요한 어휘를 만들어 가면서 그들에게 적합한 표현 방법을 발전시켜 나갔기 때문에 지역 방언이 형성되었습니다.
3. ④
4.

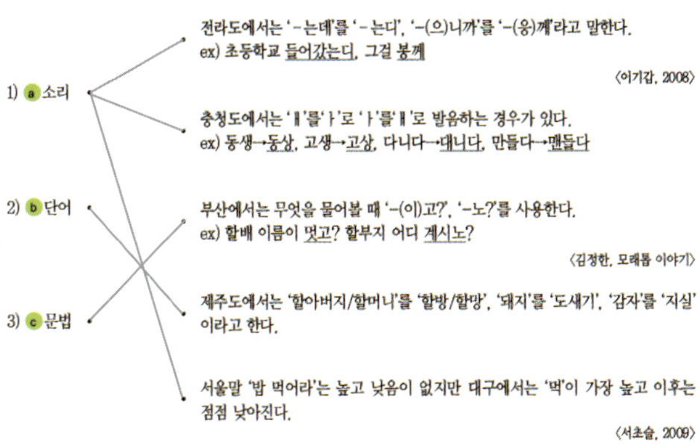

읽기_읽어 보세요 2 p.266

1. '강원도 고성 지역 청소년의 방언 사용 실태와 방언에 대한 인식'에 대한 조사입니다.
2. • 고성 지역 청소년들의 방언 사용 실태를 파악하는 것
   • 방언과 표준어에 대한 인식이 어떠한지를 밝히는 것
3. 지금까지의 조사는 청소년만을 대상으로 한 조사가 거의 없었는데 이 조사에서는 청소년을 대상으로 했다는 점이 다릅니다.
4.

설문지	주로 사용하는 음운과 어휘의 특징	대상	중3 학생 49명, 고1 학생 111명
면담	청소년들의 방언에 대한 인식과 말버릇	대상	고성 지역에서 태어나 살아온 학생 3명

보충 어휘-혼동하기 쉬운 말 Ⅱ p.273

연습 1.

1) ② 2) ① 3) ② 4) ①

연습 2.

1) 말은 나면 제주도로 보내고 사람은 나면 서울로 보내라
2) 한강에 돌 던지기
3) 서울 가서 김 서방 찾기
4) 남산골샌님
5) 종로에서 빰 맞고 한강에 가서 눈 흘긴다
6) 낙동강 오리알

연습 3.

1) 금강산도 식후경
2) 서울 가서 김 서방 찾기
3) 함흥차사
4) 평양 감사도 저 싫으면 그만이라

연습 4.

1) 남산골샌님
2) 한강에 돌 던지기
3) 말은 나면 제주도로 보내고 사람은 나면 서울로 보내라
4) 종로에서 빰 맞고 한강에 가서 눈 흘긴(다고)
5) 모로 가도 서울만 가도 된다
6) 낙동강 오리알

어휘 색인

ㅇ

ㅈ

ㅊ

ㅌ

ㅍ

ㅎ

집필

최은규　서울대학교 국어국문학과 박사
서울대학교 언어교육원 한국어교육센터 대우부교수

서경숙　서울대학교 국어국문학과 박사 과정 수료
전 서울대학교 언어교육원 한국어교육센터 대우전임강사

이정덕　이화여자대학교 국제대학원 한국학과 박사 과정 수료
서울대학교 언어교육원 한국어교육센터 대우전임강사

우재영　서울대학교 국어교육과 박사 과정 수료
서울대학교 언어교육원 한국어교육센터 대우전임강사

번역

이소영　이화여자대학교 교육공학과 박사
서울대학교 언어교육원 한국어교육센터 대우전임강사

제효봉　서울대학교 국어교육과 박사 과정 수료
북경어언대학교 한국어학과 부교수

가와사키 게이고　서울대학교 국어국문학과 박사 수료
숭실대학교 일어일본학과 조교수